*What It Means to Know the Meanings of the Preposition **By**: Polysemy as Usage Variation*

前置詞

byの意味を知っているとは何を知っていることなのか

多義論から多使用論へ

平沢慎也

Kurosio

まえがき

　本書は，2016年7月に東京大学より学位を授けられた博士論文「前置詞 by の意味を知っているとは何を知っていることなのか―多義論から多使用論へ―」を書籍化したものです。書籍化にあたって，言語研究者だけでなく英語に興味を持つ大学生や中高の教員の方々にも読んでいただけるように，専門用語に簡単な解説を加えたり，所謂「暗黙の前提」を減らしたりといった調整を施しました。本当は「3.4.2.1」のような長いセクション番号もなくせたら良かったのですが，章がどのような構造をしているのか，自分はいま章の構造の中のどの位置にいるのか，といったことを目次で確認できることの方が，セクション番号自体が短く視覚的に見やすいことよりも重要だろうという判断を下しました。読み進めながら時折目次に戻り「現在位置」をご確認いただけたら幸いです。

＊　＊　＊

　私は昔から，英語の色々な語に関して，「どんな知識を持てば，この語を英語母語話者と同じように使えるようになるのか」という関心を持っていました。何より自分が英語を上手に使えるようになりたいし，教壇に立つならそういう情報を生徒や学生に共有したい。それは今も全く変わっていません。

　変わったのは言語観です。以前の私はまさに本書が否定する「意味の水源地モデル」の権化でした。要するに，単語自体の本質的意味を深く理解したら，あとは文法に従って並べるだけで自然な文が作れると思っていたのです。本質的意味は1つとは限りません。多くの語は多義語です。しかし，意味拡張の理屈（メタファーやメトニミー）を理解すれば，覚えるべき量は減

らせると思っていました。1つまたは少数の本質，真髄とでも言うべき意味から使用が湧き出てくる―意味は水源地だ！―というわけです。権化です。

　この発想には何かおかしなところがあるかもしれないと思うようになったのは，英語の達人と言って間違いない3人の先生方と多くの時間を共有させていただける，そんな幸運な環境にいたからでした。言語学者の西村義樹先生，翻訳家の柴田元幸先生，都内の学習塾で教鞭をとっておられる三木秀則先生。私はこれまで，この先生方が英語表現の非常に微妙な差異を感じ取り，「こういう言い方はよくする［あまりしない］」と判断され，それがコーパス検索の結果や母語話者による容認性判断などとぴたりと一致する，という場面を何度も見てきました。また，英語母語話者が「彼は教養ある英語母語話者と同等かそれ以上だ」と言っているのも聞きました。

　私が自分の考え方を疑い始めたのは，この達人たちが，日頃使いこなしている語について他の人に「なぜこの語はこう使う［使わない］のか」と問われた際に―つまり（当時の私の見方に引き寄せて言うならば）使用の源としての本質的意味を問われた際に―「言われてみれば，なぜだろう」と不思議がり，一緒になって考え始める（答えに到達するのはその後である）ことが多いことに気付いたからです。私は当時，英語を使えるようになるにはまず本質的意味を捉えることが必要だと思っていたので，自然に使いこなせるようになることが本質的意味を捉えることに先立つことがありえるなんて，自分の言語観は何かおかしいのではないか，と思うようになったのです。

　この達人たちに共通しているように見えたのは，尋常でない量の英語を読んでいること，文脈情報まで記憶していること，学術文章に加え小説やドラマ，映画など日常的なものにも多く触れていることなどでした。どれも私には全くもって欠けている要素でした。それで英語の勉強方法をがらりと変え，学術文章を最低限（以下？）しか読まず，一日の大半を小説やドラマ，映画などからの学習に費やすようになりました。立派な研究者になろうと思ったらこれではダメですが，自分及び自分の担当する生徒や学生の英語上達が一番の関心，目標，愉しみである私にとって，この方向転換は正解でした。

　見たかった世界が，少しずつ見えるようになっていきました。「この単語は，こういう場面で，こういう他の単語と一緒に使うことが多い」という，単語の使い方の知識の世界です。意味を記憶してそこから使用を生み出すの

ではなく，使用それ自体を記憶する世界です。記憶の量が膨大になります。それで大変になったかというと，そんなことはなく，小説やドラマの場面や状況とセットにして表現を覚えるのはむしろ楽しい作業でした。自分が英語を使う時はできる限りその引き出しから丸ごと取り出して使うようにする。目標到達には程遠いわけですが，それでも「権化」時代に比べれば随分と上達しているという実感が得られました。この方針で頑張っていこうと思いました。

　ですが，それは英語学習者または教師としての話で，いちおう言語研究者になるつもりでいた自分は困ってしまいました。よくある言い回しを大量に記述する作業は言語学として意義ある仕事とは見なされにくいからです。言語学は自分のいるべき分野なのだろうかと真剣に悩みました。それでも最終的に「言語学でいいのだ」という確信を得られたのは，ある1冊の本と出会ったからでした。それは John R. Taylor の *The Mental Corpus* という本です。人間は頭の中にコーパスを持っていて，そこには，自分が過去に触れた文の破片が，大量に，頻度分布まで含めて記録されているのだ，ということが主張されていました。目から鱗でした。私の関心，3人の達人への憧れ，英語学習への取り組み方，こうしたもの全てが言語学という学問と結びつく可能性を，初めて目にした瞬間でした。本書は，Taylor が描いたのと同じ言語知識の世界を，by という1語に注目して描き出すことを試みたものです。

＊　　＊　　＊

　私に英語という一生の趣味を与えて下さったのは，学習塾で3年間お世話になった棚橋桂介先生でした。江川泰一郎の『英文法解説』と Michael Swan の *Practical English Usage* のほぼ全内容を記憶しているように見える頼もしい英語教師でした。高1の夏休みに単語を必死に覚えつつマーク・ピーターセンの『日本人の英語』を読むことを勧められ，秋には読める英語の幅が大きく広がったのを覚えています。英語以外にも，「文章を読む時には一段落ごとに立ち止まり，その段落が何のためにあったのかを考えてから読み進めるのがよい」，「自分が書いた日本語を他者が読む時，こちらの意図通りに解釈してくれるとは限らないのだから，想像力をよく働かせて見直さなければならない」など，研究・教育に携わる者に欠かせない姿勢を叩き込

んでいただきました。生意気にも歯向かってしまうことが多々ありましたが，先生の生徒でいられたことを心から誇りに思っております。

西村義樹先生には学部時代から博士論文の審査までお世話になりました。単に英語の勉強がしたいだけで，言語学的に意義のあることをなかなか言おうとしない私を見捨てないばかりか，とことん肯定し応援して下さったこと，本当に感謝しております。空間的にも心理的にも常に学生のそばにいて下さる先生で，カレーを食べたりお酒を飲んだりしながら英語の話をお聞かせいただいた楽しい思い出は数え切れません。満開の桜の下を，花をろくに見ずに猛スピードで歩きながら have X to offer 構文談義に花を咲かせたことは，今でも思い出すと笑ってしまいます。こういう師弟関係は大学においてそう多くないと聞きます。先生とお会いできたのは幸運という他ありません。そして，博士論文の書籍化にあたって，私が本書を手にとっていただきたいと思っている方々の心に確実に響くであろうお言葉を帯文としてお寄せいただいたことについて，御礼申し上げます。西村先生の文章は長年の弟子である私にとってとにかく心地よく，しかも私に対する身に余るような賛辞まで含まれているものですから，本書でもっとも見てほしいところはどこかと問われたら，うっかり「帯」と答えてしまいそうです。

柴田元幸先生には，「翻訳演習」の授業で受講生として，後にアシスタントとしてお世話になりました。教室全体が英文一つひとつの自然さ・普通さについて悩み，議論し，そこに柴田先生が解説を加えてくださるという贅沢極まりない授業でした。また，先生に紹介していただいた小説はどれも無類に面白く，特に「アメリカ英語のお手本」と英語面でも推薦してくださった Paul Auster 作品は今では私の英語研究の基盤になっています。先生のもとで学び，働かせていただいたこと，卒業後も翻訳の仕事など様々な面で気にかけていただいていること，心から感謝申し上げます。

三木秀則先生にも深く感謝いたします。その卓越した英語力にすっかり魅了されファンになった私は，チャンスがある度に一緒に仕事をさせてくださいとお願いしていましたが，先生は毎回快諾してくださいました。惜しみなく学びの場を提供して下さり，本当にありがとうございました。

博士論文審査では林徹先生，小林正人先生，鈴木亨先生，友澤宏隆先生にたくさんのご指導と励ましのお言葉をいただきました。また本書の原稿を通読し，様々な修正案を提案して下さった古我征道さん，野中大輔さん，萩澤

大輝さん，福田樹生さんにも感謝申し上げます。

　日頃より助言を下さっている浅岡健志朗さん，石塚政行さん，氏家啓吾さん，田中太一さん，長谷川明香さんにも感謝いたします。感情的にならず冷静に，楽しく議論できる学問仲間がいることは，ただただ幸運です。

　研究に協力してくださった英語母語話者の Tom Gally 先生，Carey Benom 先生，Sandi Aritza さん，Rachel Amiya さん，Sarah Abe さん，Ash Spreadbury さん，そして，院生時代に私の好きそうな論文が載った雑誌が届くとすぐに教えて下さった研究室事務補佐員の関根理香さんにも感謝を申し上げます。

　くろしお出版の池上達昭さん，薮本祐子さんにも感謝いたします。原稿を繰り返し丁寧にチェックし，表記の統一などの編集作業を手際よく進めてくださいました。また心配性の私は事あるごとに（いや，何事も起こっていないのに）電話やメールをして，ご迷惑をおかけしてしまいました。そして何より，by というたった 1 語の常識を覆すために本 1 冊を刊行したいという私のわがままにゴーサインを出し，最後までお付き合いくださり，本当にありがとうございました。

　最後に，両親が小中高と優れた学習環境を用意してくれなかったら，上の方々の誰一人とも出会えなかったはずです。こんなにも幸せな研究者人生を与えてくれた両親に，心から感謝いたします。

2019 年 6 月
平沢慎也

目　次

まえがき i
本書を読まれる前に xi

第1章　序　論 1

1.1　はじめに 1
1.2　多義とは 6
1.3　従来の多義研究の論点 7
　1.3.1　中心義 7
　1.3.2　意味と意味のつながり 12
　1.3.3　実験すれば分かるのか 23
　1.3.4　動機付け 28
　1.3.5　同じ意味か別の意味か 31
1.4　意味と使用 37
　1.4.1　意味の水源地モデル 37
　1.4.2　使用基盤モデル 40
　　1.4.2.1　ルールとリストの共存 40
　　1.4.2.2　使用基盤モデルと頻度 44
　　1.4.2.3　使用基盤モデルと合成性 47
　　1.4.2.4　使用基盤モデルは創造性と矛盾するか 50
1.5　第1章まとめ：使用基盤モデルと多義 55

第 2 章　時　間 59

2.1　時間：概説 59
2.2　by の時間義 59
2.2.1　by [TIME] に関する誤解 59
2.2.2　by [TIME] に関する本書の分析 61
2.2.2.1　by [TIME] の具体的特徴 1：時間軸を「目で追う」ことの目的
.... 62
2.2.2.2　by [TIME] の具体的特徴 2：修飾する動詞句の状態性 65
2.3　事例研究 (by now) 70
2.3.1　事例研究 (by now) の意義 70
2.3.2　by now に関する誤解 75
2.3.2.1　推量説 75
2.3.2.2　already 説 78
2.3.3　by now に関する本書の分析 81
2.3.3.1　by now の具体的特徴 1：推量用法 82
2.3.3.2　by now の具体的特徴 2：非推量・累積用法 84
2.3.3.3　by now の具体的特徴 3：not ... by now 特有の使用パターン 88
2.3.3.4　by now の具体的特徴 4：know ... by now 90
2.3.3.5　by now と by [TIME] の比較 92
2.3.4　by now を使いこなすにはどんな知識が必要か 95
2.4　第 2 章まとめ 97

第 3 章　空　間 99

3.1　空間：概説 99
3.2　空間的近接性の by 100
3.2.1　空間的近接性の by：概説 100
3.2.2　空間的近接性の by：先行研究 101

3.2.3　空間的近接性の by：分析 104
　　3.2.4　空間的近接性の by：まとめ 112
　3.3　〈過ぎ去り〉の by 112
　　3.3.1　〈過ぎ去り〉の by：概説 112
　　3.3.2　〈過ぎ去り〉の by と時空間メタファー 116
　　3.3.3　空間的な〈過ぎ去り〉の [V by (NP)] 構文 117
　　3.3.4　時間的な〈過ぎ去り〉の [V by] 構文 124
　　3.3.5　〈過ぎ去り〉の by：まとめ 126
　3.4　〈立ち寄り〉の by 127
　　3.4.1　〈立ち寄り〉の by：概説 127
　　3.4.2　〈立ち寄り〉の by：事例研究 (will be by) 137
　　　　3.4.2.1　will be P 構文 138
　　　　3.4.2.2　will be by 145
　　3.4.3　〈立ち寄り〉の by：まとめ 147
　3.5　第 3 章まとめ 147

第 4 章　手　段 149

　4.1　手段：概説 149
　4.2　位置コントロール用法 151
　　4.2.1　記述（可算性の検討を除く）... 151
　　4.2.2　記述（可算性の検討）... 154
　　4.2.3　身体部位所有者上昇構文の構文ネットワーク 155
　4.3　連結用法 158
　　4.3.1　記述（可算性の検討を除く）... 158
　　4.3.2　記述（可算性の検討）... 162
　　4.3.3　位置コントロール用法との関係 163
　4.4　経路用法 165

4.4.1　記述（可算性の検討を除く）..165
　　　4.4.2　記述（可算性の検討）..169
　　　4.4.3　連結用法との関係..171
　4.5　乗り物用法..172
　　　4.5.1　記述（可算性の検討を除く）..172
　　　4.5.2　記述（可算性の検討）..174
　　　4.5.3　経路用法との関係..175
　4.6　メッセンジャー用法..176
　　　4.6.1　記述（可算性の検討を除く）..176
　　　4.6.2　記述（可算性の検討）..178
　　　4.6.3　乗り物用法との関係..178
　4.7　第4章まとめと可算性選択の原理..179

第5章　差分・単位

　5.1　差分・単位：概説..183
　5.2　差分・単位：各用法の記述..184
　　　5.2.1　差分用法..184
　　　5.2.2　単位用法..188
　　　5.2.3　N by N 構文..193
　　　5.2.4　乗除用法..198
　　　5.2.5　寸法用法..198
　5.3　差分・単位：用法と用法の関係..199
　　　5.3.1　単位用法と他の用法のつながり..199
　　　5.3.2　N by N 構文と他の用法のつながり....................................202
　　　5.3.3　乗除用法と他の用法のつながり..206
　　　5.3.4　寸法用法と他の用法のつながり..208
　　　5.3.5　差分用法と他の用法のつながり..208

5.4 言語使用を可能にする拡張 210
　5.4.1 N by N 構文からの拡張：概説 210
　5.4.2 N by AN 構文の記述 213
　　5.4.2.1 N by AN 構文の記述：ジャンル 213
　　5.4.2.2 N by AN 構文の記述：意味と形のミスマッチ 215
　　5.4.2.3 N by AN 構文の記述：ストレスパターン 216
　　5.4.2.4 N by AN 構文の記述：形容詞スロット 216
　　5.4.2.5 N by AN 構文の記述：転移修飾との相性 220
　5.4.3 N by N 構文から N by AN 構文への拡張の仕組み 222
　　5.4.3.1 予想の裏切りへ向かう拡張 222
　　5.4.3.2 描写性を高める拡張 224
　　5.4.3.3 この拡張が主にフィクションで起こっているのは偶然か 228
　　5.4.3.4 N by AN 構文はなぜ英語らしい表現と感じられるのか 229
5.5 第5章まとめ 235

第6章　結　語 237

参考文献 241
用語索引 250
英語表現索引 253
人名索引 255

本書を読まれる前に

　本書で使用する言語データは，

A：筆者が作り，英語を母語とするインフォーマントのチェックを受けたもの
B：英語を母語とするインフォーマントが作ったもの
C：筆者の手元にある英米の小説やテレビドラマ，映画から取ったもの
D：ウェブ上で公開されている大規模コーパスから取ったもの

の4種類からなる。言語表現の意味や使用文脈を考える対象としてAからDの全てを利用した。容認性判断の主な対象は作例のAとBで，頻度分析の対象は実例のCとDである。
　AとBに対する容認性判断はインフォーマントによるものである。各例文につけた「*」は「容認不可能」，「??」は「非常に不自然」，「?」は「やや不自然」の意である（なお，印なしは「完全に自然」の意である）が，*/??/?という評価そのものにあまりとらわれすぎないようにしていただきたい。ある文をどのくらい不自然に感じるかには個人差がある。いや，もっと言えば，たとえ同じ程度の不自然さを感じていたとしてもその不自然さをどのような言葉で筆者に対して表現するかにも個人差がある。そして，インフォーマントが発した言葉を筆者が上記の記号体系に落とし込むプロセスも入り込んでいる。こうした難しい現実があるので，たとえばある文に「?」のマークがつけられていたとしたら，それは「完全に自然な文ではない」ということは確かだが，そこで筆者が「この文は?であって??ではない」とまで主張しているとは限らない。筆者がどのような意味でマークをつけているのかを明言するように努めたので，その記述を参照されたい。

頻度分析の対象はCとDである。Cはジャンルに偏りがあり，かつサンプル数も大規模コーパスに比べて少なくなるため，英語使用の全体像を近似・代表していると保証できる度合いは下がる。そのため，Dに統一する方が好ましいと考える向きもあるかもしれない。しかし，Cは文脈を熟知している分，正確な意味把握を可能にしてくれるという強力な利点を持つ。結局のところ，大規模コーパスによる調査も，筆者が実際に触れた文学作品やドラマなどに基づく考察も，一長一短なのである。こうした理由から，本書では時と場合に応じて両者を使い分けながら議論を進めていく。
　本書で利用したコーパスは以下の4つである。本書では各コーパスに言及する際に，カッコ内に示した略称で言及することにする。

・The Corpus of Contemporary American English（COCA）
・The Corpus of Historical American English（COHA）
・TIME Magazine Corpus（TMC）
・BYU-BNC（BNC）

各コーパスの詳細については参考文献に掲載したウェブサイトを参照されたい。
　例文中の太字や下線といった強調は，特に但し書きがない限り，筆者が施したものである。

第 1 章

序　論

1.1　はじめに

　英語前置詞 by は，以下に示すように，非常に多様な用法を持つ多義語である。以下に例示したのは本書で扱う用法のほんの一部である。

（1）　**By** ten o'clock, however, he still hadn't made a move for the front door.
　　　　　　　　　　　　　　　　　　　　　　　（Paul Auster, *Leviathan*）
　　　だが，十時になってもサックスはまだ玄関に向かおうとしていなかった。　　　　　　　　　　　　　　　　　（柴田元幸（訳）『リヴァイアサン』）

（2）　Danny:　　　Chicago? Didn't they have a really big fire there?
　　　Vicky:　　　It was over a hundred years ago. I'm sure it's out **by now**.
　　　　　　　　　　（*Full House*, Season 5, Episode 15, Play It Again, Jess）
　　　ダニー：　　シカゴ？　あのすごく大きな火事があったところ？
　　　ヴィッキー：それ 100 年以上前よ。さすがにもう消えてるでしょ。

（3）　All right, Becky, how does this sound? A romantic moonlit stroll **by** the lake.　　（*Full House*, Season 2, Episode 21, Luck Be a Lady, Part 1）
　　　よし，ベッキー。こんなのはどうだ。月明かりに照らされて，ロマンチックに散歩するんだ。湖のそばを。

（4）　I sat back and watched a bus snort **by**.　　（David Gordon, *The Serialist*）
　　　私は動かず，バスがゴーッという音を立てて走り去るのを見つめた。

（5）　He definitely wants him back right away. He'll be **by** tomorrow.
　　　　　　　　　　　　　　　　　　　　　　　（映画 *As Good As It Gets*）
　　　彼はどうしても犬をすぐに返してほしいらしい。だから明日そっちに

行くと思うよ．

（6） [...] Blackmore quickly became accustomed to being dragged to stage center, often **by** his guitar neck.
　　　　　　（David Thompson, *Smoke on the Water—The Deep Purple Story*）
［…］ブラックモア（［筆者注］ロックバンド Deep Purple のギタリスト）は，舞台中央に引っ張られていくことにすぐに慣れてしまった．ギターのネックを引っ張られていくこともよくあった．

（7） His hand slipped inside his shirt and came out with a long thin knife. He balanced it **by** the point on the heel of his hand, hardly even glancing at it.
　　　　　　（Raymond Chandler, *The Long Goodbye*）
彼はシャツの内側に手を滑り込ませ，長く薄いナイフを取り出した．すると先を下にして手の付け根に乗せ，ちらりと見ることすらせずに，バランスを取った．

（8） Marcy, on the other hand, was a vitamin nut. Used to take them **by** the handful.（*Columbo*, Episode 58, Columbo and the Murder of a Rock Star）
一方でマーシーはビタミン剤マニアだった．手いっぱいに握って飲んでいたくらいだ．

（9） [...] the disturbing smell now growing stronger **by** the moment, until at last I came out on to a stretch of open road.
　　　　　　（Kazuo Ishiguro, *The Remains of the Day*）
［…］嫌な臭いがどんどん強くなってきたなと思っていると，ようやく開けた道に出た．

（10） Now enjoy that same delicious Starbucks Iced Coffee you crave at home. Serve by the pitcher when friends drop in, or savor glass **by** delicious glass in those quiet moments of sunny solitude. Just brew, chill and enjoy.
　　　　　　（http://www.starbucks.com/5more/iced-coffee）
さあ，大好きなスターバックス・アイスコーヒーのあの味を，お家で楽しみましょう．友達が遊びに来たら，ピッチャーごと振る舞っちゃえばいいんです．晴れた日のひとときを1人静かに過ごすなら，1杯飲んで，「ああ美味しい，もう1杯」っていうのもいいですね．淹れて，冷やして，さあ楽しもう．

現代英語母語話者が by をこのように使用できるのは，彼らが by について一体何を知っているからなのだろうか．言い換えると，あなたが英語母語話者だったとして，あなたが他の英語母語話者たちと同じように by を使用できるようになるためには，by に関してどのような知識を持っていなければならないのだろうか．本書は，従来の前置詞研究から想定されるのとは異なり，この問いに対して「by という 1 語に結びついた，かくかくしかじかの多義ネットワークの知識だ」とは答えず[1]，「by をどのように使うと（たとえばどのような単語と一緒に使うと）どのような内容が伝達できるのかについての個別知識だ」と答えたい．by に限らず，言語学者が「語彙項目」と呼ぶものはおよそどのようなものであれ，同様の問いを立てたならばこのように答えることになると思われる[2]．

　こんな状況を考えてみよう．英語学習者が読解問題の教材で turn a profit という言い方に出会う．この学習者は profit が「利益」の意味を表すことは知っているものの，turn a profit が「利益を得る」という意味の表現であることを知らない．そこで先生は解説する．「辞書で turn を引いてみてください．turn には『〈利益〉を得る』という意味があるんですね」その翌日，生徒は英作文の時間にこう書き出す．*The company turned more than 300,000,000 yen last year...*

　この英語は不自然だ．確かに turn には「〈利益〉を得る」の意味があるが，その意味は少なくともアメリカ英語に関して言えば turn a profit という言い回しにおいてほぼ限定的に発動するものである．300,000,000 yen という具体的な金額や，profit の類義語である earnings を目的語に取ることは普通ではない．正しい覚え方は，「turn は『〈利益〉を得る』という意味を持つ」ではなく，「turn は，profit を目的語に取った場合に，『〈利益〉を得る』という意味を持つ」である．

---

[1] ある語の多義ネットワークとは，その語が持つ意味同士の関係・つながりの総体のことである．

[2] 本書では，形と意味が慣習的に結びついた言語的単位のうち，1 語からなるものを語彙項目と呼び，複数語からなるものを構文と呼ぶ．ここで言う「構文」には，構成要素の形・意味の振る舞いからほぼ完全に予測不可能な振る舞いをするもの (e.g. kick the bucket「くたばる」) からほぼ完全に予測可能であるもの (e.g. I love you「愛してるよ」) まで，丸ごと記憶されていると考えられるものであれば幅広く含まれるということに注意されたい．もちろん予測可能性が中程度のもの (e.g. take off「離陸する」) も「構文」に含まれる．

同様のことが put という動詞に関しても起こりうる。put it in another way「別の言い方をする」という表現が存在するからといって「put は『言う，表現する』という意味を持つ」と覚えてしまうと，「自分の意見を言う」は put one's opinion と言えるはずだと思ってしまう。ところが実際には express one's opinion の意味で put one's opinion と言うことはできない。正しい覚え方は，「put は，[put ＋言いたい内容（※多くの場合 it）＋副詞句（※多くの場合方法・様態の副詞句）]などの言い回しにおいて，『言う，表現する』という意味を持つ」である。

　しかし，turn と put のこうした覚え方は，正しくはあっても，どこか無駄があるようには見えないだろうか。「turn は，profit を目的語に取った場合に，『〈利益〉を得る』という意味を持つ」や，「put は，[put ＋言いたい内容（※多くの場合 it）＋副詞句（※多くの場合方法・様態の副詞句）]などの言い回しにおいて，『言う，表現する』という意味を持つ」とは言わずに，単に「turn a profit という言い回しは『利益を得る』という意味を持つ」，「[put ＋言いたい内容（※多くの場合 it）＋副詞句（※多くの場合方法・様態の副詞句）]は『～を…（な風）に言う，表現する』という意味を持つ」と言えばよいのではないか。

　単語単体の知識ではなく，それを用いた言い回しの知識が重要であることを示す例をもう1つ追加したい。名詞の act と action の違いとは何だろうか。筆者には，「act の意味は X だ。一方で action の意味は Y だ」という形で指摘することは不可能であるように思われる。そのような形で教えて，英語学習者が act と action を正しく自然な形で使い始めるところは想像できない。そうではなく，「act は，an act of X (X：抽象的不可算名詞) という形で用いて，X として特徴付けられるような行為を指すことができる (e.g. an act of terrorism/kindness/violence/courage/betrayal)」や，「action は行動の責任問題の文脈で one's actions という形でよく用いる」など，act と action の使い方の知識を1つずつ身につけていった方がよほど有用だろう[3]。もちろんこれは学習者の話であるが，このような使用重視の覚え方が学習者にのみ求められて母語話者には不要であると決めつける理由はないように思われる。使用

---

[3] 日本語の「住む」と「暮らす」の使い分けも同様である（斎藤・田口・西村 2015: 79–80）。

を中心とした知識が母語話者の言語運用を支えている可能性は，真剣に検討してみる価値がある。

　筆者が前置詞 by について描き出したいのは，まさにこのような知識像である。つまり，by を適切に（他の英語母語話者たちと同じように）使用できる英語母語話者は，by 単体がどのような意味であるかを英和辞典に典型的に見られるような（言わば意味リストのような）形で知っているのではなく，by を他のどのような単語と組み合わせるとどのような内容が伝達できるかを知っているのだ，ということを主張したいのである。大胆な言い換えをすれば，英語母語話者は by の様々な意味を知っているのではなく，by の様々な使い方を知っているのである（ただし，「意味を知っているのではなく」という表現が適切かどうかは，1.4 節で論じるように，「意味」という言葉を何を指す言葉として用いるかによる）。

　そのような使用重視の発想に基づいて行われた記述を読んだ読者は，もし当該の言語を第二言語として学んでいる学習者であった場合には，読後，当該の言語表現を正しく自然に使えるようになるはずである。また逆に，学習者が読後進歩しないような記述研究は，適切な記述ができていないと言うべきだろう。本書が目指すのは，英語学習中の読者が by を（少なくとも本書で扱う意味・用法に関して）適切に使えるようになるような記述だ。

　本章では，by の多義性について詳細に議論する前に，従来の（主に英語前置詞の）多義研究で想定されてきたモデルが本書の上述の関心にはそぐわないこと，および多義研究ではあまり積極的に言及されてこなかった使用基盤モデルこそが，本書の関心と相性の良い言語モデルであることを論じる[4]。具体的には，1.2 節で多義という術語の定義を確認した後，1.3 節で多義に関連した先行研究の論点を 5 つ抽出し，本書の関心に照らしてどのような不足があるかを指摘する。1.4 節では，筆者の関心と相性の良い使用基盤モデルがどのような言語モデルであるかを，対立する言語モデルである「意味の水源地モデル」と対比することによって，明確にしたい。

---

[4] 筆者は，意図的に，研究者の関心によっては使用基盤モデルを想定する必要がないことを示唆する書き方をしている。これについては，1.3.2 を参照。

1.2 多義とは

1.2 節では，従来の多義研究を概観する前の準備段階として，そもそも言語学の意味論分野において「多義 (polysemy)」が伝統的にはどのように定義されているかについて簡単にまとめておく．ある語彙項目に複数の意味が結びついていればそれだけで「多義」と呼ばれるわけではないのである．

多義は，自然言語に普遍的に見られる現象で (Cuyckens and Zawada 2001: ix)，伝統的な定義によれば「1 つの言語的な形式に，複数の関連した意味が結びついている」(Taylor 2003a: 102–103) という現象を指す．また，多義は「意味変化の過程で生まれた複数の意味が，現在においても残っている」という共時的な現象である．たとえば英語の名詞 eye に関して見てみると，/aɪ/ という 1 つの音形に，「目」の意味 (e.g. *My mother has blue eyes*) と「視線」の意味 (e.g. *My mother dropped her eyes*) という互いに区別可能な意味が結びついている．この状態は，前者から後者への通時的な意味拡張の結果状態として捉えられる (*OED*, eye の項を参照)．

多義語が持つ意味が上述のように「複数」かつ「互いに区別可能」でありながらも「関連した」ものであるということは，より専門的には，多義語は曖昧性 (ambiguity) と不明瞭性 (vagueness) の中間のステータスを持つということである (Tuggy 1993)．同音異義性 (homonymy) と単義性 (monosemy) の中間と言ってもよい．たとえば名詞の bank は「銀行」の意味と「土手」の意味を持つが，この二者の間に意味的な関連はほとんど感じられないため，同音異義性[曖昧性]を持つとされる[5]．一方，名詞の aunt は文脈によって「父方の叔母」の意味にも「母方の叔母」の意味にもなりえるが，この二者は同一の意味が文脈に応じて表面的に異なった姿を見せているだけであると感じられ，単義性[不明瞭性]を持つとされる[6]．上で多義の例として挙げた eye の「目」の意味と「視線」の意味は，これら 2 つのケースの中間で，全く違う意味とも全く同じ意味とも言いにくい．その意味で，同音異義性[曖昧性]と単義性[不明瞭性]の中間の性質，すなわち多義性を持っているとい

---

[5] 2 つの bank の意味があまりにも違って感じられるため，「ジョンは bank (銀行) に行った．ビルも bank (土手) に行った」の意味で *John went to the bank, and so did Bill* とは言えない．

[6] 2 つの aunt の意味があまりにも近いと感じられるため，「ジョンには父方の叔母がいるが，母方の叔母はいない」の意味で *John has an aunt, but he doesn't have an aunt* とは言えない．

うことになる[7]。

1.3　従来の多義研究の論点

本節では，1.2 節で定義した「多義」について従来どのような分析が行われてきたか，その論点はどこにあったか，どのような問題点があるか，といったことについて論じる。

1.3.1　中心義

ここ 30 年の多義研究に馴染んでいる読者は唖然としてしまうかもしれないが，筆者は by の中心義 (central meaning, central sense, primary meaning, primary sense) が何であるかを積極的に主張することを控えたい。その理由は，多義研究の常識となっている「中心義の認定」という作業が，本書の問い——母語話者が多義語を発話の現場で使っているような形で使えているのは何を知っているからなのかという問い——との関連において，一体何をしていることになるのかが分からないからである。

多義語における中心義という概念について明示的に述べている文献を 2 つ紹介する。1 つは『英語多義ネットワーク辞典』の冒頭の概説部分である。

(11)　中心義とは，共時的な多義ネットワークの中心に位置する意義であり，その出発点となる意義である。中心義は，(i) 文字通りの意義であり，(ii) 関連する他の意義を理解する上での前提となり，(iii) 具体性 (身体性) が高く，(iv) 認知されやすく，(v) 想起されやすい。また，(vi) 用法上の制約を受けにくい[8]。それゆえ，(vii) 意義展開の起点 (接点) となることがもっとも多い意義である。また，中心義は，おそらく，(viii) 言語習得の早い段階で獲得される意義であり，(ix) 使用頻度が高いことが多い。

（瀬戸 2007: 4）

---

[7]　ただし本当は，同じ音形に結びついた複数の意味について「多義の関係にあるのか同音異義の関係にあるのか」を判定する客観的な方法を編み出すのは非常に難しい。この問題については Geeraerts (1993)，Taylor (2003b)，Ravin and Leacock (2000) などを参照されたい。

[8]　中心義は，中心義から拡張した派生義に比べて，コロケーションや統語環境による用法上の制約を受けにくい，ということのようである。

このように述べた上で,「上記の中心義の特性は,中心義と見なされる意義がつねにすべて備えていなければならないものではない。典型性(prototypicality)という考え方が当てはまり,上記の特徴を数多く備えるものが典型的な中心義と見なせる」としている。

中心義について明示的な説明を行っている文献のもう1つは,Tyler and Evans (2003: 45–50) である。彼女らは,同一の言語データ(つまり例文)を扱っていたとしても,研究者によって異なる中心義を認定できてしまうこと,そしてそれらの分析の妥当性の優劣を判断しがたいことを悲観して,より客観的な中心義認定基準を打ち立てる。たとえば over の先行研究を例に取ってみよう。over の中心義を Brugman (1981) と Lakoff (1987) が 'above and across' とするのに対し,Dewell (1994) は 'semicircular path' とし,Kreitzer (1997) は 'above' とする。このような事態は,何をもって中心義とするかに関する明確な基準がないために生じるのだとし,Tyler and Evans (2003: 47) は以下の基準を提案する。各基準の下に添えた日本語は単なる訳ではなく,同書全体の内容を踏まえて筆者が説明を足したものである。

(12) a.　earliest attested meaning
　　　　もっとも古くから記録が残っている意味であること
　　b.　predominance in the semantic network
　　　　当該の意味ネットワークの中で優勢である(多くの意味に共通した意味である)こと
　　c.　use in composite forms
　　　　(句動詞を形成したり,接辞になったりして)複合形で用いられること
　　d.　relations to other spatial particles
　　　　他の不変化詞と空間の住み分けを行っていること
　　e.　grammatical predictions
　　　　他の意義に拡張することが予測可能であるようなコンテクストが想定できること

彼女らは,over の中心義を「TR が LM よりも高い位置にある」の意味だと

主張する[9]。基準 (a) を満たしていることは，*OED* で確認することによって保証される。(b) については，たとえば彼女らの認定した over の別義 15 個[10]のうち，「TR が LM よりも高い位置にある」の意味がかかわっているものは 8 個あるのに対して，「TR が LM とは反対側にある」の意味がかかわっているものは 4 個しかないので，前者の意味の方が後者の意味よりも中心的であるということになる。また (c) の基準からすると，「TR が LM よりも高い位置にある」の意味の over が接辞化した overcoat などの語が存在するのに対して，「TR が LM とは反対側にある」の意味の over が接辞化した *overhouse「反対側にある家」などの語が存在しないことから，前者の意味の方が後者の意味よりも中心的なのだという。では (d) についてはどうだろうか。「TR が LM よりも高い位置にある」の意味の over はより正確には「TR が LM よりも高い位置にあり，かつ TR と LM が潜在的な影響関係にある」ということを表し，「TR が LM よりも高い位置にあり，かつ TR と LM が潜在的な影響関係にない」ということを表す above と上方向の空間の住み分けを行う。また，それぞれの対義語に相当する under と below は同様の住み分けを下方向に行う。Tyler and Evans (2003) は図 1 のように整理している。

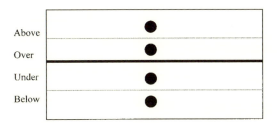

図 1　above, over, under, below による空間の住み分け
　　　（Tyler and Evans 2003: 130）

---

[9] 本書では，認知言語学の慣習にならい，前置詞によって位置づけられるものを TR(トラジェクター)，位置づけの参照物として機能するものを LM (ランドマーク) と呼ぶ。たとえば *He is standing **by** the window* では He が TR，the window が LM にあたる。*He regained his consciousness **before** noon* では，意識を取り戻した時点が TR，正午が LM である。

[10] Tyler and Evans (2003) において，空間前置詞のある意義 Sense 1 とある意義 Sense 2 が「別義」(distinct) であるとは，(i) Sense 1 に含まれない意味要素が Sense 2 に含まれており，かつ (ii) Sense 2 の使用例の中に，当該前置詞が Sense 1 と文脈情報から予測できない意味を表している例が存在する，ということである。1.3.5 も参照。

このような空間的住み分けの関係を取り結ぶ相手が,「TR が LM とは反対側にある」の意味の over には存在しない。このことから,「TR が LM よりも高い位置にある」の意味の over の方が「TR が LM とは反対側にある」の意味の over よりも中心的であるということになるという。最後に基準 (e) を見よう。以下の (13a) に示すような「TR が LM よりも高い位置にある」の意味の over は,(13b) のように「TR が LM を覆っている」の含意が伴う状況でも使われうる。(13b) は極めて日常的で高頻度に発生する状況を表している。over がこのような用法で何度も用いられていくうちに,「TR が LM を覆っている」の含意が over の意味の内部に取り込まれ—つまり語用論的強化 (pragmatic strengthening)[11] が起こり—(13c, d) のように,「TR が LM よりも高い位置にある」の意味が関与しない用法が確立される。

(13) a.　「TR が LM よりも高い位置にある」義
　　　　The picture is **over** the mantel.　　　　（Tyler and Evans 2003: 65）
　　b.　「TR が LM よりも高い位置にある」義 +「TR が LM を覆っている」の含意
　　　　The tablecloth is **over** the table.　　　　（ibid.: 44）
　　c.　「TR が LM を覆っている」義
　　　　Joan nailed a board **over** the hole in the ceiling.　　　　（ibid.: 43）
　　d.　「TR が LM を覆っている」義
　　　　Joan nailed a board **over** the hole in the wall.　　　　（ibid.）

このように,「TR が LM を覆っている」の意味の over が「TR が LM よりも高い位置にある」の意味の over から拡張されて生じてくることは,彼女らの言い方を借りれば「予測可能」なのである。そしてこのように予測可能な拡張の元として機能するものは,中心義としてのステータスを持つという。

---

[11] 語彙項目 L が特定の性質を持つコンテクスト C で出現すると,ある推論 I が生じるとする。L が C で出現する頻度が高まると,I が L そのものの意味の内部に取り込まれることがある。この現象を Traugott (1988) と König and Traugott (1988) は「語用論的強化」(pragmatic strengthening) と呼ぶ。たとえば接続詞 since は,*I've been sick **since** I talked to the professor* のような時間用法に推論として存在していた「原因」という要素が,since 自体の意味の内部に取り込まれることによって,原因用法を獲得したとされる。

Hanazaki（2005: 427–428）は，Tyler and Evans（2003）のこの基準を by に適用すると，どの意義を中心義に認定すればよいのか分からなくなるという趣旨の指摘をしている。これには筆者も同意見で，たとえば基準（a）からすると空間的近接性の意味が中心義ということになる（Palancar 1997, Cuyckens 1999）が，基準（b）や（c）から純粋な空間的近接性の意味が中心義だと主張するのはやや難しい。

　しかし，筆者が本当に問題だと思うのは，認定基準（11）や（12）が一体何を認定したことになるのかが分からないという点である。多義語の複数の意義のうち，（11）の（i）から（ix），そして（12）の（a）から（e）の基準を満たす意義は，それらを満たすから何なのだろうか。それがはっきりしないのであれば，そもそもそのような何かを認定する（そして「中心義」という名前をつける）ことに，積極的な意味はないと思うのである。本書の関心との関連で言えば，by の複数の意義のうち，（11）の（i）から（ix），そして（12）の（a）から（e）の基準を満たす意義があるとして，その意義と，現代英語母語話者が「by を使おう」と思うことや by をいま彼らが使っているように使えていることとの間にはどのような関係があるのだろうか。今のところ筆者は，ここに関係があると主張する根拠を持っていない[12]。

　ただし，どうしても何か1つ中心義を選ばなければならないのだとしたら，筆者は動作主を導く by を選ぶ。根拠は2つある。まず第一に，by の様々な意義の中で突出して使用頻度が高いことである（Corston-Oliver 2001）。もちろん，動作主の by が高頻度であることと，本書で記述する by の様々な用法を母語話者が操れていることとの間にはほとんど何の関係もないだろうが，それでも，少なくとも歴史的に最も古い意味（空間的近接義）に比べれば，現代英語母語話者の言語使用とのかかわりが強いと言えるだろう。2つ目の根拠は，第4章で述べることであるが，by の手段用法が動作主用法との混同を避けるように振る舞うことである。これは，動作主用法が，現代英語の範囲内でそれ以外の用法に影響を与えているということであり，現代英語母語話者がいま使っているような形で英語を使うことができて

---

[12] 筆者は，「従来的な意味での中心義の知識が脳内に保存されているとしても，その知識は発話の現場で参照されていないだろう」と言っているのであって，従来的な意味での中心義が脳内に保存されているかどうかについては何も言っていないことに注意されたい。従来的な意味での中心義が脳内に保存されていないとする議論については Taylor（2012 b）を参照。

いる理由を探る試みに，多少はかかわってくる現象だと言える。

1.3.2　意味と意味のつながり

　これまでの (特に前置詞の) 多義研究では，意味と意味のつながりを指摘することが最大目標のうちの 1 つとされてきた。分析のモデルの主流は，Brugman (1981) に端を発し Lakoff (1987) で確立した「放射状カテゴリー」モデルから，Tyler and Evans (2003) の「決まった手順に基づく多義性モデル」に移行しつつあるように見えるが，それでも中心義から一般的な認知プロセスにより派生義が生じてくるさまを図示するという根幹の魂は引き継がれていると言ってよいだろう。意義から意義への派生が「一般的」であるとは，すなわち，その派生がメタファー (「太郎の頭」→「釘の頭」のように，似ている別のものに指示対象がシフトする現象) やメトニミー (「太郎の頭を叩いたのは誰だ」→「そろそろ床屋に行って頭を切ったら」のように，一緒にイメージされる別のものに指示対象がシフトする現象)，語用論的強化 (脚注 11 参照) といった，当該語彙に限らず様々な言語表現で起こることが知られているプロセスだということである。

　1.3.2 で論じたいのは，「放射状カテゴリー」モデルの場合であれ，「決まった手順に基づく多義性モデル」の場合であれ，そこで指摘されている意味と意味のつながりは，現代母語話者が発話の現場で参照・利用している知識ではない (のが普通である) ということだ。多義研究で題材として扱われてきたのは，特定の語彙項目の意義・用法のうち，現代語において高い頻度で生起する，完全に定着した意義・用法である。そのような意義・用法は，拡張のプロセスを経なくても使用できる。たとえば over 50 years old に現れるような数直線上の「上」とかかわる over は，たいていの母語話者なら何度も見たり聞いたりしたことがあり，その用法自体を覚えているので，fly over the city のような空間的「上」の over からメタファー的拡張をさせなくても使用できる。従来の多義研究の関心からすると，このような場合に「空間的『上』の over と数的『上』の over にはつながりがあるのだ (そのつながりはメタファーという一般的なものだ)」と主張することが重要だったわけだが，本書の関心に照らして言えば，そのつながりは「言語学者にとって指摘可能」というステータスを持つだけであって，母語話者の言語産出を可能にしてはいないように思われる。

もちろん，通時的にはこのようなつながり・拡張プロセスの指摘が重要である。英語の歴史のどこかの時点では，空間的 over の方は定着している一方で数直線的 over の用法は発達していなかったのであり，その時代には空間から数直線にメタファー的なマッピングを行うことが——空間の「上」と数直線の「上」の類似性を認識することが——数直線的 over の使用を支えていたはずなのだ。しかし，拡張の結果として生じた表現がひとたび定着してしまえば話は別である。その拡張はもはや言語使用には必要なくなるのだ。以下の引用にあるように，拡張の様子を放射状カテゴリーモデルに則って図示したところで，それは母語話者の言語使用時に頭の中で起こっていることの図ではないだろう。

(14) In the last analysis, the radial model may be little more than a hypothesis concerning the plausible historical developments that resulted in the array of conventionalized uses in the modern language. 　　(Taylor 2002: 479)
結局のところ，放射状モデルは，現代の言語において慣習化されている様々な用法に行き着く歴史的な経緯としてどのようなものがありえるか，ということについての仮説にすぎないのかもしれない。

(15) 言語の慣習的側面を考慮に入れるならば，「言語 L には言語 L を母語として使用している人たちの認識が反映されている」というのはおおざっぱな言い方にすぎず，より厳密には「言語 L の表現 E には，表現 E が発生した時点で言語 L を母語として使用していた人たちの認識が反映されている」と言わなければならない。　　(酒井 2013: 64)

通時的な拡張の原理が共時的には発話に利用されていないであろうと考えられる根拠の 1 つは，ある知識が定着すると，話者はその用法に関する知識に直接アクセスできると考えられることである。アナロジーとして，掛け算九九を考えてみると分かりやすい。4×9=36 の記憶が定着している子どもは，4×7=28 → 4×8=32 → 4×9=36 のような思考過程を経ずとも 4×9=36 という知識にアクセスすることができる。また別のアナロジーとして，建物の位置の記憶を挙げることも的外れではなかろう。たとえば不動産屋 X の位置情報の記憶が定着していないうちは，「不動産屋 X は家電量販店 Y の裏にある」というように，家電量販店 Y とのつながりを利用するこ

とによって不動産屋Xの位置情報の知識にアクセスする。しかしこのプロセスが繰り返されるうちに，不動産屋Xの位置に関する記憶は定着し，家電量販店Yに関する知識に頼らずともアクセス可能な知識となる。掛け算や位置情報といった知識領域で起こっているこうしたことが，言語という知識領域でも起こっていると考えるのは極めて自然なことである。

定着した用法に関しては用法間の意味的なつながりが（たとえ存在しても）発話に利用されてはいない，と考える根拠は他にもある。新用法発生の原理を次のように図式化してみよう。

第1段階：定着した用法Aからの拡張で新用法Bが生まれつつある
↓新用法Bへの慣れが生じてくる
第2段階：新用法Bも定着し，用法AもBも定着した用法となる

図2　新用法発生の原理1

いま論点となっているのは，第2段階において用法AとBの間の意味的なつながりが発話に利用されるかどうかである。この問題について考えるうえでヒントを与えてくれるのが，様々な言語の通時的研究の成果である。図3のような展開が数多く観測されているのである。

第1段階：定着した用法Aからの拡張で新用法Bが生まれつつある
↓新用法Bへの慣れが生じてくる
第2段階：新用法Bも定着し，用法AもBも定着した用法となる
↓用法Aが次第に使われなくなる
第3段階：用法Aが廃れ，用法Bのみが定着した用法として残る

図3　新用法発生の原理2

もしも，第2段階において用法Aが用法Bの使用を可能にしていたのだとしたら，第3段階で用法Aが廃れる頃には，用法Bの方も使いにくくなるはずである。ところが実際には，用法Bの方がごく普通の表現として生き残るというのは，おそらくいつの時代のどこの言語を見ても，決して珍しくない現象である。ということは，第2段階において用法Bを使用するために用法Aとのつながりを利用しているとは考えにくいということになる。

さらに，意味間のつながりが発話に利用されていないというこの可能性は神経科学の分野でも指摘されている。歴史的には空間用法の知識と時空間メタファーという運動の掛け合わせによって生まれた時間用法も，一度定着し記憶されると，時空間メタファーという運動を介さなくても直接アクセスできるようになるということが，実験により示されているのである。Kemmerer (2005) の実験結果を Pinker (2007) が分かりやすくまとめているので紹介する。

(16) [...] it should come as no surprise to learn that even a metaphor as ubiquitous as TIME IS SPACE does not depend on the concept of time actually camping out in the neural real estate used by the concept of space. David Kemmerer has shown that some patients with brain damage can lose their ability to understand prepositions for space, as in *She's at the corner* and *She ran through the forest*, while retaining their ability to understand the same prepositions for time, as in *She arrived at 1:30* and *She worked through the evening*. Other patients showed the opposite pattern.　　　(Pinker 2007: 250)
　　　［…］「時間は空間である」(time is space) というごくありふれたメタファーがあっても，空間の概念と時間の概念の座が実際に脳の同じ領域にあるわけではないということは驚くに値しない。言語学者のデイヴィッド・ケメラーは，脳に損傷を負った患者の一部が，She's at the corner (彼女は角にいる) や She ran through the forest (彼女は森を走り抜けた) のような空間を示す前置詞を理解できなくなっても，She arrived at 1:30 (彼女は一時半に到着した) や She worked through the evening (彼女は夜通し仕事した) のように同じ前置詞が時間を示す場合には理解できることを明らかにした。この逆のパターンを示す患者もいた。　　　(幾島・桜内 (訳)『思考する言語 (中)：「ことばの意味」から人間性に迫る』: 178–179)

この実験から，Kemmerer (2005: 798) は，Lakoff and Johnson (1999: 166) などが提示している "the temporal meanings of prepositions are always computed through the on-line application of the TIME IS SPACE metaphor" (前置詞の時間的な意味は，「時間＝空間」というメタファーを発話の場で応用すること

によって，毎回導出されている）という考え方を誤りだとして退けている[13]。

興味深いことに，意味と意味のつながりが発話に利用されていない可能性は，意味と意味のつながりの記述に重点を置く前置詞多義研究の出発点であるBrugman (1981)の時点で，既に認識されていた。

(17) a. In the descriptions that follow I am emphatically not claiming that the process of extension is purely synchronic or completely productive.
(Brugman 1981: 5)

以下の記述で，私は拡張というプロセスが純粋に共時的だとも完全に生産的だとも主張するつもりがないことに，くれぐれも注意されたい。

b. I am not claiming that the language user goes through a series of image schema transformations from the central sense each time he uses the word *over* in a noncentral sense. (ibid.: 12)

私は，言語使用者は非中心義のoverを使用するたびに中心義からイメージ・スキーマ変換を行っているのだ，と主張するつもりはない[14]。

c. Perhaps the relationships apparent to one speaker are not noticeable to me, and I simply have a set of "frozen forms" (i.e. particular, idiomatic and unrelated senses of the word) which do not depend on my finding a relationship between them and other related forms. (ibid.: 98–99)

ひょっとするとある話者にとって明白である（[筆者注]イメージ・ス

---

[13] なお，「空間から時間へ」の逆にあたる「時間から空間へ」というマッピングが想定されていないのは，そのようなマッピングが通言語的に稀である（寺澤1996: 129; Heine and Kuteva 2002）という理由，および，幼児は基本的に空間用法の方を先に習得する（Tomasello 1987）という理由によると思われる。

[14] スキーマ(schema)とは，人間が複数の事例(instance)から抽出・抽象化したパターンのこと。イメージ・スキーマとは，人間が身体経験から抽出したスキーマのこと。たとえば子どもが，おもちゃ箱の中に犬のぬいぐるみが入っているのを目で見たり，コンビニのビニール袋の中にお菓子が入っているのを手で触ったりして抽出するイメージ・スキーマは，「何かが何かの中に入っている」というイメージ・スキーマである。イメージ・スキーマには他に「何かが何かの上にある」や「何かが何かの上を通過していく」（これらはoverと結びついているイメージ・スキーマ），「何かが何かを支えている」（これはonと結びついているイメージ・スキーマ），など様々なものがある。

キーマとイメージ・スキーマの)つながりが私にとっては認識できないこともあろう。その場合，私の頭の中には複数の「凝り固まった言語形式」(つまり当該の単語が持つ特定の，イディオマティックな，つながりのない複数の意義)が存在するだけで，その言語形式は，互いに関係しあった他の言語形式とどのような関係にあるかを私が発見するかどうかにかかわらず存在しているのである。

それならばどうして現代英語のデータだけを見て，意味と意味のつながりを追うことに労力を費やすのか。Brugman 自身がこの問いに明確に答えている。

(18) a. [...] I am trying to explicate what it is that makes us feel that the senses are related [...] (Brugman 1981: 12)
[…]私は，どうして複数の意義が関連しあっているように感じられるのかについて詳細に分析しようとしているのである[…]

b. My concern in this work has been less for offering a complete image-schematic description of the word *over* than it has been for exploring the possibility that image-based representation can provide some clues about more general linguistic issues, in this case, for instance, the problem of polysemy and some means by which linguists can distinguish it from homonymy. (ibid.: 99)
本研究における私の関心は，over という単語をイメージ・スキーマに基づいて完全に記述することというよりも，イメージに基づいた表示によって，もっと一般的な言語学的問題―今回の場合はたとえば多義の問題―について考えるヒントが与えられないか，言語学者が多義と同音異義を区別する方法が与えられないか，その可能性を模索することにあった。

これにより，筆者の関心が Brugman の関心とは大きく異なることがはっきりと分かる。(18a)で言及されている意味間のつながりは，「関連しあっているように感じられる」とあるように，言語を使用するときに利用されたつながりではなく，言語についてあらためて考えてみたときに認識・指摘可

能であるつながりである。(18b) では "distinguish it from homonymy"「多義と同音異義を区別する」の主語が "linguists"「言語学者」であることに注目してほしい。このような関心を持って多義を論じるのであれば，分析者であり言語学者である Brugman が「ある」と感じるつながりについて「ある」と論じればよい。Brugman (1981) は完全な一貫性を持っているのである。なお，Brugman (1981) の over 研究を引き継ぎ拡大・詳細化させた Lakoff (1987) も，自身の関心は over の用法間に関連があると感じられることにあるということを述べている。

(19) a. Given the range of spatial meanings of *over* and given the metaphors present in the conceptual system that English is based on, it *makes sense* for these words (= *oversee, overlook, look over*) to have these meanings (= 'to watch somebody/something and make sure that a job or an activity is done correctly', 'to fail to see or notice something', 'to examine something to see how good, big, etc. it is'). We are explaining just why it makes sense and what kind of sense it makes. (Lakoff 1987: 438)
over が持っている一連の空間的な意味や，英語の土台にある概念体系に存在するメタファーを考慮に入れると，こうした単語 (=oversee, overlook, look over) がこうした意味を持つのは「納得がいく」のである。我々が本書で説明しているのは，一体どうして納得がいくのか，そして，これはどのような種類の納得なのか，ということである。

b. [...] if one is going to have a word that means "to fail to take into consideration," it is more natural to use *overlook* than to use an existing unrelated word like *sew*, or a complex word whose components are in conflict with the meaning, such as *underplan*, or *taste at*, or *rekick*. It is common sense that such expressions would not be used with such a meaning, and we are characterizing the nature of that "common sense."
(ibid.)
［…］もしも「考慮に入れるのを怠る」という意味の単語が欲しかったら，overlook を使う方が，sew などの既存の無関係な語や，構成要素が「考慮に入れるのを怠る」の意味と合わない underplan, taste

at, rekick などの複合的な語を使うよりも自然である．このような表現がこのような意味で用いられないであろうことは常識的な感覚としてあり，我々が本書で記述しているのはその「常識的な感覚」とは一体どのような感覚なのかということなのである．

　BrugmanとLakoffは一貫して，意味と意味がつながっているように感じられることに関心を示しており，かつ関心があると明言したその内容を追求するのに適した手法を採用していた．一方で，最近の英語前置詞研究の中心的文献となりつつあるTyler and Evans (2003)は，BrugmanとLakoffが持っていた関心の一貫性，および関心と研究手法の連動性を失ってしまっているように筆者には思われる．Tyler and Evansは，次の引用にある通り，通時的な意味拡張の道筋と，習得上の意味拡張の道筋の両方に関心を持っている．

(20) a. 　[...] we explore in detail what constitutes a primary sense, and in what way other senses might be diachronically and perhaps developmentally related to this sense. 　　　　　　　　(Tyler and Evans 2003: 3)
　　　　[…]我々は，何をもって中心義とするか，そして，他の意義がその中心義とどのような通時的関係，さらには発達的関係にあると考えられるかを詳細に検討する．

　　b. 　Language is a continually evolving, organic system. Hence, to study the synchronic 'slice' of a language will reveal only one point in a continuum of change [...] . Synchronic studies, such as the present one, must be mindful that lexical structure of even a single form (its semantic network) will exhibit the co-existing 'layers' of its past. 　　(ibid.: 3–4)
　　　　言語は絶えず発展する有機体である．したがって，共時的に切り取った言語の「断面」が明らかにするのは，変化の連続体の途中の1点にすぎない[…]．本書のような共時的な研究は，たった1つの言語形式の語彙構造（その形式の意味ネットワーク）であっても，そこには積み重なって共存している過去の「層」が顕れていることを忘れてはならない．

　　c. 　We attempt to build this assumption (= (20b)) into our model through our choice of the primary sense associated with each spatial particle,

which reflects both the diachronic and ontogenetic nature of the semantic network. (ibid.: 4)
我々は，空間的不変化詞それぞれの中心義の選択を通じて，この想定（(20b) の想定）をモデルに組み込むことを試みる。我々の選択は，意味ネットワークの通時的な性質と個体発生的な性質の両方を反映したものになっているのである。

しかし彼女らは，通時的発展と個体発生（習得）の両方に言及しておきながら，多義ネットワークの中心義の認定基準に習得の観点を含めておらず（(12) を参照），また，意味拡張を説明するのに古英語や中英語の例文をほとんど用いていないのである。そもそも，筆者の考えでは，通時的な意味拡張の過程と言語習得の過程は混ぜて議論するべきものではない。別々に議論して最終的に結果が一致することはありえるが，はじめから混ぜて論じるのはおかしい（何をしていることになるのか分からない）。

また，通時的な意味の発展の結果として存在する意味ネットワークは，成人話者各人の心的表示（知識体系）として存在する意味ネットワークとも別物である。これは，次の引用にあるように，Tyler and Evans 自身も認めている。

(21) While we believe all the senses in a particular semantic network are diachronically related, in terms of the adult lexicon, there may be differences in the perceived relatedness between distinct sets of senses [...]
(Tyler and Evans 2003: 59)
我々は特定の意味ネットワーク内の全ての意義が通時的には関連しあっていると考えているが，成人の語彙に関して言えば，意義の集合と別の意義の集合の間に認識される関連性に違いがあることがあり [...]

では，彼女らが記述したい多義ネットワークの図は，どちらの図なのか。つまり，OED などを参照しながら歴史的発達を描き，そこから現代では廃れてしまった用法を消しゴムで消して出来上がる図なのか，それとも Brugman や Lakoff が描いたような，自分にとって関連していると感じられる用法同士を線で結んで，どのような関連かについての情報を書き込む図な

のか。この混乱は次の引用でさらに深まることになる。

(22) Our purpose will be to attempt to identify, based on synchronic evidence, while informed by diachronic development, the way in which other distinct senses may have become derived from the proto-scene.

(Tyler and Evans 2003: 52)[15]

我々の目的は，共時的な証拠に基づき，通時的な発展からもヒントを得ながら，原図形から他の複数の別義がどのようにして派生したと考えられるか，その道筋の解明を試みることである。

結局のところ Tyler and Evans (2003) は，通時的な意味拡張にも言語習得による多義ネットワークの拡大にも成人話者の心的表示（知識体系）にも関心を示しておきながら，それぞれの関心に応じた研究手法が選択できていないように思われる。彼女らは，Brugman から始まった前置詞の多義研究に，「意味的につながりがある」と直感的に思ったら「意味的につながりがある」と言えてしまう何でもありの状況を見て取り，科学的な妥当性（つまり検証可能性）を持った研究分野としてのステータスを前置詞の多義研究から剥奪されないように，principled polysemy「決まった手順に基づく多義性モデル」を打ち立てた。しかし，Brugman や Lakoff の論において分析者の関心が明確であったこと，そしてその関心を満たすのに適した研究手法が採られていたことを，もっと評価すべきではなかったか。

本書の関心は，Brugman と Lakoff の関心とは違う。本書の関心は，現代英語の母語話者がいま使っているような形で by を使えているのは母語話者が一体どのような知識を持っているからなのか，ということにある。そしてそれは，第 2 章以降で論じるように，コロケーションなどの言語的コンテクストを含めた「使用」の知識を持っているからなのだと主張する。意味と意味のつながりは，客観的に妥当と思われる範囲内では指摘するけれども，それでもそのつながりは言語使用を可能にする要素ではないと主張したい。意味と意味の間のつながりは，本書において中心的な位置を占めない。

---

[15] proto-scene「原図形」とは Tyler and Evans (2003) 独自の用語で，空間的不変化詞の中心義において TR と LM の間に必ず成り立っている空間関係が心的に表象されたものを指す。

ある言語表現の定着した複数用法の間に共時的な意味関係が感じられるからといって，その用法間のつながりがその表現の使用を可能にしているとは言えない。このことを本書との関連で言い直せば，byの用法Aと用法Bが意味的に関連しあっている（たとえば，BはAからのメタファー的拡張として捉えられる）からといって，「用法Aの存在があるおかげで英語話者は用法Bを使いこなすことができるのだ」とは言えない，ということになる。むしろ，byの定着した用法を相手に多義記述を行っている限り，「話者はbyの各用法について『この場面では用法Aが使える，この場面では用法Bが使える』といった個別的な知識を持っている」と考えるべきである。
　言語使用と，それを可能にする心的表示（知識体系）に関心を持つ者にとって，意味と意味の間につながりがあるように見えることそれ自体は，決定的な情報源にならないのである。以下の先行研究からの引用は同趣旨の指摘として読むことができる。

(23) a. While the radial model is able to structure the different senses in an elegant and coherent way, it by no means follows that speakers of a language mentally structure a polysemous word in such a way.
(Taylor 2002: 478)
放射状モデルを採用すれば，様々な意味を美しく有機的に構造化することが可能になるけれども，だからといって言語の話者が多義語を頭の中でそのように構造化しているということにはならない。
b. [...] the fact that an ingenious linguist may be able to come up with a maximally general semantic statement which covers a wide range of different uses does not entail that speakers of a language do store the word meaning in the abstract format, and that they do implement a process of conceptual elaboration, on each occasion of the words's use.
(Taylor 2003a: 161)
[…]天才的な言語学者が最大限一般的な意味記述を思いつき，それによって幅広く様々な用法をカバーすることができるとしても，だからといって言語の話者が本当に単語の意味をそのような抽象的なフォーマットで保存しており，本当にその単語を使用するたびに概念的詳細化のプロセスを経ているのだということにはならない。

c. [...] cognitive linguists sometimes appear to be in the danger of a priori excluding the independent entries model, that is, of assuming that identity of form and a plausible relation in meaning requires a polysemy network mental representation. （Croft 1998: 156–157）
[…]認知言語学者は，独立に項目が立っているというモデルをアプリオリに排除してしまう危険性があるように見えることがある。つまり，形が同じで意味につながりがありそうだったら，多義ネットワークモデル以外の心的表示はありえないと思い込んでしまうのである。

では，どうすれば知りたいことを知ることができるのだろうか。

1.3.3 実験すれば分かるのか

　筆者と同じように，言語使用ないしその根幹にある心的表示と言語学者が描く多義ネットワークの関係について慎重に考えなければならないと主張する研究者が，心理言語学の分野に一定数いる（Schulze 1990; Sandra and Rice 1995; Beitel, Gibbs and Sanders 2001; Brisard, van Rillaer and Sandra 2001; Gibbs and Matlock 2001）。こうした研究者らは，心理実験を通じて，話者が多義語に関してどのような心的表示を持っているかを知ろうとする。しかし筆者は，もしある言語学者が描いた多義ネットワークが正しいことが心理実験によって確認されたとしても，それでもなお，その多義ネットワークが当該の単語の使用を可能にしているとは言えないと考える。こうした実験で，被験者が行うよう求められることは，日常的な言語使用ではなく，用法と用法の意識的な類似性判断[16]など，日常の言語使用ではまず行わないようなことだからである。心理実験によって得られた結果が言語使用ないしその根幹にある心的表示を直接的に反映しているわけではないこと，より慎重な姿勢が求められることは，しばしば心理言語学者たち自身も認めるところである。

　たとえば Beitel, Gibbs and Sanders (2001) を見てみよう。ここでは，3 つの実験が行われている。1 つ目の実験では，被験者 30 人をテーブルの上に座らせ，揺れたりくるくる回ったりしてもらい，これを「on の経験」とする。そ

---

[16] ただし無意識的な類似性判断は日常の言語使用で行っていると思われる（本章の図 4 と図 6 を参照）。

のうえで Beitel らは自分たちが選んだ 12 のイメージ・スキーマ (SUPPORT, PATH, PRESSURE, CONSTRAINT, COVERING, ATTRACTION, VISIBILITY, NEAR-FAR, LINKAGE, CENTER-PERIPHERY, BLOCKAGE, RESISTANCE) の説明文 (表 1) を被験者に読み聞かせ，それぞれのイメージ・スキーマがテーブルの上での「on の経験」とどれくらい関係があると思うかを，1 (全く無関係) から 7 (とても関係がある) のスケールで評価してもらう[17]。

表 1 イメージ・スキーマの説明文 (Beitel, Gibbs and Sanders 2001: 247)

Image schemas	Description
SUPPORT	Refers to the sense of you being supported by the table while you are on the table. Do you feel a sense of support while you are on the table?
PATH	Refers to the sense of you moving along some course while you are on the table. Do you feel a sense of path while you are on the table?
PRESSURE	Refers to the sense of you exerting some pressure on the table while you are on the table. Do you feel a sense of pressure while you are on the table?
CONSTRAINT	Refers to the sense of the table constraining some of your motions, e.g., the motion downward, while you are on the table. Do you feel a sense of constraint while you are on the table?
COVERING	Refers to the sense of you covering some part of the table that is under you while you are on the table. Do you feel a sense of covering while you are on the table?
ATTRACTION	Refers to the sense of you being pulled toward the table while you are on the table. Do you feel a sense of attraction while you are on the table?
VISIBILITY	Refers to the sense of you being visible while you are on the table. Do you feel a sense of visibility while you are on the table?
NEAR–FAR	Refers to the sense of you being near while the table is being far while you are on the table. Do you feel a sense of near-far while you are on the table?
LINKAGE	Refers to the sense of you being connected to the table while you are on the table. Do you feel a sense of linkage while you are on the table?
CENTER–PERIPHERY	Refers to the sense of you being central while the table is being peripheral while you are on the table. Do you feel a sense of center-periphery while you are on the table?
BLOCKAGE	Refers to the sense of you being some obstacle that prevents further physical or mental actions while you are on the table. Do you feel a sense of blockage while you are on the table?
RESISTANCE	Refers to the sense of you opposing some external force while you are on the table. Do you feel a sense of resistance while you are on the table?

---

[17] イメージ・スキーマという術語については脚注 14 を参照。

すると，次のような結果が得られたという。

表2　on のイメージ・スキーマと be on the table の関連性
（Beitel, Gibbs and Sanders 2001: 248）

Image schemas	Ratings
SUPPORT	6.43
PRESSURE	5.83
VISIBILITY	5.80
COVERING	5.67
CONSTRAINT	4.50
ATTRACTION	4.17
CENTER–PERIPHERY	3.73
BLOCKAGE	3.67
RESISTANCE	3.33
LINKAGE	3.13
PATH	1.97
NEAR–FAR	1.77

　この表が示しているのは，SUPPORT → PRESSURE → VISIBILITY → COVERING → CONSTRAINT → ATTRACTION → CENTER-PERIPHERY → BLOCKAGE → RESISTANCE → LINKAGE → PATH → NEAR-FAR の順に，be on the table との関連性が低くなっていくということである。

　2つ目の実験では，実験者らが複数の辞書を参照して認定した on の用法37種類について，例文を1つずつ被験者24人に見せ，表2の上位5位のイメージ・スキーマがどの程度関連しているかを1から7のスケールで評価してもらう。結果は表3のようになったという。

　3つ目の実験は，2つ目の実験で用いた37の例文を，2つ目の実験の被験者とは別の被験者24人に見せ，類似性に基づいて分類してもらうというものである。結果として，表2の結果から予想できる分類の仕方を被験者は見せたという。つまり，ある用法とある用法でかかわっているイメージ・スキーマの種類が似ているほど，その用法同士が似ていると感じられているということである。

表 3 on の例文とイメージ・スキーマの関連性
(Beitel, Gibbs and Sanders 2001: 251)

Meanings of *on*	Const	Cover	Press	Supp	Visib
The family depends on the father	4.00	1.67	4.04	6.17	2.33
There is a physician on call	3.29	3.08	2.83	3.21	3.00
All books are on sale	2.63	2.25	2.17	2.58	4.83
The band is on tour	3.46	2.96	2.63	3.00	5.00
The boat is on course	4.17	2.79	2.17	2.42	5.00
The bus is on schedule	4.25	2.13	3.08	2.83	3.79
Jeff is on time	3.46	1.83	2.92	2.46	3.75
Sam is on his way home	3.08	2.00	2.17	1.71	4.29
She puts the blame on my actions	4.00	2.58	4.58	3.08	2.08
He pulled a gun on me	4.33	2.04	4.25	1.38	4.42
Pat has been on sick leave	3.54	2.00	2.46	2.25	2.67
There is a parade on Sunday	2.79	2.42	1.75	1.75	5.17
The program will be broadcast on CBS	2.67	3.46	1.54	2.79	6.33
Joan works on the committee	3.04	1.83	3.25	4.25	4.04
Linda is very knowledgeable on this subject	2.13	2.75	2.29	3.67	2.79
The factory workers are on strike for a second day	4.17	2.25	4.00	3.21	5.29
These cold nights are very hard on the homeless	3.71	2.67	4.58	2.17	3.83
They ordered a court martial to be held on him	4.75	2.21	4.92	2.42	3.08
Pam is on a diet	4.89	1.79	4.33	2.75	3.38
The dog is on the leash	6.71	2.29	5.75	2.83	5.58
She is on the pill	3.96	2.21	3.33	3.92	2.38
The ship is on the anchor	6.46	2.50	4.58	4.58	4.25
The lunch is on George	2.25	3.42	2.67	3.63	2.58
He lives on a pension	4.88	1.92	3.17	5.79	1.83
The boss is on my neck	4.92	3.04	6.33	2.25	2.42
There are fifty nurses on the hospital staff	2.42	3.08	2.75	4.58	4.63
There is ten cent interest on the dollar	3.25	2.63	3.00	3.04	2.46
The vase is on the table	4.29	4.75	4.58	6.46	6.54
The fish is on the surface	3.00	4.75	3.33	3.96	6.54
The fly is on the ceiling	2.58	4.04	2.13	3.08	6.17
She has a beautiful ring on her finger	3.33	4.92	3.08	3.88	6.63
The house rests on the foundation	4.29	4.83	5.25	6.71	5.08
They hung a picture on the wall	4.25	5.67	4.00	5.38	6.79
I have a cut on my finger	3.08	3.96	3.63	2.08	5.79
I have a rash on my back	2.46	6.17	2.54	2.21	6.21
The actor is on stage	3.38	3.17	3.42	4.67	6.71
He resides on the continent	3.38	3.63	2.50	4.58	4.38

(Const – Constraint; Cover – Covering; Press – Pressure; Supp – Support; Visib – Visibility)

　これらの結果から，Beitel, Gibbs and Sanders は，on の用法間のイメージ・スキーマの違いが重要であるとし，Leech (1969) の単義説 (on の全ての用

法は "contiguity"「接していること」という素性で説明できるという立場)[18]
を退けている。たとえば *The house rests on the foundation* では SUPPORT ス
キーマが，*The dog is on the leash* では CONSTRAINT スキーマが，*The fish is
on the surface* では VISIBILITY スキーマが，かかわっているのである。

　確かに，説明能力の点で，Leech (1969) の提示する単義説よりも Beitel,
Gibbs and Sanders の提示するイメージ・スキーマによる多義説の方が説得
力がある。英語学習者に「on は接しているということです」と教えただけ
で，その学習者が上の 37 個の例文を自ら編み出し，すらすらと言い始める
ことはまずないだろう。しかし，イメージ・スキーマに訴えたところで根
本的に抱えている問題は変わらない（多少改善されるとしてもそれは程度問
題である）。たとえば，英語学習者に，表 3 の 1 つ目の例文にあるような on
の意味を，イメージ・スキーマのかかわりという観点からどんなに丁寧に
教えても，on 単体の意味を説明している限り，その学習者は **The family is
on the father* のような例文を作ってしまうだろう。*The family depends **on** the
father* とは言うのに **The family is **on** the father* とは言わない。この事実は，
on 単体の意味から予測できるようなものではない。

　Beitel, Gibbs and Sanders 自身，この実験結果が語っているのは on という
多義語について母語話者が持っている知識の一側面にすぎないことを認めて
いる (pp. 257–258)。

(24)　However, this does not imply that the image schemas are the sole basis for speakers' judgments of similarity for various uses of *on*. Also, no claim is made that image schemas play a role in speakers' online production and understanding of word meaning.　　(Beitel, Gibbs and Sanders 2001: 258)
しかしこれは，話者が on の様々な用法の類似性を判断する際の唯一
の基盤となるのがイメージ・スキーマだと言っているのではない。ま
た，イメージ・スキーマが発話産出の現場や単語の意味理解において

---

[18] 日常的な語彙に関して単義説を唱える言語学者は，筆者の知る限りでは非常に少な
い。有名な Ruhl (1989) の他，嶋田 (2013) など。嶋田は「前置詞の意味研究は，究極的に
は単義説 (monosemy) を目指すべきである」と考え，「前置詞 by には意味がひとつしかない
ことを示す試み」(p. 27) を行っているが，意味の数に「べき」論を持ち込む姿勢が本書の
探求と全く相容れないことは言うまでもないだろう。

役割を果たしているという主張をしているのでもない。

Beitel, Gibbs and Sanders（2001）だけでなく，筆者の知る限り，これまで提案された多義に関するどの心理実験も，筆者の問い—現代の話者の各々が多義語を実際使っているように使えているのは何を知っているからなのかという問い—に答えるものではないように思われる。

1.3.4　動機付け

現代語の話者にとって，ある多義語の意味 A と意味 B に関連性・つながりが感じられるとき，片方の意味がもう片方の意味に「動機付けられている」（motivated）と言う。これは双方向的な関係である。A は B に動機付けられており，B は A に動機付けられている。たとえば over の「数値が『上』」の意味は「空間的に『上』」の意味に動機付けられているが，それと同時に「空間的に『上』」の意味が「数値が『上』」の意味に動機付けられてもいるのである。この「動機付け」（motivation）という関係は，そこに関与する言語表現を当該言語らしい自然な表現であると思わせるという効果を持ち，それにより当該表現は話者にとって習得，記憶，使用しやすいものとなる—言語体系における生態的地位（ecological niche）を与えられる—のである（Lakoff 1987: 438; Taylor 2004; 平沢 2014b）。

動機付けや生態的地位といった概念は意味的なものに限られない。形式面でも動機付けや生態的地位といったものが存在する。ここでは，Taylor (2004) が挙げている例の中から hamburger という単語を取り上げることにする。元々この単語は，London から Londoner が生まれたのと同じようにして，地名の Hamburg に接尾辞の –er がつくことによって生まれたものである。しかし，ある時点から少しずつ，元々の hamburg/er という区切り方ではなく ham/burger という新しい区切り方に基づいて認識されるようになり，その結果 cheeseburger や burger といった新しい単語が生じた。一体どうして，ham/burger という新しい区切り方が自然な区切り方として認められるようになったのだろうか。「ham が肉の ham のように感じられるから」では理由にならない。確かにハムはハンバーガーの具と同じように肉の一種

であるが，ハンバーガーの中に入っているものはハムではないし[19]，仮に単なる「肉」という緩やかな意味的つながりだけで ham/burger という切り方が生じるのだとしたら，meat を m/eat とする区切り方や hear を h/ear とする区切り方も生まれるはずである。meat は eat する対象であり，hear は ear を使って達成される知覚を表すからである。しかしこのような区切り方は自然でない，英語らしくないと感じられる。Taylor によれば，ham/burger という新しい区切り方が生じたのは，hamburger という単語の音節構造とストレスパターンが dog-lover や man-hater，horse-breeding など多くの慣習化した単語と完全に一致しており，かつこれらの単語は第1音節と第2音節の間に意味的な境界を持つためである。言わば，こうした数々の単語が共謀してham/burger という区切り方に生態的地位を与えているのである。一方で，m/eat や h/ear といった区切り方が不自然に感じられるのは，慣習化した類似表現が他に存在しないためであると考えられる。

「動機付け」られているとは，「恣意的であること」(arbitrariness) と「完全に予測可能であること」(full predictability) の中間のステータスを持つということである (Lakoff 1987: 438; Goldberg 1995: 69–72; Taylor 2006)。たとえば動詞の go の「行く」という移動義と「なくなる，捨てられる」という消失義 (e.g., *The painting has to* ***go*** 「この絵は捨てるしかない」) を考えてみよう。go が移動義に加えて消失義も持つのは恣意的ではない。A 地点から B 地点に移動したものは A 地点からは消失するからである。しかし，だからといって，消失義の存在が移動義から完全に予測されるわけではない。このことは，移動義を持つ日本語動詞「行く」が *The painting has to* ***go*** を訳すのに利用できない (「行く」がこれに相当する用法を持たない) ことを考えてみれば納得がいくだろう。これは go の消失と移動義の関係は恣意性と予測可能性の中間，すなわち「動機付け」の関係にあるということである。

ここで，ある意味を動機付ける別の意味は1つには限らないことに注意されたい (平沢 2014a, Benom 2015)。たとえば，*Divide 96* ***by*** *8*「96 を 8 で割りなさい」のように除算で用いられる by の意味について簡単に見てみよ

---

[19] *OED* によれば，ham という単語が食べ物を表すときの意味は The thigh of a slaughtered animal, used for food; spec. that of a hog salted and dried in smoke or otherwise; also, the meat so prepared. であり，ham が hamburger の中に入っているような肉を指していた時代はないようである。

う（詳しくは 5.2.4 と 5.3.3 を参照）。この by の意味は，「…をひとまとまりの単位として」の意味と「…を手段にして」の意味という少なくとも 2 つの意味に動機付けられていると考えられる。8 という数値は 96 を分割するにあたって分割されない単位として働くと同時に（たとえば 96 個のビー玉を 8 個ずつ袋に入れる状況を考えてみればよい），分割を行うための手段としての役目も担っているのである。

　ある意味が複数の意味と動機付けの関係を結んでいるときに，それぞれの動機付けの強さが同じであるとは限らない。〈除算〉の by に，〈単位〉の by と〈手段〉の by の両方が等しい強さでかかわっていると言える証拠などない[20]。また個人差も考えられる。〈除算〉の by に〈単位〉の by の方が強くかかわっていると感じる話者もいれば，〈手段〉の by の方が強くかかわっていると感じる話者もいるだろう。このような事情を考慮すると，Tyler and Evans (2003) など従来の多義研究で描かれてきた，1 つの意味には必ず 1 つの意味から線が引かれるようなネットワーク図は，過度に単純化した図式であると言わざるをえない。

　本書の関心との関連で言えば，動機付けの関係は言語使用を可能にしている要素とまでは言えないことに注意が必要である[21]。たとえば〈除算〉の by の知識は，〈単位〉の by と〈手段〉の by の知識さえあれば完全に予想可能になるものではない。〈単位〉の by と〈手段〉の by の知識しか持たず〈除算〉の by に（十分に）触れたことのない学習者は，そもそも〈除算〉で by を使おうとは思わない可能性がある。代わりに，〈手段〉義を持つ別の前置詞 with を使って *Divide 96 with 8 と言ってしまうかもしれない[22]。結局，〈除算〉の by を習

---

[20] 表 3 の実験データが示唆する通りである。

[21] 実際，動機付けがなくても，十分な頻度のインプットさえあれば，言語表現を習得することは可能であるように思われる。Tuggy (1996) の逸話を紹介しよう。彼の姉または妹の Dale は，自分の想像上の友達のことを [ŋ̊ŋ̊ʔ] という奇妙な—英語のいかなる表現にも生態的地位を与えられていない—名前で呼んでいた。そしてそれが Tuggy 家の言語体系として定着した。さらには，その習慣を長く続けたため，Tuggy の友人たちの家庭でもそれが定着したのである。

[22] 逆に，〈手段〉義の with の使用例に（十分に）触れていなかったら，〈手段〉義の with を使うべき場面で〈手段〉義の by を使ってしまうという誤りが起こりうる。実際，英語を母語とする子どもが Crack pecan with teeth「ペカンナッツ，歯で割ってよ」の意味で Crack pecan by teeth と言ったり，Can I pick it up with my hands?「手で持ってもいい？」の意味で

得するためには，〈除算〉の by に触れて，その用法を覚えるしかない。動機付けの関係は，それを一定程度覚えやすくしてくれる補助輪でしかない。補助輪だけで駆動輪がなかったら，自転車にはならないのである。

1.3.5　同じ意味か別の意味か

同じ語彙項目の 2 つの異なる使用パターンにおいて，語彙項目自体が担っている意味が同じか異なるかということが，多義研究ではしばしば問題になる。ここでは具体例として，(25) と (26) に現れている over の 2 つの用法をめぐる議論を紹介しよう。(25) は静的な用法，(26) は動的な用法（「通過」の用法）の例である。

(25) a.　Hang the painting **over** the fireplace.　　　（Lakoff 1987: 425）
　　　　この絵を暖炉の上にかけて。
　　b.　The picture is **over** the mantel.　　　（Tyler and Evans 2003: 65）
　　　　絵はマントルピースの上にある。
(26) a.　Sam walked **over** the hill.　　　（Lakoff 1987: 422）
　　　　サムは丘を歩いて越えていった。
　　b.　The cat jumped **over** the wall.　　　（Tyler and Evans 2003: 9）
　　　　猫は壁を飛び越えた。

Lakoff (1987) は，完全細目化［最大細目化］(full specification) モデルと呼ばれるモデルを採っている (p. 422)。彼の描いた多義ネットワークの図では，静的な over と動的な「通過」の over は別義としての心的表示を持っていると想定されている (p. 427)[23]。(25) の over は，TR と LM が接触しない

---

*Can I pick it up **by** my hands?* と言ったりするということが O'Grady (2005: 74) で報告されている。

[23]　それどころか，動的な over の中でも，LM の形状や TR と LM の接触の有無などを基準に，様々な別義が設定されている。たとえば以下の例に現れる over は全て別義を担っているという。
　(i)　The bird flew **over** the yard.　鳥は庭の上を飛んでいった。
　(ii)　The plane flew **over** the hill.　飛行機は丘の上を飛んでいった。
　(iii) The bird flew **over** the wall.　鳥は壁の上を飛んでいった。
　(iv) Sam drove **over** the bridge.　サムは車で橋を渡った。

ことを要求するのに対して，(26) の over は (26a) から分かるように接触も許すからである (p. 425)。

一方，Tyler and Evans は，このアプローチに対して批判的である。

(27) [...] a serious flaw in Lakoff's full specification model is that it fails to distinguish fully between formal expression in language, on the one hand, which represents certain information, and on the other hand, patterns of conceptualization which integrate information prompted for by other linguistic elements of the sentence. 　　　　（Tyler and Evans 2003: 72）
［…］Lakoff の完全細目化［最大細目化］モデルの重大な欠点は，特定の情報を担って表に現れた言語表現と，文中の他の言語要素の示す情報を統合する概念化パターンという二者を，十分に区別していない点である。

たとえば，(25a) で TR と LM が接触していないという解釈がなされるのは，over 自体がその解釈を要求しているからではなく，絵を暖炉の上にかけるときには普通は接触させないだろうという百科事典的知識が活性化されているからだと考えるのである[24]。Tyler and Evans は，1.3.1 でも述べた通り，over の中心義を「TR が LM よりも高い位置にあり，かつ TR と LM が潜在的な影響関係にある」と捉えている。TR と LM の接触の有無は over 自体が指定するところではないのである。その証拠として，*The bee is hovering over the flower* という例文を挙げ，蜂は hover しながら時々蜜を吸うために花に接触するだろうと述べている (pp. 65–66)。一方で Lakoff は，TR と LM の非接触という，彼女らに言わせれば百科事典的知識が示している情報を，over 自体に担わせている点がよくない。これが Tyler and Evans の主張である。

(v) Sam walked **over** the bridge. サムは歩いて橋を渡った。
(vi) Sam climbed **over** the wall. サムは壁を乗り越えた。

[24] 「百科事典的知識」は言語学の専門用語であり，簡単に言えば，文化的知識や常識など，辞書には普通載らないような言語外の知識を指す。ただし，本当に「文化的知識や常識と完全に独立した純粋に言語的知識」なるものが存在するのかは難しい問題である (Haiman 1980)。

Tyler and Evans のように，over 自体は接触・非接触に関して無指定であるという立場を採れば，(26a)のように接触がある例も，問題にはならない。人間が丘よりも高いところを歩く場合，人間と丘は接触することになる。これは百科事典的知識に照らして推論される情報であり，over 自体は「TR が LM よりも高い位置にあり，かつ TR と LM が潜在的な影響関係にある」という情報以外には何も提供していない，と考えるのである。彼女らは，百科事典的知識が関与しているという考え方が妥当であることを示す根拠として，「通過して向こう側まで行く」という意味が(28a)では生じるのに(28b)では生じないことを挙げている。

(28) a. Sam walked **over** the bridge/railroad trestle/pedestrian walkway.
 (Tyler and Evans 2003: 72–73)
 サムは橋[トレッスル式鉄道橋，歩行者用通路]を歩いて渡った。
 b. Sam walked **over** the ice/lawn/campus/picnic area/building site/familiar ground. (ibid.: 73)
 サムは氷[芝生，キャンパス，ピクニックエリア，建築現場，馴染みの場所]の上を歩いた。

(28a)では，bridge/railroad trestle/pedestrian walkway が，向こう側へ行くための一次元的に伸びた LM なので，その上を人間が歩く場合には，通過して向こう側へ行くという含意が生じる。一方で，(28b)では ice/lawn/campus/picnic area/building site/familiar ground の性質からしてその含意が生じない。もしも over 単体に「通過」の意味があるのであれば，その意味が(28b)で生じない理由が説明できない。

しかし，以上の Tyler and Evans の議論では次のような言語現象が説明できない。まず，確かに蜂が花の上を飛び回っている間に時々蜜を吸うために花に接触することが多いのはもちろん事実であるが，まさに花に接触して蜜を吸っているタイミングを描写して現在進行形で *The bee is hovering over the flower* とは言うことはできない。結局のところ，彼女らの言う over の中心義に「非接触」の要素は必須だろう。

したがって，TR と LM の接触の解釈が許される(26)では，over の別義が活性化されていると考えるのが妥当である。その別義とは，「通過」義で

ある。Tyler and Evans は，walk over the bridge に関与する通過の意味は over 自体ではなく人間の歩行と橋，および over が表している「上」の関係についての百科事典的知識から導き出されるとしているが，それならば橋を渡って向こう側へ行くというときには walk on the bridge よりも walk over the bridge と言いたくなるという言語事実はどう説明するのだろうか。

　もちろん，walk over の over がいつでも「通過」義を発動させるわけではない[25]。LM が一次元的に伸びた形状をしている（細長い）ことが必要だ。Lakoff (1987) はこのことを的確に指摘している (p. 422)。さらに，(26a) の hill の形状は橋や歩行通路とは大きく異なる（細長いという印象を与えない）ので，問題であるように思われるかもしれないが，これについても Lakoff は既に答えを与えている。climb over the wall のように垂直方向に伸びたものを「乗り越える」という場合の over にも動機付けられている，ということを指摘しているのだ (p. 424)。言い換えれば，walk over the hill の over は，walk over the bridge の over と climb over the wall の over の両方から生態的地位を提供されているのである。

　Tyler and Evans (2003) は，over に限らず，扱っている全ての空間前置詞に関して，推論で導けることは最大限推論に任せ，推論では導けないところだけを前置詞自体が担っている語彙的な意味として記述している。そしてそれを principled polysemy「決まった手順に基づく多義性モデル」の名で，一種の指針として提示している。これは聞き手の解釈を中心に据えた多義モデルであり，本書のように話し手の使用に注目した研究とは，本質的に異なるものである。彼女らは over について非常に詳細に議論して多義ネットワークの図を描いているが，それは「どうして母語話者は over を実際に使っているようにして使おうと思うのか」という問いに答えるものではないのだ[26]。

　しかしながら，Lakoff の完全細目化［最大細目化］モデルであれば本書の関心に沿うというものでもない。たとえば，以下の言語事実を見てみよう。

---

[25] このことは Tyler and Evans が指摘している通りである（上の (28a) と (28b) の違いを参照）。

[26] Tyler and Evans (2003) の「別義」基準（脚注 10 参照）は，ほとんど「予測不可能義」基準と言ってもよいものである。この基準では，予測可能ではあるけれども頻度が高いために記憶している個別用法の存在を適切に捉えられない (Bybee 2006: 328)。

「上でホバリングしている」の意味で補部名詞句を省略して hover over と言うことも hover above と言うことも可能だが，「上から」の意味で補部名詞句を省略するには from above しか許されず，*from over とは言えない。

(29) a. 'Yeah, it's like sharks in the water and buzzards hovering **over**,' Williams said. （COCA）
「ああ，水中のサメと，上をホバリングしているノスリみたいなもんだな」とウィリアムズは言った。
   b. I would get off and watch the hawks hovering **above** [...] （COCA）
降りて，上をホバリングしているタカを眺めて[...]

(30) a. *[...] the drippings from over [...]
   b. [...] the drippings from above [...]
（Paul Auster, *In the Country of Last Things*）
[…]上からしたたってくる水[…]

さらに，「上から見ると」の意味で補部名詞句を表示せず seen from above と言うのは極めて自然であり英語らしいと感じられる。COCA では，seen from above の補部名詞句が表示された用例は1件しか見つからないのに対して，補部名詞句のない用例が47件見つかる（2015年8月18日検索）。そしてこれは seen from over が（補部名詞句の有無にかかわらず）1件も見つからないのと対照的である。以下の用例も above を over に置き換えると不自然になる。

(31) a. Seen from **above**, the island is no more than a small dot [...]
（Paul Auster, *Invisible*）
   b. *Seen from **over**, the island is no more than a small dot [...]
上から見ると，その島は小さな点も同然で[…]

この言語事実は Tyler and Evans のモデルでも Lakoff のモデルでも捉えられない。彼らのモデルではこうした状況で over が完全に容認されることが予測されてしまうのである。まず Tyler and Evans から確認する。彼女らによれば，over は「TR が LM よりも高い位置にあり，かつ TR と LM が潜在的

な影響関係にある」ということを表すという。(30) の状況は，まさにそのような状況である。水が上からしたたってきたら，頭にかかって影響を受けうる。この状況で (少なくとも補部名詞句を表示しない場合には) over よりも above が好まれることは Tyler and Evans にとって非常に不都合で，例外ケースとしたくなるところだろう (ただし (31) に関しては，人間が島を見ても島は影響を受けないから over が排除されるのだ，と説明することが可能だろう)。一方 Lakoff の over 研究では，(30) と (31) に見られる TR と LM の関係は，over の「上」義 (Lakoff の用語法で言うところの the above sense のスキーマ) に合致するだろう。つまり，通過の意味が関与せず，かつ TR と LM の間に接触がないというスキーマである。したがって，over を使うのが自然であると予測されてしまう。このように，Tyler and Evans (2003) も Lakoff (1987) も (30) と (31) の言語事実をおそらく例外と見ることになる。

　しかし，「上から落ちてくる」や「上から見る」などの日常的な状況を表す表現を例外として扱ってよいのだろうか。筆者の考えでは，母語話者は above と over がそれぞれどのような意味を持っているかを覚えていてそこから from や seen とのコロケーションを計算して産出しているのではなく，above と over がどのような単語と組み合わさってどのような意味になるのかを—つまり from above などのフレーズの形と意味の結びつきを—覚えているという可能性を検討してみるべきである。母語話者は補部名詞句なしの from above をよく聞くから from above を覚えているし，補部名詞句なしの seen from above もよく聞くから覚えている。一方で補部名詞句なしの from over はほとんど耳にしないため覚えていない。本書ではこうした言語知識と言語運用のあり方を (対象では over ではなく by であるが) 描き出していきたい。本章冒頭の turn, put, act/action についてのインフォーマルな観察も思い出されたい。(なお，from over とは言わず from above と言うという言語慣習がどのようにして生まれたのか，どうして現代英語はそのような姿をしているのかという問いに答えるには，(他の) 英語母語話者と同じように over と above を使えるようになるためにはどのような知識が必要かという本書流の探求とは独立に，通時的研究を行う必要がある。)

　上の段落を読んで，話を逸らされたように感じた読者がいるはずだ。そのときの above 自体の意味や over 自体の意味についての議論はどこに行ったのだ，と。だとすれば，筆者はむしろ積極的に話を逸らしたいのである。前

置詞単体にはっきりした（複数の）意味があって，その意味を知っているからその前置詞を他の表現と組み合わせて使用することができるのだ，ということを前提にしている限り，上の(30),(31)のような問題が次から次へと出てくるだろう[27]。ここで筆者は方向転換を試みたい。母語話者は意味よりもむしろ使用を覚えているのではないかという—言うなれば多義論から多使用論への—方向転換である。

1.4 意味と使用
1.4.1 意味の水源地モデル

意味と使用の関係について考えてみよう。筆者には，すぐ上の節で議論した Lakoff (1987) と Tyler and Evans (2003) を含め多義研究の非常に多くが，暗黙のうちに野矢 (2012) の言うところの意味の「水源地モデル」を採用しているように思われる（野矢 2012 はこのモデルを批判している）。

(32) ［意味の水源地モデルによれば］正しい言語使用は，正しくその語の意味を把握していることの結果にすぎない。すなわち，意味こそが使用の源泉なのである。そして，正しく意味を把握することと，正しくその語を使用することとは別のことだ。［…］正しい言語使用ということの内には少なくとも二つの要素がある。ひとつは正しく意味を把握すること，そしてもうひとつは正しい意味理解に基づいて使用を規制すること。　　　　　　　　　　　　　　　　　　　　　　　　（野矢 2012: 242）

The picture is over the mantel と *Sam walked over the bridge* という over の使用に関して，ともに over の「上」義から生まれると考えているように思わ

---

[27] 実際のところ，Tyler and Evans (2003) 自身，p. 2 の脚注と pp. 44–45 の脚注で，複数の語彙項目からなる言い回し (over the bridge など) を記憶している可能性を認めており，こうした記憶は彼女らの研究の範囲外であり，それをどうモデル化するかは今後の課題だと述べている。「どうモデル化するか」というのは，筆者の理解が正しければ，over the bridge などの言い回しの記憶の存在と，over など語彙項目単体に関して彼女らが想定しているような多義ネットワークとの間の整合性をどう担保するかということである。彼女らにとって言い回しの記憶が研究の範囲外となり今後の課題となってしまうのは，「多義現象は 1 つの言語的な形式に複数の意味が結びつく現象だ」という前提に立っているからであると思われる。

れる Tyler and Evans (2003) も,前者は over の「上」義から生まれ,後者は「通過」義から生まれると考えているように思われる Lakoff (1987) も,over の意味を over の使用の源泉と捉えているように見える点では同じである。

　ここで,このモデルへの反論として,言語学者 John R. Taylor が Lakoff (1987) と Searle (1980, 1983) について行っている批判的検討を紹介したい (Taylor 2006; 2012a: 223–228)。open の多義性をめぐる議論である。open the window と open the book では,同じ open という動詞が使われているが,関与する人間の動きに違いがある。これについて Lakoff は open に複数の意味が結びついていると考える。同様に,window にも複数の意味が結びついていると考える。break the window「窓を割る」と go to the window「窓のところに行く」を比べてみると window の指示対象が異なっているからだ。book にも複数の意味が結びついていると考える。一方,Searle は open それ自体が担っている意味は1つで,それが具体的な文に入ると背景情報 (the Background) と組み合わさり,様々な解釈が生じると考えることになるという。window も book も単義だということになる。

　Lakoff の考え方では,解釈可能性についてのパラドックスが生じる。たとえば,open に m 個の意味があり,window に n 個の意味がある場合,open the window には m × n 通りの解釈がありえることになる。このように言語的コンテクストが増えれば増えるほど可能な解釈の数が増えるというのは,直感に大きく反する。直感的には,語が連なれば連なるほど,曖昧性は減っていくように感じられるのである[28]。

　一方 Searle の議論は,複数の使用に共通してかかわっているとされている意味が指摘できない,という問題を抱えている。たとえば open the window と open the book (その他数えきれないほど存在する,open の一見単純に見える使用) に共通した open の意味は指摘できそうもない。英語母語話者に何の言語的コンテクストも与えずに open 単体の意味を定義するように求めると,ジェスチャーを交えて何とか説明を試みるだろうが,そのジェスチャーで表されている動作は,open が表しうる使用例の一部にしか当てはまらない動作であろう。窓を開ける動作をして「これが open の意味

---

[28] 語の連なりにより曖昧性が減る現象については Kishner and Gibbs (1996) と Hoey (2005: Ch. 5) も参照されたい。

だ」と言ってしまえば，その open の動作は open the book には当てはまらないし，逆に本を開ける動作をして「これが open の意味だ」と言ってしまえば，その open の動作は open the window には当てはまらないものであろう。

　このように，1 つの語彙項目に対して意味が 1 つあると考えても 2 つ以上あると考えても問題が生じる。そこで我々は全く別の考え方を採用することを迫られる。つまり，話者は曖昧性が少なく指示対象が分かりやすい複合的な表現（たとえば open the book や open the window など）の意味や使用範囲を先に習得しているのではないかということである。英語を習得する子どもは言語的コンテクストと切り離された open 単体に触れる機会がほとんどないであろうことを考えると，これは自然な発想である。open 単体の意味は，把握しようと思えば，open the book や open the window などの複合的な表現の共通点を抽出することによって把握することができるが，そのようなメタ言語的活動は，適切な言語使用のために必要なものではない。

　筆者の考えでは，Taylor (2012a: 223–228) のこの発想は，Cruse (2000) の knife の例が示唆する問題も解決しうるものである。Cruse は，knife の典型的な意味を言葉で定義することができるのかという問題を投げかけている。たとえば，次の定義文を見てみよう。

(33)　A knife is an implement with a blade and a handle used for cutting.
　　　　　　　　　　　　　　　　　　　　　　　　　　　　（Cruse 2000: 17）
　　　ナイフとは，刃と柄が付いた，ものを切るための道具である。

Cruse によれば，この定義文で knife を理解できるのは，はじめから knife を理解している者だけである。なぜならば，blade や handle, cut など，定義文に出てくる語彙項目のそれぞれが多義的であり，この定義文を適切に理解するには，こういった複数の多義ネットワークの中からそれぞれ活性化されている意味が何なのかを同定しなくてはならないからである。言い換えると，(33) は (34) のように言っているも同然なのである。

(34)　A knife is an implement with a knife-type handle and a knife-type blade
　　　used for cutting knife-wise.　　　　　　　　　　　（Cruse 2000: 17）
　　　ナイフとは，ナイフ的な柄とナイフ的な刃が付いた，ものをナイフ的

に切るための道具である。

このような循環が生じてしまうにもかかわらず，母語話者が knife という語を習得できる（それも難なく習得できる）のは，the handle of the knife, the blade of the knife, cut ... with a knife といった複合的な表現に触れ，それらを習得しており，それらに共通するものとして knife を知っているからであると考えられる。

したがって，本質的には，ある語彙項目を他のどのような語彙項目と共起させることで，どのような状況を指すことができるのかを知っていること—使用・使い方を知っていること—こそが，その語彙項目の意味を知っているということなのである。1.1 節で，「母語話者は by の様々な意味を知っているのではなく，by の様々な使い方を知っているのである」と述べたが，「（語彙項目の）意味」を「（語彙項目の）使用・使い方」と同一視するのであれば，「母語話者は by の様々な意味を知っている」と言ってよい。しかし，このような意味観は全く定着しておらず，「意味」と「使用・使い方」という言葉を交換可能なものとして用いると混乱を招くと思われるので，本書では「意味」と「使用・使い方」を従来のような形で区別して用いることにする[29]。ここで，整理のためにあらためて言い直そう。ある語彙項目を他のどのような語彙項目とともに用いることによって何ができるのかの知識—使用の知識—が先にあり，その語彙項目自体がどのような意味を持っているのかの知識—意味の知識—はそこから引き出してもよいし引き出さなくてもよい二次的な知識なのである。そして，この発想を受け入れることができるモデルは，意味の水源地モデルではない。使用基盤モデルである。

1.4.2　使用基盤モデル
1.4.2.1　ルールとリストの共存

認知言語学は，言語知識とその習得に関して，使用基盤モデルという言語モデルを想定している。使用基盤モデルでは，言語を習得していく話者は，新しく触れた表現を過去に触れた表現との類似性に基づいてカテゴリー

---

[29] 「使用」と「意味」の同一視については西村・長谷川 (2017) と平沢 (2019a) も参照されたい。またここには意味排除論（酒井 2017: 314–315）と文脈原理（酒井 2017: 318–319）も密接にかかわっている。

化・グループ化し，記憶するとされる (Bybee 2006, 2010; Taylor 2012a)。そのグループ内の表現は，何らかの共通性を持つため，話者に抽象化すなわちスキーマの抽出を (多くの場合，無意識のレベルで) 促す。たとえば，第4章で扱う pull him by the leg, drag her by the arm, catch me by the wrist, grab the cup by the handle といった表現に触れた話者は，[VP$_{掴む}$ + by + the + NP$_{部位}$] といったスキーマを抽出するだろう。

使用基盤モデルにおけるスキーマ抽出のプロセスは，単純化すれば次のように図示できる。

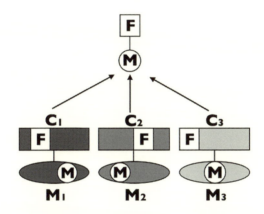

図 4　使用基盤モデルにおけるスキーマ抽出のプロセス

この図では，ある形 (F: form) と意味 (M: meaning) の結びつきを正方形と円の連結によって示している。この結びつきは自然発話の中で単体で現れることはなく，たいていは言語的なコンテクスト (C: context) の一部として現れる (この段落と次の段落では，「コンテクスト」という用語を，F の周囲にある言語要素という意味ではなく，F の周囲にある言語要素と F 自体をあわせた全体という意味で用いることに注意されたい)。このコンテクスト C は，F の正方形を包み込む長方形で表示している。各コンテクスト C_1, C_2, C_3 … の意味 M_1, M_2, M_3 … は楕円で表示している。

F-M という結びつきが，異なるコンテクスト C_1, C_2, C_3 の中に入ると，C_1, C_2, C_3 全体の意味として M_1, M_2, M_3 といった意味が表され，言語習得途中の話者が必ず理解しなければならないのは，この M_1, M_2, M_3 である。話者は，これらを理解する過程で，C_1, C_2, C_3 には形 F と意味 M が共通して含ま

れていることに気が付き，それにより F と M の結びつきを理解し記憶することができるのである。たとえば pull him by the leg, drag her by the arm, grab the cup by the handle が C_1, C_2, C_3 に相当し，F が [VP by the NP]，M が「目的語の部位を掴む」にあたる。具体的な表現に触れることを通じて，[VP by the NP] という形式と「目的語の部位を掴む」という意味が結びついたスキーマを抽出することができるのだ。

　抽出されたスキーマは，新たに出会った別の表現や，新たに抽出した別のスキーマと共通性を持つかもしれない。その場合には，既に抽出したスキーマと新しい表現ないしスキーマから，さらに上位のスーパースキーマが抽出される可能性がある。たとえば，Hirasawa (2012) と平沢 (2013c) の提示しているデータから考えると，既に [VP$_{掴む}$ + by + the + NP$_{部位}$] というスキーマを抽出した話者が，push the prisoner along by the shoulder「肩をドンドンと押してその囚人を移動させる」や balance the knife by the point on my palm「ナイフの先端を手の平に乗せてバランスを取る」といった表現に出会った場合，[VP$_{位置コントロール}$ + by + the + NP$_{部位}$] というスーパースキーマを抽出する可能性がある（詳しくは 4.2 節を参照）。

　このようにして，下位の具体的な表現ないしスキーマから上位の抽象的な文法が構築されていく中で，その文法構築の材料となった個別具体的な表現が記憶から直ちに抹消されるということはない。たとえば，話者が [VP$_{位置コントロール}$ + by + the + NP$_{部位}$] というスーパースキーマを抽出した途端に，その抽出の材料となった [VP$_{掴む}$ + by + the + NP$_{部位}$] というスキーマや，drag ... by the arm や catch ... by the wrist などの具体的表現を忘れてしまうということはない。言わば「ルール」（抽象的なもの，スキーマ）と「リスト」（具体的なもの，事例）の共存を許すのが使用基盤モデルなのである（Langacker 1987: 29）。リストにある表現がルールに則っているならルールさえ覚えていれば十分であり，リストの表現を覚えたままにしているのは無駄であり余剰的であるわけだが，その余剰性を許す言語モデルが使用基盤モデルなのだ。覚えた表現の全てを，いちいちルールに則って組み立て直すことは想定しない。たとえて言えば，加減乗除のルールを本質的に理解した大人でも，掛け算九九の結果のリストは全て覚えたままにしており，いちいち 8×9 が 72 であることを計算により導き出そうとはしないことと似ている。図 4 に照らして言えば，話者は，F-M というスキーマを抽出した後

も，その材料となった C_1, C_2, C_3 をすぐに忘れ去るということはしないということである。

Bybee and Eddington (2006) の報告は，話者は自分が触れた（スキーマの抽出に使った）具体的な言語表現を記憶から抹消しない（ルールができてもリストを消さない）ことを示す証拠として見なすことができる。彼女らは，スペイン語のコーパスを用いて，become 動詞である quedarse, ponerse, volverse, hacerse の後にどのような形容詞がどのような頻度で現れるかを調べた。すると，「それぞれの動詞ごとに，続く形容詞の意味の方向性にパターンがあり，各動詞に注目すれば，同じ意味グループに属する複数の形容詞がほぼ同じ頻度で現れる」という単純な分布にはなっていないことが分かった（もしもそうなっていたとしたら，話者の脳内にはスキーマ―すなわち各動詞単体の意味―だけあれば十分で，その動詞と形容詞の具体的な組み合わせという使用のリストは必要ないことになる）。たとえば quedarse を例に取ると，以下に図示したように[30]，意味の小グループを複数形成しており，さらに同じ意味グループ内でも quedarse と共起する頻度に差があることが分かった。

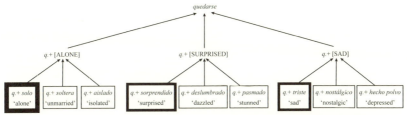

図 5　quedarse ＋形容詞 (Bybee and Eddington 2006 を元に作成)

この事実自体，意味の水源地モデルとは相性の良くない事実である。この図に示した quedarse の使用を予測可能にするような quedarse の本質的で抽象的な意味を指摘することは不可能であろう（'alone' と 'surprised' と 'sad' に

---

[30] 図中の $q.$ は動詞 quedarse を表し，枠の太さは頻度をおおざっぱに示したものである。スキーマ表示内の角カッコは，そのスキーマに包摂される事例に共通する意味を示している。事例表示中の一重引用符は形容詞部分の意味を表す。Bybee and Eddington (2006) にはもっと多くの事例と意味グループが示されている。図5はそれを大幅に簡略化して図示したものである。

共通する意味とは？「人間の状態を表す」としたところで，あまりにも広く漠然としすぎており，'alone' と 'surprised' と 'sad' を予測することはできない）。さらに，彼女らはスペイン語母語話者48名を対象に，コーパスから採取した33個の文（become動詞と形容詞が共起している文）の容認性を判断してもらう実験を行った。すると，同じ意味グループに属している形容詞であっても，コーパスでの共起頻度が高い形容詞の方が，共起頻度が低い形容詞よりも，共起の容認性が高く出た。たとえば quedarse sorprendido の方が quedarse pasmado よりも容認度が高いというような結果である。これは，quedarse 単体の本質的で抽象的な意味（おそらく単に become としか言いようがない）を理解するだけでは説明のつかない事実である。というのも，quedarse との共起頻度が高い形容詞も低い形容詞も，quedarse の持つ become 的意味と矛盾しないという点では変わりがないからである。これに対し，話者は自分が quedarse と出会ったとき quedarse の後には何が続いていたかを記憶から消さずに覚えているのだと考えれば，共起頻度に連動した容認性判断が下されることの説明がつく。

1.4.2.2　使用基盤モデルと頻度

　使用基盤モデルの想定では，実際の言語使用（E言語）と話者の心的表示（I言語）は相互に絶え間なく影響を及ぼしているため，E言語とI言語を明確に区別することは本質を捉え損ねることにつながる（Taylor 2012a: 280–287）。こうした渾然一体としたE＋I言語の中で，言語学者にとってアプローチしやすいのはE言語の方である。I言語つまり心的表示は目に見えないが，E言語はコーパスを利用して可視化できる。このため，コーパスを利用してE言語の頻度分布を調べ，さらにその分布から心的表示を探ろうという試みは，認知言語学とコーパス言語学の内部の重要な一大領域になっている（Schmid 2010）。

　既に述べた通り，使用基盤モデルの想定が正しければ，複数の語からなる表現から，その構成要素である語彙項目の意味へ向かって，抽出作業が行われていく。このボトムアップ式の習得が行われるためには，ボトムにあたる部分が言語知識の中に存在していなければならない。つまり，文の一部（コロケーションなど）や，場合によっては文全体が，心的表示を持っていなければならない。ここで頻度が重要な働きをする。触れた頻度が高い表

現ほど，心的表示が強化されるからである。たとえば，単純化した図式であるが，I love you という高頻度表現を 7 つのインプット (*I love you, honey* / *He says, "I love you"* / *I love you, my son* / *Jane, I love you* / *I can't do it because I love you* / *I love you, too* / *I love you, sweetheart*) から習得するとしよう。これらのインプットが英語話者の子どもの記憶に貯蔵されるとき，インプットに共通する I love you が何重にも重なることにより，濃くなっていくのである。一度聞いただけでは，完全に覚えることも構造を理解することもできない各インプットも，共通する I love you が重なっていくことにより，I love you の音形の記憶は強化されていく。また，音形だけでなく，インプットとなる各文が発話される状況の共通性から，I love you の意味も習得される。この発想は，形式・意味の両面で共通点を抽出することを前提としているが，これは言語に限らず人間が持っているとされている認知能力（カテゴリー化の能力）である。

　上の図式は，一度聞いただけの文も（多くの場合記憶している自覚を伴わない形で）薄く記憶されるはずである，ということもまた前提としている。この前提が正しいかどうかを考えるにあたって，Bybee が文脈情報の記憶に関して述べていることが参考になる。

(35)　It appears that listeners and speakers follow and keep track of the implications that occur in particular contexts. In order to know that a certain implication has occurred frequently and is associated with a certain string of words, speakers must register the context and the implications from the very first exposure. They could not wait until they had heard the expression frequently in a certain context to register this in memory, because if they did not remember each time, they would not know that they had heard it before. 　　　　　　　　　　(Bybee 2006: 722)

話し手と聞き手は，特定のコンテクストで生じる含意を理解そして記録しているようである。特定の含意がこれまで頻繁に生じてきたこと，そしてその含意が特定の単語の並びと結びついていることに話者が気が付くためには，そのコンテクストとその含意に一番最初に触れたときから記録を開始していなければならない。その表現が特定のコンテクストで使われるのを頻繁に耳にするまで記憶への書き込みは

行わない，というのではまずいのだ．なぜなら，1回1回を記憶しなかったら，前に聞いたことがあると気付きようがないからだ．

人間は，少なくとも言語に関して言えば，ある対象を何回か見たり聞いたりしていると，いつか「記憶した」という実感が生じたり，しっかり記憶しているからこそ可能である何かしらのことを達成して「自分は対象を記憶していたのだ」と気が付いたりする．このような日常的観察事実は，最初に見たり聞いたりした1回目から，記憶への（おそらく非常に微弱な）書き込みを開始しなかったら，生じようがない．というのも，この仮定のもとでは，2回目に見たり聞いたりしたとき，脳はそれを1回目だと思ってしまうからである．すると，1回目は記憶しないという仮定により，この2回目のチャンスも逃すことになる．3回目も同様にして，記憶しない．4回聞いても，10回聞いても，1,374回聞いても記憶できないことになる．人間は記憶を知らない生き物となり，これは明らかに事実に反する．ということは，仮定が間違っていたのだ．人間は，一度聞いただけの発話でも，記憶に薄く薄く書き込みをするのである．

さて，ここまでは，（薄くであれ）記憶したインプットに共通部分があれば，その共通部分はスキーマとして抽出されるという図式の説明にとどめ，スキーマ抽出の細かい性質については言及してこなかったが，ここで言及しておくべき重要な性質がある．Casenhiser and Goldberg (2005) によれば，スキーマの抽出は，そのスキーマに包摂される複数の事例の間に頻度の偏りがある方が容易になるのである．Casenhiser and Goldberg は，英語を母語とする子どもを対象に実験を行い，「NP_1 が NP_2 に出現する」という抽象的意味の架空の構文 [NP_1 NP_2 V] の習得について観察した．するとこの構文の抽象的意味は，Vスロットを埋める架空動詞 (moopo, vako, suto, keebo, fego) をそれぞれ2回，2回，2回，1回，1回という比較的バランスの取れた回数配分で提示した場合よりも，moopo を4回，vako, suto, keebo, fego を1回ずつ，というアンバランスな（偏った）回数配分で提示した場合の方が，適切に習得されたという．これは，斎藤・田口・西村 (2015: 34–35) の言うように「最もそのカテゴリーの成員らしい事例を中心とし，それと何らかの原理によって関連付けられた事例を周辺的な成員として組み込む」のが人間の通常のカテゴリー化の仕方であることを考えれば，自然な結果であると解釈できる．

本書との関連で言えば，2.3 節で見るように [VP by now] という構文の VP スロットに含まれる動詞は know に偏るのだが，この頻度の偏りは [VP by now] という構文の習得を—ひいては by now の習得を—助けていると考えることができる。ここで，言語における頻度ということになると，Stefanowitsch and Gries（2003）が提示した統計的により厳密なコロストラクション分析（Collostructional Analysis）を思い浮かべる読者もいるかもしれないが，筆者にはこの方法論は受け入れられない。コロストラクション分析に従うと，know と by now の共起頻度が高くても，know 自体が英語全体で高頻度であるため，know と by now の共起の重要性は減じられてしまう。これは，言ってみれば「know by now はよく聞くけれども，know は by now 以外のところでもよく聞くから know by now を覚えるのはやめておこう」と脳が言っていると考えるようなものである。このような認知メカニズムの存在は証明されていない（Bybee 2010: 100–101）。それよりも，Bybee（2006）の想定するような，一度聞いただけでごくわずかながら記憶を開始する人間像の方が，筆者には説得力があるように感じられるのである[31]。

1.4.2.3　使用基盤モデルと合成性

　意味の水源地モデルにとって，次の引用の最後の一文にあるように，合成性（compositionality）が完全には成立しない場合が多いことは非常に大きな問題となる。

(36)　複数の有意味な要素（語彙項目など）から構成される複合的な表現（典型的な文など）の意味が，それらの要素がもともと—コンテクストから独立して—有すると考えられる意味をその表現の文法構造に従って組み合わせることによって，過不足なく得られる時，その表現の意味は完全に合成的であると言う。現実の言語使用において複合的な表現（以下では文と呼ぶ）によって伝達されるメッセージはその文の完全に合成的な意味とは異なるのが普通である。　　　（斎藤・田口・西村 2015: 84）

---

[31]　Bybee（2010: 100–101）は，その他の観点からも，コロストラクション分析に対する批判的な検討を行っている。

上の引用の最後の一文で言われているのは，たとえば kick the bucket で「死ぬ」の意味になるなど，「どうしてそのような意味になるのか全く分からない」と言いたくなるような事例—誰しもが「熟語だ」と認めるような事例—だけではないだろう。たとえば all over という表現について考えてみよう。

(37)　Some stupid guy had thrown peanut shells **all over** the stairs [...]
　　　　　　　　　　　　　　　　　　　　　　　（J.D. Salinger, *The Catcher in the Rye*）
　　　どっかの馬鹿な野郎がピーナッツの殻を階段のそこらじゅうにばらまきやがったんだ [⋯]

これは直感的には熟語だという印象を与えないが，以下のように使用範囲を細かく検証してみると，all over の意味は完全に合成的とは言えず，熟語的な側面を持つことが分かる。

　意味の水源地モデルからすると，all over は，強調語ないし数量詞としての all と，「TR が LM を覆っている」義の over が「合成」されることによって生じるような意味を持つということが予測される。確かに (37) の例では TR (peanut shells) が LM (the stairs) の全面を覆っている。ところが実際には，all over は，この予測とは違う，「無秩序に散らばっている」という意味を持つ (Queller 2001)。秩序だった形で TR が LM を覆っている場合には all over は使えないのである。

(38) a.　The tablecloth has got bloodstains **all over** it.　　（Queller 2001: 58）
　　　　テーブルクロスは血痕だらけになってしまっている。
　　b. ?? The tablecloth has got red squares **all over** it.　　　　　（ibid.）
　　　　意図した文意：テーブルクロスの全面に赤い四角が並んでいる。

さらに，all over ならば言えるが all を省略して純粋な「覆い」義の over では言えないような例も存在する。

(39) a.　Oh, God, I thought, she can see the lipstick **all over** me.
　　　　　　　　　　　　　　　　　　　　　　　　　　（Taylor 2012a: 259）
　　b. *Oh, God, I thought, she can see the lipstick **over** me.

僕は，ああしまった，口紅まみれになっているのを彼女に見られてしまう，と思った。

(40) a. I still weigh 66 kilos and still have a galaxy of spots around my nose and **all over** my chin. (ibid.)
b. ?I still weigh 66 kilos and still have a galaxy of spots around my nose and **over** my chin.
体重は66キロのままだし，鼻のあたりとあごじゅうに広がる斑点も昔のままだ。

したがって，all over の意味は，all over 以外のところで習得した all の意味と，all over 以外のところで習得した over の意味を合成することによって完全に予測することはできないのである。all over を1つの言語的単位として習得するしかない。これは使用基盤モデルであれば難なく扱える現象である。話者は all over を含む様々な実例に触れながら，その共通項として all over の意味を抽出し獲得していると考えればよいのである。

さらに，Taylor (2012a: 259–261) で指摘されているように，all over the place, written all over などの表現も言語的単位としてのステータスを持っている。というのも，上で見た all over の意味と the place や written の意味を合成しても予測できない意味を持っている（より具体的には，all over the place や written all over という言い方を知らないと，all over を the place や written と組み合わせようと思わない）からである。

(41) Yesterday's polls looked much of a muchness—they were not "**all over the place**"—but concealed politically crucial variations. (Taylor 2012a: 259)
昨日の選挙結果はどの党も似たり寄ったりに見えた。無秩序な結果ではなかったのだが，政治的に重要な差異が表に現れてこなかった。
(42) Dave's rhythm work has got his name **written all over** it. (ibid.: 260)
デイブの刻むリズムはいかにもデイブという感じだ。

こうした事例を考慮に入れると，英語話者は，all over the place, written all over という複合的な表現も言語的単位として習得しているのである。

本書との関連で言えば，by now が all over と似た振る舞いを示す。つま

り，by now の意味は一見したところでは by の時間義と発話時を指す now の意味を合成することによって予測できるように見えるのだが，実例を細かく検証してみると，それでは説明のつかない様々な振る舞いが指摘でき，結局 by now を1つの言語的単位として考えるしかなくなるのである。さらに，頻度の偏りから，know ... by now も言語的単位として記憶されている可能性，もっと言えば should know ... by now も言語的単位として記憶されている可能性，さらに恐れず言うならば I ... always ... you should know that by now という語りの流れすら，言語的単位として記憶されている可能性が見えてくる（詳しくは 2.3 節へ）。

　ここで注意しなければならないのは，たとえある複合的な言語表現が完全に合成的な表現であっても，その複合的表現が1つの言語的単位として丸ごと記憶されている可能性があるということだ。たとえば *How old are you?* や *I love you* は，英語の統語的な特性，意味論的な特性などを考慮に入れれば，完全に合成的な表現だということが可能かもしれない。しかし，たとえそうだとしても，これらの表現は言語的単位として記憶されていると考えざるをえないだろう。なぜなら，発話のたびにこれらの表現を合成しているのだとしたら，*What's your age?* や *I'm in love with you* といった表現もこれらと同じくらい使われてもよいはずであるが，実際にはそうなっていないからである（年齢の尋ね方については Taylor 2012a: 100–101 を参照）。これは，英語母語話者が *How old are you?* や *I love you* といった複合表現を丸ごと記憶し，それをそのまま使い回しているということの証拠である。

　言語習得の方面からもこうした考え方をサポートする強力な証拠が提出されている（Diessel and Tomasello 2000; Tomasello 2000; Diessel and Tomasello 2001; Tomasello 2007; Kidd and Cameron-Faulkner 2008; Diessel 2013）。たとえば，関係節や埋め込みの定形節などの文法構造すら，はじめは周囲の発話から具体的なフレーズ（文の断片）を拾い，まるで熟語のように記憶・模倣して習得されていることが明らかにされている。記憶したフレーズの種類が増えていくにつれて徐々に抽象化・スキーマ化が進んでいき，最後には大人と同様に関係節や埋め込み文などを生産的に用いることができるようになるのである。

1.4.2.4　使用基盤モデルは創造性と矛盾するか

　ここまで見てきた通り，使用基盤モデルは記憶を重視する言語モデルであ

る。しかしこれは，人間は周囲の言語から記憶した文や文の破片をオウムのように繰り返すことしかできない極端に保守的な生き物だ，と言っているのではない。使用基盤モデルは，人間が2種類の創造性—文法ルールに従ってかつて触れたことのない文を生み出す創造性と，文法ルール自体を変更して新奇表現を生み出していく創造性—を持っていることも難なく説明することができる。

使用基盤モデルが想定する創造性を，2種類の創造性を区別することなく平易な言葉で表現すれば，以下の引用のようになるだろう。

(43) 一般に，道具の分解—合成の手順はまったく大まかに言って次のようなものとなるだろう。まず道具が全体として与えられる。いくつもの道具を手にするうち，そこに共通の部品が使われているのが目にとまるようになる。そして，その部品がそうした道具においてどのような役割をもっているかが理解されるようにもなる。そうしたら，こんどはそれぞれの役割をもった諸部品を組み立てて，新しい道具を作れるようになる。言語の場合もまた，おおむねこのようなプロセスを経るに違いない。　　　　　　　　　　　　　　　　　　（野矢 2010: 192）

これがどのようにして，2種類の創造性を保証することになるのかを簡単に見ておこう。

まず，句構造規則などの文法ルールに従って，かつて触れたことのない文を生み出す能力は，使用基盤モデルでは図6のように捉え直されることになる。

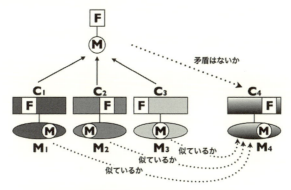

図6　使用基盤モデルにおける創造性1

図6に照らして言えば，出会ってきたコンテクスト C_1, C_2, C_3 から F-M というスキーマ抽出を既に終えている話者は，このスキーマを新しい言語環境に当てはめて C_4 を産出することが許されるかどうかを判断する。このとき，スキーマの持つ形式と意味が C_4 において F-M 以外のところに現れている形式や意味と合うか（矛盾しないか）―認知言語学の用語を用いるならば「認可（sanction）」されるか―を検討する。では，ここで問題がなさそうであれば話者はすぐさま F-M を C_4 で使うことになるかというと，そうではない。新しい C_4 が，既に記憶している C_1, C_2, C_3 とどのくらい似ているかを評価するのである。そして似ている度合いが高ければ高いほど，話者は C_4 で F-M を使おうという気持ちになりやすくなる。まとめると，認可と類似性判断の二重チェックシステムが働いているということである。

　類似性チェックが行われていることの証拠は Bybee and Eddington（2006）が提供してくれていると言ってよいだろう。彼女らは，スペイン語の become 動詞である quedarse と様々な形容詞の組み合わせがどの程度容認可能であるかを被験者に答えさせた。すると，コーパスで quedarse と共起する頻度が高い形容詞（ないし形容詞の意味グループ）と意味的に似ている形容詞であればあるほど，容認度が高いという結果が得られた。もしも，容認度の評価にかかわるのが quedarse の抽象的な意味と矛盾しないかという認可のチェックだけであれば，このような差は生じないはずである。quedarse の抽象的意味はおそらく非常に漠然と 'become' などとしか言いようがないため，quedarse と共起する頻度が低い語であっても quedarse の抽象的意味と十分に合致するからである。彼女らの実験の結果は，話者が既存の言語的単位（e.g. quedarse）を新しい言語的コンテクスト（e.g. quedarse と共起しているのを見た回数がゼロである，または少ない形容詞）に応用するときには，そのコンテクストがその言語的単位の抽象的意味と矛盾しないかどうかだけではなく，その言語的単位を抽出するのに利用した（そして捨てずに脳内に記憶している）コンテクスト（e.g. quedarse と高頻度で共起する sorprendido など）と似ているかどうかも検討しているということを示唆していると言えるだろう。

　このように，使用基盤モデルは，既存のスキーマに包摂される新しい事例を生み出すメカニズムを保証してくれるのである。使用基盤モデルは，さらに，文法ルール自体を変更して新奇表現を生み出していく創造性も保証でき

る。人間は，言語能力を発揮する場面に限らず，手元にある道具や部品を組み合わせて新しいものを作り出す。家具屋で陳列されているデスクを眺めながら，その像を自分の記憶の中にある自室の光景と組み合わせ，そのデスクが置かれた自分の部屋という，かつて見たことが一度もないはずの光景を想像する (Fauconnier and Turner 2002: 113; Taylor 2012a: 264–265)。こうした融合 (blending) が言語で起こっても何ら不思議はない (Barlow 2000; Taylor 2012a: 263–279)。使用基盤モデルは，話者の脳内には形式と意味の組み合わせが様々な抽象度の言語的単位として記憶されていると想定する（たとえば語彙未指定の二重目的語構文 [V NP NP] や構文未指定の動詞 explain など抽象度の高い言語的単位もあれば，[give me NP] のように語彙・構文ともにある程度指定された抽象度の低い言語的単位もある）。この想定のもとでは，人間には無数の言語的単位が道具・部品として与えられていることになる。これを組み合わせるとき，その方法によっては，文法規則に従わない新奇表現（たとえば Taylor (2012a: 29) の挙げる They've **explained me** what I wanted to know) が生み出されることがありえると考えるのは自然なことである。

　ただし，新奇表現を創造できるとはいっても，言語的単位を何でもかんでも無秩序に組み合わせることができるわけではない。母語話者にある程度容認される新奇表現は，少なくともある程度の「その言語らしさ」を持った表現である。my doctor, in spite of, bedside manner など，記憶している言語的単位を用いてはいても，「確かに患者への態度は悪いが，私はいつものお医者さんが大好きだ」の意味で *I my doctor love her terrible bedside manner in spite of と言うことはできないし，母語話者は普通，言いたいとも思わない。これは，組み合わせた完成形が，話者の脳内に無数に保存されている言語的単位にほとんど生態的地位を与えられておらず，「英語らしさ」があまりにも足りないためである（そこが explain me とは異なる）。要するに，新奇表現がその言語の表現として容認されるためには，他の英語表現とある程度似ているように見えることが必要なのだ。新奇表現に対してこうした制約がかかることも，使用基盤モデルから自然と予測されることである。使用基盤モデルは，図6にある通り，「似ているか？」というチェックがなされることを想定しているからである。（なお，出版のタイミングの問題で本書には反映できていないが，explain me を題材に使用基盤モデルと新奇表現の関

係について論じた著作として，Goldberg (2019) *Explaine Me This* を参照されたい。)

　新奇表現を融合との関連で分析した事例研究として，Taylor and Pang (2008) の seeing as though 研究を紹介しよう[32]。seeing as though ...「…なんだから」という新奇表現は，seeing that ... という複合表現が「…なんだから」という意味を表すという知識と it seems as though ... と it seems that ... という2つの複合表現がほぼ同義で使われるという知識がなければ産出できない[33]。it seems as though ... と it seems that ... の知識は，観察内容を表す埋め込み節において，補文標識として as though と that が交替しうるというメタ言語的な知識をもたらす。この知識と，seeing that ... が「…」という観察事実を根拠にして自分の判断内容を語り出すための表現であるという知識が融合することによって，seeing as though ... という表現が生じるのである。seeing as though は，新奇表現であるがゆえに完全に容認可能とまでは言えない一方で，しかしどこか英語らしいと感じられる。この「英語らしさ」を与えているのが seeing that ... や it seems as though/that ... といった複合表現の知識である。すると，英語話者がこうした複合表現を覚えていることが重要になるが，使用基盤モデルはまさにこうした複合表現を母語話者が大量に記憶していることを想定しているモデルである。したがって，使用基盤モデルは seeing as though という新奇表現を分析する能力を持ったモデルだと言える。使用基盤モデルが説明できるのは人間の保守性ばかりではないのである。

　5.4節では，N by AN（A は形容詞 Adjective）という完全には定着していない文学的技巧（e.g. step by slow step）が N by N（e.g. step by step）からの創造的な拡張であり，N by AN に生態的地位を与える諸表現（この表現に英語らしさを与える諸表現）が英語の体系に存在することを指摘する。そしてこういった新奇表現はまさにそれらの諸表現があるからこそ使用可能になっているのであり，それらの諸表現と当該の新奇表現の間の意味のつながりは，当該表現の使用を可能にする働きをしており，本書の関心からすれば，記述す

---

[32] much in all as という新奇表現が様々な英語表現に生態的地位を与えられているとする Taylor (2015) も融合の役目を想定しているだろう。

[33] seeing as though に関係する英語表現はもっとたくさんあり，事情はかなり複雑である。ここでは議論を大幅に簡略化している。詳細は Taylor and Pang (2008) を参照。

る価値が非常に高いつながりであると言うことができる。

1.5　第1章まとめ：使用基盤モデルと多義

　使用基盤モデルは，多義，特に意味と意味のつながり，について何を示唆するだろうか。これを論じて本章のまとめとしたい。

　ある語彙項目の慣習化された用法同士を比較して，その語彙項目単体が担っているように見える意味同士につながりが見出せたとしても，そのつながりの知識は，1.3.2で見た通り，発話の現場で言語使用を可能にしている知識ではないことが多い。たとえば第5章で見るように，by three years「3歳差で」や by a few centimeters「数センチ差で」といった使用の背後にあるように見える by の〈差分〉義と，get paid by the hour「時給制でお金をもらっている」や sell ... by the pound「ポンド単位で…を売る」といった使用を司っているように見える by の〈単位〉義との間につながりを見て取ることはできる。しかし，by の〈差分〉義とそのつながりの存在さえ知っていれば，〈単位〉側の by の使用が全て予測できるかというとそうではない。〈単位〉の by をどう使うのかを覚えていなければいけないのだ。1.4節で見た意味の水源地モデルと使用基盤モデルの対比が描き出すのは，使用を支えるのは意味ではなく，使用そのものだという図式である。話者は，脳内に記憶されている過去に経験済みの使用と似ていると感じられる使用を行うのである。by three years や by a few centimeters といった具体的な表現を覚え，それと似た使い方を目指す。get paid by the hour や sell ... by the pound といった具体的な表現を覚え，それと似た使い方を目指す。by を適切に使えるようになるには，そうしたやり方しかないのだ。

　そして，「意味」という言語学的概念を，単に言語学者が指摘できるというだけの空虚な理論的構築物から，話者の言語使用を可能にする実質的存在に昇華させるためには，使用こそが意味なのだと考える他ないだろう。かくして，本書は多義論から多使用論へと進んでいくことになる[34]。by の多義を論じるとは，すなわち，by の多使用を論じることである。従来の多義研究における意味と意味のつながりは，本書では使用と使用のつながりとなり，

---

[34]　ただし，1.4.1の最終段落で述べたように，「意味」という言葉を「使用」と同じ意味で用いると混乱を招くと思われるので，本書でも「意味」と「使用」は従来通りのやり方で使い分けることにする。

従来の多義研究における意味と意味の類似性は，本書では使用と使用の類似性となる（Miller and Charles 1991; Taylor 2003b: 653）。筆者はこの後 200 ページほど続く本書を，by の使い方の記述に費やしたい。

この先の構成としては，第 2 章を by の時間用法に，第 3 章を by の空間用法に，第 4 章を by の手段用法に，それぞれ割り当てる。第 5 章では，by が差分や単位，プロセスの漸進的な進行，乗除，寸法について語るのに用いられるケースを扱う。こう言うと第 5 章は無関係の雑多な用法の寄せ集めのように聞こえてしまうが，実は用法間に密接な関係があるため，これらの用法は同じ章で扱うのが妥当であると思われる。

本書全体を貫く筆者の考え方や言語現象の扱い方は，多くの多義論者にとって受け入れがたいものだろう。使用とばかり戯れて，意味という本質を逃しているという印象をおそらく与えるからだ。しかし，筆者が考えるに，語彙項目の意味とは，使用という具現化を通して初めて触ることが許されるものであり，使用がなければ見ることも感じることも語ることもできない相手——松永（2005）の言う意味での「本質」——なのである。

(44) 　　用心しなければならないのは，本質という概念によって代表されるような概念をつくりあげてゆく発想である。
　　　　私たちは，互いに似たものを多数，経験する。すると，それらは，どこかでつながっていると思う。同じ仲間だから，と考えて済ませる場合もある。けれども，どうして同じ仲間なのか，それらを同じ仲間にするものとは何か，と考えてゆくこともある。そのとき，それらは皆，同じ本質を共有するからだ，とか，同じ本質のあれこれにおける発現だ，と答えてゆく発想をもつ場合がある。そして，本質について云々する。
　　　　だが，その本質とは何か。本質とその発現としての現象とを対にして考える発想では，本質はいつも隠れている。では，その隠れているものをどう規定するか。それは，現われている事柄，現象から出発して，その現象を支配しているものである，というふうに提示することにしかならない。すると，本質はそれとして特定して示せない。本質とは，それがつなぐはずであったものども，すなわちそれが説明するはずの諸現象に依拠してしか語れない，諸現象に言及することなしに

は輪郭を与え得ないのである。　　　　　　　　（松永 2005: 82）

by 単体の役割を特定した記述をしても―by の「本質」を語っても―読者が by を正しく使えるようにならないのであれば，その記述は本書の基準からすれば失敗である。by を含んだ構文や言い回し，談話を記述することで―by の「現象」を語ることで―読者が by を正しく使えるようになるのであれば，それは筆者にとって成功を意味する。それを目指して，いよいよ具体的に by の多使用論を始めていきたい。

第2章

時　間

2.1　時間：概説

　本章では，by の時間用法を記述する。by の時間用法は，従来，日本語の「までに」と対応づけられたり（小西 1976: 264）完全に同一視されたり（山田 1981）してきたが，実例を観察すればすぐに分かる通り，このような説明は by の実態を適切に捉えたものとは言いがたい。

　本章の大まかな論展開としては，まず 2.2 節で by five o'clock や by the time she came back などのスキーマとして認定できる by [TIME][1] を記述し，続く 2.3 節では一見そのスキーマの単純な事例にすぎないように見える by now が，スキーマの [TIME] スロットに now を入れるだけでは予測不可能な振る舞いを示すことを指摘する。これにより，「スキーマを習得すれば事例の記憶は不要である」という考え方は誤りであり（1.4.2.1 の「ルールとリストの共存」を参照），事例とスキーマの両方が話者の頭の中で記憶されているという使用基盤的な発想をすべきであることを論じる。

2.2　by の時間義[2]
2.2.1　by [TIME] に関する誤解

　おそらく多くの中学・高校で by [TIME] の意味は「[TIME] までに」であ

---

[1]　以下では by の補部となる名詞句を [TIME] と表記することにする。

[2]　本節は平沢（2014c）のダイジェスト版である。本節の内容の厳密な論証過程，理論的な位置づけ，学術的価値などに関しては，平沢（2014c）を参照されたい（インターネットで閲覧可能）。書き換えに際しては，本書全体における by [TIME] の位置づけを理解するのに必要十分な情報が残るよう心がけたつもりである。

ると教えられているだろう。言語学者の発言にも「by の意味は**までに**の意味と完全に一致するといってよい」(山田 1981: 83, 強調は山田自身による)とある。確かに, *Turn in your paper **by** five*「5時までにレポートを提出しなさい」のように「までに」を使って完全に自然な訳を作ることができる例もある。しかし, by [TIME] の実例を集めて訳してみると, by [TIME] と「[TIME] までに」が対応しないことの方がむしろ多い。たとえば, (1) にあるように, by [TIME] は頻繁に進行形と共起するが, それに相当する日本語(「…しているところだ, …している最中だ」など)は「までに」という日本語とは結びつかない。(2) も「までに」を使って訳すと不自然になる。

(1) We showered and dressed quickly, and **by** nine, we were making our way up to Kensington High Street. （Emily Giffin, *Something Blue*）
私たちはさっとシャワーを浴びて着替えた。9時にはケンジントン・ハイ・ストリートに向かって進んでいた。
[×9時までに進んでいるところだった]

(2) **By** the time[3] he finally drifted off into something that resembled true sleep, it was almost morning [...] （Paul Auster, *Timbuktu*）
彼がようやく真の眠りらしきものに入ろうとする頃には, ほとんど朝になっていて［…］
[×入ろうとするときまでにほとんど朝だった]

また, 以下の通り, by [TIME] は「[TIME] よりも前に観察された状態が [TIME] になっても依然として成り立っている」ということを表すのに用いられることがあるが, このパターンもやはり「までに」では訳せない。

(3) **By** ten o'clock, however, he still hadn't made a move for the front door.
（Paul Auster, *Leviathan*）
だが, 十時になってもサックスはまだ玄関に向かおうとしていなかった。 （柴田元幸 (訳)『リヴァイアサン』）

---

[3] by the time を by の接続詞相当語句と見ることも可能だが, 本書では [PP by [NP the time NP VP] と解釈し, by the time の by は by five o'clock などと同様に前置詞として振る舞っている, と考える。

　　　　［✕だが，十時までにサックスはまだ…］
（4）　In sum, **by** the end of the EModE period, Adv*all* was still potentially ambiguous with Quant-float [...]　　（Buchstaller and Traugott 2006: 356）
　　　　まとめると，初期近代英語期の終わりになっても，副詞の all は依然として数量詞遊離の all とも解釈されうる可能性を保っており［…］
　　　　［✕…の終わりまでに，副詞の all は依然として…］

このように，by [TIME] を「[TIME] までに」と同一視することができないのは明らかである。では，by [TIME] を一体どのように捉えたらよいのだろうか。

2.2.2　by [TIME] に関する本書の分析
　筆者は，by [TIME] を母語話者がふつう使っているようにして使えるようになるには，次のことを知っていなければならないと考えている。

（5）a.　by [TIME] とは：抽象的記述
　　　　by [TIME] は，時間軸を [TIME] よりも前から目で追っていき，[TIME] で目をとめ，そこでどのような状態が成り立っているかを語るための形式である。
　　b.　by [TIME] の具体的特徴 1：時間軸を「目で追う」ことの目的
　　　　[TIME] よりも前から始まった変化の結果状態を語ることが多いが，[TIME] よりも前に見られた状態が [TIME] においても依然として成り立っていることを語る場合もある。
　　c.　by [TIME] の具体的特徴 2：修飾する動詞句の状態性
　　　　by [TIME] が修飾する動詞句は，原則として状態性動詞句[4]を取る。[TIME] が未来である場合には，非状態性動詞句も認められるが，その場合でも [TIME] においてその動作の結果状態が成立していることが文意の焦点となる。

(5b) と (5c) は (5a) を具体化したものとして理解されたい。(5a) のような

---
[4]　「状態性動詞句」の定義は 2.2.2.2 へ。

抽象的な意味記述を覚えるだけでは，by [TIME] を母語話者のように使えるようにはならない。(5b) と (5c) のような具体的な知識も持っている必要がある。

以下，具体例を丁寧に観察することを通じて，(5) の言わんとするところを噛み砕いて説明していきたい。

2.2.2.1　by [TIME] の具体的特徴 1：時間軸を「目で追う」ことの目的

まず次の例を見てみよう。[TIME] よりも前から始まった変化の結果状態を語るという by [TIME] の最も典型的な使用法の例である。

(6)　Walkmans had started appearing at Hailsham since the previous year's Sales and **by** that summer there were at least six of them in circulation.

(Kazuo Ishiguro, *Never Let Me Go*)

前年度のバザー以来，ヘイルシャムでウォークマンが見受けられるようになっていた。その夏には少なくとも 6 つが出回っていた。

Walkmans had started appearing at Hailsham で変化のプロセスが明示されている。その変化の結果状態が there were at least six of them in circulation であり，この状態が観察された時点が that summer である。なお，that summer はあくまでもこの状態が観察された時点であり，この状態に到達した時点は that summer 以前であることに注意されたい。

変化のプロセスの際立ちの度合いには様々な段階がありえ，極端な場合には，全く何の変化もなく同じ状態がただ持続するような場合もある。(7) では，変化の際立ちが a → b → c → d, e, f の順に弱化していく[5]。

(7) a.　Walkmans had started appearing at Hailsham since the previous year's Sales and **by** that summer there were at least six of them in circulation.

=(6)

　　 b.　For most of Tuesday and Wednesday, she was in a semiconscious

---

[5] d, e, f の間には弱化の程度に違いはないと見なしている。d, e, f 全て，変化がないことを意味しているからである。

2.2 by の時間義 | 63

torpor—drowsing, sleeping, waking for just a few minutes at a stretch—but **by** Wednesday evening she seemed to be a little more coherent and was beginning to remain conscious for longer periods of time.

(Paul Auster, *Oracle Night*)

火曜と水曜は，ほぼずっと，意識があるともないとも言えない状態のまま動けなかった。うとうとし，寝て，ほんの数分だけ目を覚まして，を繰り返した。しかし水曜の夕方になると，少しまともに話ができるようになり，意識も前より長い時間保てるようになってきた。

c. Years went by, at least twenty years, if I'm not mistaken, and **by** then Wittgenstein was living in Cambridge, once again pursuing philosophy [...]   (Paul Auster, *The Brooklyn Follies*)

それから何年も経った。私の間違いでなければ，少なくとも20年は経った。ウィトゲンシュタインは，その頃にはケンブリッジに住み，再び哲学を探求しており［…］

d. I shower, wash the smoke from my hair and skin with my phone resting on the sink, waiting to hear from Darcy that everything is okay. But hours pass and she does not call. Around noon, the birthday well-wishers start dialing in. My parents do their annual serenade and the "guess where I was thirty years ago today?" routine. I manage to put on a good front and play along, but it isn't easy.

 By three o'clock, I have not heard from Darcy, and I am still queasy.

(Emily Giffin, *Something Borrowed*)

私はシャワーを浴び，洗面台に電話を置いたまま髪と肌からタバコの臭いを洗い落とし，ダーシーから「大丈夫」という電話が来るのを待つ。しかし何時間経っても電話は来ない。正午近くになると，ハッピーバースデーを言う電話が鳴り始める。両親は毎年恒例のセレナーデと，お決まりの「30年前どこにいたと思う」クイズを始める。私は何とか愛想良く振る舞って合わせるが，たやすいことではない。

　3時になっても，ダーシーからの電話はなく，未だ不安な状態だ。

e. I sat in my apartment waiting for the phone to ring, but **by** nine o'clock

nothing had happened. 　　　　　（Paul Auster, *The Brooklyn Follies*）
私は部屋で座って電話が鳴るのを待ったが，9時になっても何もないままだった。

f. I sat in my apartment waiting for the phone to ring, but **by** nine o'clock the phone was still silent.
私は部屋で座って電話が鳴るのを待ったが，9時になっても電話はまだ静かなままだった。

(7a) では，started appearing の部分で，ウォークマンの数が増えていくというプロセスが明示されている。(7b) では，健康になっていくプロセスは言語的に明示されてはいないが，but によって示唆されてはいる (she seemed to be a little more coherent ... は変化の結果状態)。(7c) では，ケンブリッジに引っ越すプロセスは示唆すらされていないが，そのようなプロセスを想定することはできる。(7d)–(7f) は，3時[9時]になっても連絡が来なかったということを表しており，連絡が来ていない状態がずっと継続し，その結果3時[9時]でもまだ連絡が来ていない，ということであるから，「3時[9時]でもまだ連絡が来ていない」ことを結果とする変化のプロセスは存在しない。特に，(7f) では変化の不在が still の存在によりさらに明確になっている (実は冒頭で見た (3) と (4) にも still が含まれていた)。

　(7) の全ての by [TIME] に共通してかかわっているのは，変化ではなく，[TIME] よりも前の時点から [TIME] まで時間軸を目でなぞっている――認知文法の術語を使えば「心的走査」を行っている――ことである。たとえば，(7d)–(7f) は，「3時[9時]よりも前の時点からずっと連絡がなく，3時[9時]になってもまだ連絡が来ていない状態にある」ということを述べているのであるから，3時[9時]よりも前の何らかの時点から時間軸上の目線移動をスタートして3時[9時]まで目を走らせているのだ，と言える。これにより，変化の有無について指定しない (5a) のような抽象的な記述の仕方も可能になる。

　[TIME] よりも前にスタートして [TIME] に向かう心的走査が関与しない場合には by [TIME] の容認度が下がる。たとえば，*John left home **by** five* という文は，特に文脈をつけずに読むと座りが悪く感じられる。これは，発話時から過去の5時を見る視線は，5時よりも前に始まって5時に向かってい

くような心的走査を含まないためであると考えられる。それに対して、ジョンが4時頃何をして、4時半頃何をして、という時系列に沿った語りに続く文として *John left home* **by** *five* を読むと、同じ文でも容認度が高くなる。これは、文脈により、5時よりも前に始まって5時に向かっていくような心的走査が確保されるからであると考えられる[6]。

なお、上では [TIME] で指示される時間が過去である例ばかり見てきたが、[TIME] が未来である例ももちろん存在する。[TIME] が未来である例の面白いところは、発話時から [TIME] を眺めると必然的に（先行文脈に関係なく）[TIME] よりも前から [TIME] に向かって心的走査を行わざるをえなくなるということである。

(8)　Samantha:　Maybe I was a little hard on him.
　　　Darrin:　　Don't worry about Larry. **By** tomorrow he'll be telling the story, and he'll be the hero.
　　　　　　　　　　　　　　（*Bewitched*, Season 3, Episode 2, Moment of Truth）
　　　サマンサ：（ラリーに「あなたは酔っ払っているのよ」と伝えるためにやった）いたずら、ちょっとやりすぎたかしら。
　　　ダーリン：ラリーのことなら心配いらないよ。明日には武勇伝みたいに言ってるだろうさ。

この例では（たとえば (7c) の Years went by, at least twenty years のような）時間の経過を明示する表現が存在しない。それでも by [TIME] を用いるのに必要な心的走査が得られるのは、ひとえに未来の文だからである。発話時から tomorrow を眺めれば、心の目は [TIME] よりも前の「発話時」という時点から tomorrow という [TIME] まで走るしかなくなるのである。

2.2.2.2　by [TIME] の具体的特徴 2：修飾する動詞句の状態性

(5c) について具体的な説明を加えるための前置きとして、「状態性動詞句」という平沢 (2014c) の術語の定義を述べておきたい。「状態性動詞句」

---

[6]　ただしここでは話を単純化している。本当は、by [TIME] を含む文の容認度は複数の要因の相互作用によって決まる。詳しくは平沢 (2014c) を参照されたい。

とは，基準時における「状態」の存在を述べる形を取った動詞句のことである。より具体的には，①進行形を取った完結的動詞句 (e.g. was running)，②完了形を取った完結的動詞句 (e.g. had begun)，③単純形を取った非完結的動詞句 (e.g. was there)，④完了形を取った非完結的動詞句 (e.g. have known) がこれにあたる[7]。「完結的動詞句」とは Langacker (1987, 1990) で言うところの perfective process「完結的プロセス」（時間軸上で開始点と終了点という両端を含むプロセス）を表す動詞句のことであり (e.g. run, begin)，「非完結的動詞句」とは imperfective process「非完結的プロセス」（時間軸上で開始点と終了点という両端を含まないプロセス）を表す動詞句のことである (e.g. be there, know)。「状態性動詞句」でない動詞句は「非状態性動詞句」と呼ぶことにするが，その内実は完結的動詞句の単純形に限られる。

　表にまとめると次のようになる。表内の番号は前の段落内の①から④と対応する。斜線を引いたセルは当該の形が存在しないことを表す。太枠は状態性動詞句の範囲を表す。

表1　動詞句の分類

	完結的動詞句	非完結的動詞句
進行形	状態性動詞句①	
完了形	状態性動詞句②	状態性動詞句④
単純形	非状態性動詞句	状態性動詞句③

　なお，認知言語学に馴染みのない読者は「(非)完結的」という用語に抵抗を感じるかもしれない。その場合には，若干の誤差は生じるものの，「完結的動詞」をいわゆる「動作動詞」と読みかえ，「非完結的動詞」をいわゆる「状態動詞」と読みかえても，本書の内容を理解するうえで大きな問題は生じないので，そうしていただいて構わない。その場合には，進行形と完了形，状態動詞の単純形は状態を表し，動作動詞の単純形は状態を表さないということがポイントになる。

　前置きの最後に，表の太枠部分が基準時における状態を表すということについて具体例を通じて確認しておこう。

---

[7] なお，非完結的動詞句は原則として進行形を取らないことに注意されたい。

(9) a. He was muttering to himself. ［状態性動詞句①］
  彼はぶつぶつひとり言を言っていた。
 b. They have destroyed the city. ［状態性動詞句②］
  彼らに街を破壊されてしまった。
 c. We've known each other for more than ten years. ［状態性動詞句④］
  僕たちは知り合ってから 10 年以上になる。
 d. I was in no mood for bantering. ［状態性動詞句③］
  冗談を言い合う気分じゃなかった。
 e. Mitch laughed his head off. ［非状態性動詞句］
  ミッチは腹を抱えて笑った。

(9a) と (9d) は過去のある時点において，どのような状態が成立していたかを述べている文だと解釈できる。(9b) は (破壊という過去の出来事の結果として) 発話時において街がひどい状態になっていることを表している。(9c) は発話時において長年の交友の履歴を所有していることを述べている。このように (9a)–(9d) は全て基準時における状態を語っている。一方で (9e) は行為，出来事，変化を語っている。

以上の前置きを踏まえて，(5c) の内実を説明する。「by [TIME] が修飾する動詞句は，原則として状態性動詞句を取る」とは，by [TIME] の使い方として (10) の方が (11) よりも普通だということである。

(10)   For most of Tuesday and Wednesday, she was in a semiconscious torpor—drowsing, sleeping, waking for just a few minutes at a stretch—but **by** Wednesday evening she <u>seemed to be a little more coherent</u> and <u>was beginning to remain conscious for longer periods of time</u>.　＝ (7b)

(11)   (?) **By** the next Monday, when he should have been thoroughly recovered and back at work, she <u>told them he was much improved</u>, [...]

(Paul Auster, *Oracle Night*)

彼がすっかり回復して仕事に戻っているはずだった次の月曜日には，妻は職場の人たちに主人は随分とよくなったのですがと伝え […]

(10) の seemed ... と was beginning ... は状態性動詞句であるのに対し，(11) の told them ... は非状態性動詞句である。(11) は実際に小説で用いられた実例であるが，母語話者の中には，「これは不自然で，状態性動詞句の had told them ... に変えるべきだ」と述べる者もある。

「[by TIME] が修飾する動詞句は，原則として状態性動詞句を取る」ことは数的調査でも確認できる。英米の小説 12 作品から by [TIME] の用例を全て採取し，修飾する動詞のタイプを数えたところ，次の表2のようになった[8,9]。

表2 by 句が修飾する動詞句の状態性[10]

状態性 (266 例 92.4%)				非状態性 (22 例 7.6%)	合計
完結・進行	完結・完了	非完結・単純	非完結・完了	完結・単純	
37 (12.8%)	94 (32.6%)	126 (43.8%)	9 (3.1%)	22 (7.6%)	288

状態性動詞句の 266 例 (92.4%) に対して，非状態性動詞句は 22 例 (7.6%) しかない。ここで重要なのは，この偏りは動詞句一般に見られる傾向ではないということである。実際，表2でデータを採取した小説 12 作品から任意の1ページずつを抽出し，そこに含まれている動詞句を分類したところ，表3のようになった。

表3 動詞句一般の状態性

状態性 (260 例 45.9%)				非状態性 (307 例 54.1%)	合計
完結・進行	完結・完了	非完結・単純	非完結・完了	完結・単純	
29 (5.1%)	15 (2.6%)	202 (35.6%)	14 (2.5%)	307 (54.1%)	567

---

[8] 該当する用法の by を全て手作業で抜き出し，Excel ファイルに打ち込み，分類した。具体的な作家・作品名は次の通り。F. Scott Fitzgerald, *The Great Gatsby*; Emily Giffin, *Something Borrowed*/*Something Blue*; Kazuo Ishiguro, *The Remains of the Day*/*Never Let Me Go*; J. D. Salinger, *The Catcher in the Rye*; Paul Auster, *Invisible*/*Man in the Dark*/*Travels in the Scriptorium*/*Timbuktu*/*City of Glass*/*Oracle Night*

[9] なお，by now は 2.3 節で論じるように，by と now の意味合成では説明できないイディオマティックな意味を持っているためここではカウントに入れていないが，これらの作品では by now は全て状態性動詞句を修飾している。

[10] 表2と表3では小数点第2位を四捨五入して表示している。各セルのパーセンテージを全て足し合わせても 100% にならないのはこのためである。

状態性動詞句 260 例 (45.9%) に対して非状態性動詞句 307 例 (54.1%) で，それぞれが全体 (567 例) の約半分を占めていることが分かる。これと比較すれば，表 2 に見て取れる著しい状態性指向の傾向は by [TIME] の特徴であると言える。

　ここで指摘しておかねばならないのは，[TIME] が未来である場合には，非状態性動詞句も全く問題なく認められるということである。(12) の submit ... も (13) の leave ... も非状態性動詞句であるが，両文ともに完全に自然である。

(12) 　Submit your report **by** Monday.　　　（綿貫・ピーターセン 2011: 300）
　　　報告書は月曜日までに提出のこと。
(13) 　John will leave the office **by** five.
　　　ジョンは 5 時には会社を出るよ。

ただし，表 2 で見た通り，(12) や (13) のように非状態性動詞句が用いられる頻度は by [TIME] の使用例全体の中で極めて低い[11]。さらに，(12) や (13) のように非状態性動詞句が用いられた場合であっても，文意としては，月曜日の時点で提出ボックスに報告書が入っている状態であること，5 時の時点でジョンがオフィスに残っていない状態であることまで含まれている（そうでないのに (12) や (13) を言ったら，それは普通に考えれば嘘を言ったことになるだろう）。

　こうした事情を考慮すると，(5a) にあるように一般化して，by [TIME] は「そこ (= [TIME] の時点) でどのような状態が成り立っているかを語るための形式」だと記述することも可能である。しかし，英語学習者が (5a) の抽象的な記述を見ただけでその意味を理解し by [TIME] を適切に使えるようになることはないはずだ。(5b) と (5c) があって初めて by [TIME] を具体的にどう使ったらよいかが分かるというものだろう。だから，たとえ (5a) のように抽象的にまとめることができるとしても，(5b) と (5c) を記述から外

---

[11] 例文 (12)，(13) のパターンは中学や高校で by [TIME] を教えるにあたって最も早く，かつ最も頻繁に扱われるものではないかと思う。もしもそうだとしたら学習者に「by [TIME] は動作動詞と用いるのが一番普通だ」という誤った感覚を植え付けてしまう危険性がある。「までに」という日本語訳を用いて教えている場合にはなおさらである。

すわけにはいかない。母語話者の記憶に関しても同様のことが言える。母語話者が暗黙のうちに (5a) のような抽象的な知識を習得することができるとしたら，それは大量の具体的なインプットに触れた後でのことであり，そしてそのインプットは (5b) と (5c) という性質を持つのである。母語話者も (5b) と (5c) を知らずに (5a) を知ることはできない。(5a) は (5b) と (5c) にべったりと依存している。

2.3　事例研究 (by now) [12]
2.3.1　事例研究 (by now) の意義

2.3 節では，2.2 節で詳しく見た by [TIME] の事例の 1 つである by now の意味と使用について，詳細に検討する。

(14) 　Danny:　　　　Chicago? Didn't they have a really big fire there?
　　　Vicky:　　　　It was over a hundred years ago. I'm sure it's out **by now**.
　　　　　　　　　　（*Full House*, Season 5, Episode 15, Play It Again, Jess）
　　　ダニー：　　　シカゴ？　あのすごく大きな火事があったところ？
　　　ヴィッキー：　それ 100 年以上前よ。さすがにもう消えてるでしょ。

(15) 　Presumably Potter is well prepared **by now** and could do with a good night's sleep.　　　　　　　（映画 *Harry Potter and the Goblet of Fire*）
　　　おそらくポッターはもう準備万端だろうから，ぐっすり眠った方がいい。

1.4.2 で見たように，all over の振る舞いは all と over の振る舞いから完全には予測不可能で，さらに all over the place や written all over の振る舞いは the place, written, all over の振る舞いから完全には予測不可能であることから，母語話者は，the place, written, all, over の意味を別々に習得してそれを足し合わせて all over, all over the place, written all over と言っているのではなく，all over, all over the place, written all over といった複数語からなるフレーズ全体を 1 つの言語的単位として記憶しているのだと考えられる。これと同様に，2.3 節では，by now の振る舞いが by と now の振る舞いから完全に

---
[12] 本節は Hirasawa (2013a)，Hirasawa (2014e)，平沢 (2018) で発表済みの内容を含む。

は予測不可能であること，さらに not ... by now の振る舞いが not と by now の振る舞いから完全には予測不可能であることなどが明らかになり，それにより，「母語話者は by now や not ... by now など複数語のまとまりを記憶している」という言語習得の使用基盤的側面が姿を現すことになる。

たった今言及した by now の特殊性を，2.2 節で分析したスキーマ的な構文である by [TIME] と対比する形で，具体的に 3 点示しておきたい。まず，by now 以外の by [TIME] 表現は事実を語るのに用いることはできるけれども，by now で事実を語ると不自然になることがある。(16a) と (16b) を比較されたい。話し手はスーザンの親で，聞き手は事情聴取か聞き込み調査をしている警察官だとする。話し手はスーザンと同居しており，スーザンが家にいるときにはスーザンが家にいるということを事実として知ることができるものとする。警察への報告文として (16b) は (16a) に比べてやや不自然である。

(16) a. Susan left the store at 5:30 and **by six** she was home.
　　　スーザンは 5 時半に店を出て，6 時には家に帰ってきていた。
　　b. ?Susan left the store at 5:30 and **by now** she is home.
　　　意図した文意：スーザンは 5 時半に店を出て，今はもう家に帰ってきている。

ところが，should や probably などの推量表現を入れると，自然になる（話し手はスーザンと一緒に住んでいない人という設定にしよう）。

(17) a. Susan left the store at 5:30 and **by now** she <u>should</u> be home.
　　　スーザンは 5 時半に店を出たから，今頃はもう家に着いているはずだ。
　　b. Susan left the store at 5:30 and **by now** she is <u>probably</u> home.
　　　スーザンは 5 時半に店を出たから，たぶん今頃はもう家に着いているだろう。

このような特徴は by now 以外の by [TIME] 表現には見られない。(16a) はそのままで十分自然である。

第二に，by now は長時間が経過したことを示唆する文で用いられるとい

う特徴がある。特に文脈がつかなければ，be used to ... により長時間の経過がかかわっていることを示している（18a）の方が，そうでない（18b）よりも自然に響く[13]。

(18) a. I'm used to that **by now**.
それにはもう慣れっこさ。
b. ?I've noticed that **by now**.
意図した文意：それにはもう気が付いてるさ。

これは by [TIME] というスキーマから継承された特徴とは考えられない。(19) と (20) を比較されたい。b の両文では，we all により，話が息子のお父さんに弟に，おばあちゃんに…と伝わっていく様子が想起される。この想起がないと，by now は自然に響かない。ところが by the time ...（by [TIME] スキーマの比較的熟語性の低い事例）の場合には，その想起はあってもなくても構わない。

(19) 学校から帰宅した息子に母親が言うセリフとして：
a. ?I know what you did in class today **by now**.
意図した文意：あんたが今日の授業中に何やらかしたか，もう知ってるんだからね。
b. <u>We all</u> know what you did in class today **by now**.
あんたが今日の授業中に何やらかしたか，もう家族全員が知ってるんだからね。

(20) a. I knew what my son did in class that day **by the time he came back from school**.
その日の授業中に息子が何をしたのか，息子が帰宅したときにはもう私は知っていました。
b. <u>We all</u> knew what my son did in class that day **by the time he came back from school**.
その日の授業中に息子が何をしたのか，息子が帰宅したときにはも

---

[13] 類例として，(61) と (62) も参照されたい。

う家族全員が知っていました。

　第三に，(3)(4)と(7d)–(7f)で見たようにby now以外のby [TIME]表現では継続の用法が認められるが，by nowでは認められない。

(21)　??　She should <u>still</u> be home **by now**.
　　　　意図した文意：彼女は今もまだ家にいるはずだよ。

　以上3つの言語事実を見るだけでも，by nowが慣習的な言語的単位をなしていること，その意味と使用について分析することに意義があることが分かるだろう。
　なお本書ではby nowの用法のうちnowが発話時を指示するケースのみを扱うことにする。ここに(22)だけでなく，(23)も含まれることに注意されたい。

(22) a.　Besides, she's probably married with a couple of kids **by now**.
　　　　　　　　　　　　　（映画 *There's Something about Mary*）
　　　　それにメアリーはどうせもう結婚して子供も何人かいるんだろう。

　　 b.　Twelve years. What have you been doing with yourself since ... since I retired you?
　　　　Traveling, mostly. **By now**, I've visited nearly every country in the world.　　　　　　　（Paul Auster, *Travels in the Scriptorium*）
　　　　12年。何をしていたんだ，あれから…私が君に仕事を頼むのをやめてから。
　　　　旅ですよ，ほとんど。今となってはもはや，世界で行ったことのない国はほとんどなくなってしまいました。

(23) a.　Q. I lost my passion and love for movies. How do I get it back?
　　　　（Romolo Perriello, New York City）
　　　　A. Start all over again at the beginning. First Buster Keaton, then Chaplin, then you might be feeling good enough for the Marx Brothers. They made a movie with Marilyn Monroe ... and **by now**, you're back in the swing.

(http://www.rogerebert.com/answer-man/movie-answer-man-03122000)

Q: 映画への愛と情熱を失ってしまいました。どうしたら取り戻せるでしょうか。(ロモロ・ペリエロ，ニューヨーク市)

A: まずは一から再スタートを切りましょう。手始めにバスター・キートン。次にチャップリン。するとマルクス兄弟が見たいという気持ちくらいは起こってくるでしょう。マリリン・モンローと一緒に映画にも出ていて…とまあここまで来ればもう完全復活です。

b. It is late in the day **by now**, not yet dusk but no longer afternoon, the twilight hour of slow changes, of glowing bricks and shadows.

(Paul Auster, *Ghosts*)

日はもう暮れかけている。まだ夕方とは言えないが，もはや昼間ではない。何もかもがゆっくりと変容してゆく黄昏どき，レンガが照り映え影が広がる時間である。　　　　　(柴田元幸(訳)『幽霊たち』)

英語の現在時制の中には，スクリプト，シナリオ，歴史的現在，未来の計画など，一見したところでは，非現在的もしくは無時間的であるように思われるものもある (Quirk et al. 1985: 181–183; Huddleston and Pullum 2002: 129–136)。しかし，Langacker (2001) によれば，そういった出来事もやはり「発話時と同時に起こっている」(coincident with the time of speaking) と考えられる。したがって，(22) だけでなく，(23) の by now も本書の分析の対象となる。一方で，(24) にあるように，now が過去の時点を指している by now は分析の対象外とする[14]。

(24) a. We were starving **by now** and went into a little café perched on the cliff [...]　　　　　(Kazuo Ishiguro, *Never Let Me Go*)
そのときにはもうすっかり空腹になっていた私たちは，崖の上の小さなカフェに入った[…]

---

[14] 過去の時点を指す now については Lee (2015) を参照 (ただし by now は扱われていない)。

b. Of course it was obvious to me **by now** that the Major was infatuated with her ladyship.　　　　　　　　　　（Roald Dahl, "Neck"）
もちろんこのときにはもう，少佐が婦人に夢中になっているのが私には見え見えだった。

以下の論展開としては，まず 2.3.2 で by now に関して文法書で提示されている誤った発想を 2 つ紹介する。続く 2.3.3 では by now の意味と用法に関する筆者独自の代案を提示する。2.3.4 では，by now を英語母語話者が使っているようにして使えるようになるためにはどのような知識を持っていなければならないかを論じる。

2.3.2　by now に関する誤解

ここでは先行研究として Quirk et al.（1985）と Leech and Svartvik（2002）を紹介する。この 2 冊の文法書は，2 つの誤りを犯している。そのそれぞれを「推量説」と「already 説」と名付け，どのような問題を抱えているかを見ていく。なお，筆者の知る限り by now の意味について明示的に何かしらを述べている文献はこの 2 つのみであり，かつこの 2 冊も以下で紹介している程度の簡潔な記述しか行っていないので，筆者による紹介も必然的に簡素なものになってしまうことを了解されたい。

2.3.2.1　推量説

筆者が「推量説」と呼ぶのは，by now は不確かなことについて語るのに用いられるものであり，推量表現と共起することが義務的であるという，誤った説のことである。Quirk et al.（1985）は p. 551 で *They have finished their work by now* という非推量的な例文を挙げているものの，別のページでは例文（25a）と（25b）を並べており，by now は話者に確信がないときに用いられるものであることを示唆している。

(25) a.　Your papers are to be handed in **by next week**. ['not later than']
　　　　　　　　　　　　　　　　　　　　　　　（Quirk et al. 1985: 692）
　　　レポートは来週までに提出のこと。[それよりも遅くなってはいけない]

b.　She should be back **by now** (but I'm not sure).　　　　　　(ibid.)
　　　　　さすがにもう戻っているはずだよ（確信はないけど）。

Leech and Svartvik（2002）は，by now は話者に確信がないときに使うものであり，確信があれば already を使うと明示的に述べている。

(26) a.　The wound should have healed **by now**. (... but I'm not sure)
　　　　　　　　　　　　　　　　　　　　　　　(Leech and Svartvik 2002: 87)
　　　　　傷はさすがにもう治っているはずだよ。（…確信はないけど）
　　　b.　We've **already** done everything we can.　　　　　　　　(ibid.)
　　　　　私たちにできることはもう全てやりました。

確かに，by now が不確実性や推量と結びついた表現と共起することは多い。しかし，もっと断定的で非推量的なコンテクストで by now が用いられることも多い。上の（22b）と（23a），（23b）がそうである。例をさらに追加しよう。

(27) a.　Staton:　　　　　I'm so sorry I woke you.
　　　　　Ruddick:　　　　Listen, **by now** I'm used to you. So what is it tonight?
　　　　　　　　　　　　　　　　　(*Columbo*, Episode 62, It's All in the Game)
　　　　　ステイトン：起こしてしまってすみません。
　　　　　ルディック：あのねえ，もういい加減慣れたよ。で，今夜は何の
　　　　　　　　　　　用かな？
　　　b.　As godfather to the boy and longtime friend of the father, Renzo has been participating in this grim saga for seven years, and **by now** there is little of anything left to say.　　　　　(Paul Auster, *Sunset Park*)
　　　　　息子の側の名付け親であり，父親の側の旧友であるレンツォは，この苦労話に７年も前から付き合わされており，もはや言うべきことなどほとんど何も残っていないのだ。
　　　c.　This subtle shift in use between *must* and *have to* is the result of recent shifts in the system of compelling modal verbs, especially in spoken American English. Up to the early 19th century, the only strong

obligation marker was *must*. **By now** the semi-modals (*have*) *got to* (53%) and *have to* (39%) have almost completely ousted *must* (8%).
（Günter Radden and René Dirven, *Cognitive English Grammar*）
このように must と have to の使用に微妙な変化が生じたのは，最近，特にアメリカ英語の口語で，強制の法助動詞の体系に変化が生じたからである。19世紀初頭までは，強い義務を表す標識は must であった。それが今では，semi-modal の (have) got to (53%) と have to (39%) がほぼ完全に must (8%) の地位を奪い取ってしまっている。

さらに，推量がかかわっているにもかかわらず by now が容認されないコンテクストを作ることもできる。たとえば (28) を見てみよう。

(28)　?I saw John at work a couple of hours ago. But he <u>must</u> be home **by now**, since the lights are on.
　　　意図した文意：2, 3時間前にジョンを職場で見かけた。しかし今はもう家に帰ってきているのだろう。だって電気がついているから[15]。

by now と by [TIME] の違いが単に推量要素の有無なのだとしたら，(28) で by now が不自然に響くことの説明がつかない。というのも，ここには「2, 3時間前」を始点とし発話時を終点とする心的走査がかかわっており (by [TIME] の性質 (5b))，かつ発話時におけるジョンの帰宅状態が語られ (by [TIME] の性質 (5c))，それが断定されるのではなく推量されている（推量要素）からである。

推量のコンテクストで by now を already と比較するとさらに面白い。

(29)　Many over-the-counter drugs can be replaced with herbs; in fact, they are often safer, and certainly cheaper. These plants are often free, and they require little care except keeping out choking grass (after all, they are

---

[15] by を削除すれば自然な英文になる。

weeds). Without knowing it, you may [**already** have started your garden pharmacy/?have started your garden pharmacy **by now**].
市販の薬の多くは薬草で代用できる。むしろその方が安全なことが多く，また確実にその方が安上がりだ。薬草になる植物はお金を払わず手に入ることが多いし，手入れもほとんどいらず，必要な手入れは，薬草を枯らしてしまう草が生えないようにすることくらいである（薬草といっても結局は雑草なのだ）。だから，知らず知らずのうちに，もう既に家庭菜園薬局を始めていることだってありえるのだ。

(29) では may が認識的用法で用いられており，推量がかかわっていることは確実である。にもかかわらず，by now が不自然に響くのである。一方で already は自然に響く。この言語事実は，by now を already の推量版のように捉える Leech and Svartvik (2002) の発想が誤っていることを示している[16]。

ここで提示したデータにより，推量という意味素性が by now の必要条件でもなければ十分条件でもないということが明らかになった。したがって，by now の意味を記述する際には，どうして by now は should や must といった推量表現と共起する頻度が高いのかを，Quirk et al. (1985) や Leech and Svartvik (2002) とは違った観点から——つまり「推量という素性が by now の意味に内在するのだ」と想定することなく——説明することが求められる。

2.3.2.2　already 説

Quirk et al. (1985) と Leech and Svartvik (2002) は，by now と already に範例 (paradigm) の関係が成り立っていると考えているようである。Quirk et al. (1985: 581) は，「already は時間関係 ('by now') と，その成立に対するいくらかの驚きの両方を表す」と述べている。また，彼らは (30b) を (30a) のパラフレーズとして挙げている。

(30) a.　Haven't you seen him **already**?　　　　　(Quirk et al. 1985: 580)
　　　　まだ彼を見ていないの？

---

[16] 実際，(29) の引用元のウェブページでは，by now ではなく already が用いられている。(http://www.motherearthnews.com/natural-health/plants-for-health-conditions-zmaz95jjztak.aspx?PageId=6#axzz37g645Kwa)

b. Surely you have seen him **by now**? (ibid.)
まさかとは思うけど，さすがにもう彼を見たよね？

Leech and Svartvik (2002) は，既に見た通り，by now を already の推量版として扱っている。このことは，彼らもまた by now と already を同じカテゴリーに属するものと想定しているということを示唆している。

　by now と already が潜在的には交換可能であるという考え方が誤りであることは，次のように already と by now を同一センテンス中で用いることができるということから分かる。

(31) a.　[...] the shoes, the gun, the car, everything's **already** long gone **by now**.
(COCA)
［…］靴も，銃も，車も，何もかも，今となってはもうとっくの昔に消え去ったものなのだ。

b.　[...] 3 million more Americans would **already** be back at work **by now**.
(COCA)
［…］さらに 300 万人のアメリカ人が，今頃もう既に仕事に復帰しているのだろう。

これらの例から by now と already は時間表現として異なるカテゴリーに属すると結論づけられる。

　ここで言うカテゴリーとは，Quirk et al. (1985: 481–482, 526–555) による，時間副詞類の 4 分類のことである。以下に彼らの掲げるカテゴリー名と例を示す。

(32)　Quirk et al. (1985: 481–482, 526–555) による時間副詞類の 4 分類
a.　位置 (POSITION)：e.g. *on Sunday, last week, now*
b.　期間 (DURATION)：e.g. *till next week, since last week, for three weeks*
c.　頻度 (FREQUENCY)：e.g. *frequently, three times*
d.　関係 (RELATIONSHIP)：e.g. *still,* <u>*already*</u>*,* <u>*by now*</u>
（大文字，斜体は原文，下線は筆者）

彼らが already と by now を「関係」という同じカテゴリーに分類していることに注目しよう。彼らの定義によれば、このカテゴリーには、ある時と別の時の関係を表す副詞が含まれる (Quirk et al. 1985: 482)。筆者の考えでは、by now と already がともにこの「関係」のカテゴリーに属すると考えるのは大きな誤りである。確かに already は、アスペクト的な意味を伝達し、時間軸上の位置を指定しないため、「関係」の副詞であると言ってよいだろう。しかし by now は時間軸上の位置を指定する「位置」の副詞である。具体的には、by now は now と同じ時点を指示する。たとえば *Come on, Sandra, you should know that **by now*** 「冗談やめてくれよ、サンドラ。さすがにもうそんなこと分かってるだろ」と言う場合には、Sandra はこの文の発話時において know that していることを期待されているのである。この考え方が妥当であることは、by [TIME] の構造を取った表現一般が [TIME] における状態を語るために用いられる (2.2 節) ことから容易に理解されるはずである。さらに以下の議論からも補強することができる。

(33) この手法はもうすっかり定着している。
 a. **By now**, the method is well-established.
 b. The method is well-established **now**.
 c. **By now**, the method is **already** well-established.
 d. The method is **already** well-established **now**.
 e. ***By now**, the method is well-established **now**.

(33a) と (33b) から、(33) の状況は by now も now も使える状況なのだと分かる。(33c), (33d) が示すように、これらの状況で by now も now も already と共起できる。しかし (33e) が示す通り by now と now を一緒に使うことはできない。これは、同一センテンス中に発話時を指示する副詞が2つ存在していることになり、概念的な重複があまりにも大きいからだと考えれば—つまり by now も now も「位置」の時間副詞なのだと考えれば—説明がつく。一方で already と by now の両方を含む (33c) が容認可能であるのは already と by now が異なるカテゴリーに属するからだと考えれば説明がつく。Quirk et al. (1985) のように already と by now を「関係」という同一カテゴリーに押し込めるのは、言わば、完了の have V-en 構文によって実現

される文法的アスペクトと，finish や accomplish といった動詞によって実現される語彙的アスペクトを，単にどちらも完了の意味がかかわっているからというだけで同一視してしまうという初歩的な誤りと，何ら変わるところがない。

2.3.3　by now に関する本書の分析

本書は by now について以下の記述を提示する。

(34) a.　by now とは：抽象的記述
by now は，発話時における何らかの状態を，長い時間の経過とともに何かが高まっていった結果として提示するのに用いられる。
b.　by now の具体的特徴1：推量用法
by now は，推量表現と共起し，「現時点で，ある状態がもう成り立っているはずだ［だろう，かもしれない］」ということを述べるのに用いられることが多い。ただし，その推量は，(i) その状態の成立可能性は時間の経過とともに高まるものであるという知識と，(ii) 発話時までに十分な時間が経過しているという判断，の2つから導き出されたものでなければならない。基本的に肯定文で用いられる。
c.　by now の具体的特徴2：非推量・累積用法
by now は，ある状態の成立を（推量の入り込まない）事実として提示するのにも用いられる。「何かの程度や数量が時間の経過とともに増していったという事実があり，その結果として，現時点である状態が成り立っている」ということを述べるような場合である。基本的に肯定文で用いられる。
d.　by now の具体的特徴3：not ... by now 特有の使用パターン
by now は not と共起することが（低頻度ながら）ある。「ある状態がまだ成り立っていない」ということを表し，「その状態がもうとっくに成り立っていてもよい頃なのに」という含みを持つ。多くの場合，if 節内または疑問文内に現れる。
e.　by now の具体的特徴4：know ... by now
by now は動詞 know との共起を非常に強く好む。

以下では，先行研究で挙げられた例文や，筆者が小説やドラマから収集した例も分析するが，頻度について調べるにはそれだけでは分量が足りないので，COCA のデータも利用する。COCA に含まれている by now の例文を全て抽出すると 7,159 例になる（2013 年 11 月 21 日検索）。ということは，COCA 内の by now という 2 語の連続についての言語事実は，ランダムサンプリングで 365 例を抽出すれば正しく反映されることになる（Drott 1969）[17]。そこで筆者は，COCA に内蔵されているランダムサンプリング機能を用いて 365 例を抽出し，手作業でノイズを取り除いた。その結果，by now の用例 235 例（肯定文 224 例，否定文 11 例）を得た。以下，これを「by now データベース」（ないし単に「データベース」）と呼ぶことにする。

2.3.3.1　by now の具体的特徴 1：推量用法

まず by now が推量用法で用いられた場合について詳しく分析する。Quirk et al.（1985）と Leech and Svartvik（2002）から想定されることとは裏腹に，by now は推量のコンテクストを含む (28)，(29)（以下に (35)，(36) として再掲）で用いることができない。

(35)　　?I saw John at work a couple of hours ago. But he must be home **by now**, since the lights are on.　　　　　　　　　　　　　　　　=(28)

(36)　　Without knowing it, you may [**already** have started your garden pharmacy/?have started your garden pharmacy **by now**].

((29) の一部)

このことは，記述 (34b) で正しく捉えられる。これらの例における話し手の推量が by now の使用を可能にしないのは，その推量が (34b) の (i) と (ii) を根拠としたものではないからである。たとえば (35) で「John は帰宅しているだろう」と話し手が思っているのは，電気がついているからであって，

---

[17] ただし，コーパスに記録されているデータそれ自体が，無限で数えようのない現実世界の言語事実にランダムサンプリングをかけた結果のようなものであるから，そこにさらにランダムサンプリングをかけることに関して，果たしてそれで代表性が保たれるのかという問題がある。そのため，筆者は 2.3.3 の分析を厳密な統計的議論として提示することができない。

「帰宅状態が成立している可能性は時間経過に伴って増すものだ」という知識と「現在の時点で既に十分な時間が経過している」という判断を組み合わせて推論したからではない[18]。同様に(36)でも，推論の根拠になっているのは可能性増加と時間経過ではなく，「ハーブは庭に勝手に自生しうる」という知識である。

　Quirk et al. (1985) と Leech and Svartvik (2002) で挙げられている例文が自然であるのも，推量という要素それ自体のためではなく，そこで関与している推量が可能性増加と長時間経過を根拠にしたものだからだろう。たとえば (25b) と (26a)（以下に (37)，(38) として再掲）を見てみよう。

(37)　She should be back **by now** (but I'm not sure).　　　　=(25b)
(38)　The wound should have healed **by now**. (... but I'm not sure)　=(26a)

(37) の例文は，文脈がついていないこともあって，(34b) の (i) と (ii) を根拠にした推量の文として容易に解釈できる。たとえば，「スーザンが帰宅している可能性はスーザンが僕の家を出てからの時間が長ければ長いほど高くなる。そしてスーザンが僕の家を出てからもう1時間も経った。さすがにもう帰宅済みだろう」という推論過程を容易に復元できる。(38) も同様である。傷が治っている状態が成立する可能性は，一部の悪質な傷を除けば，怪我をしてからの時間が長くなればなるほど高まるものである。そこに，「怪我をしてからもうずいぶんと時間が経った」という判断が加われば，(38) のような推論が導かれる。このように，(37) と (38) で by now が認められるのは，単に推量がかかわっているからではなく，その推量の根拠が (34b) の (i) と (ii) にあると容易に解釈できるからだと思われる。

　頻度について言うと，データベース内の by now の用例 235 件のうち推量用法は 122 件で，これは約 51.9％にあたる[19]。

---

[18] since 以降を since he left the office an hour ago に書き換えると自然になるが，これは書き換えにより「帰宅状態が成立している可能性は時間経過に伴って増すものだ」という知識と「現在の時点で既に十分な時間が経過している」という判断を組み合わせるタイプの推論に変わるからだと考えられる。

[19] by now と2回以上共起している推量表現は，生起回数順に，would (34), should (20), must (15), probably (11), could (6), think (6), may (5), hope (5), ought to (3),

2.3.3.2　by now の具体的特徴 2：非推量・累積用法

(34c) の記述により，by now の非推量用法を適切に捉えることができる。上で挙げた非推量用法の例 (22b)，(23)，(27) を (39)，(40)，(41) として再掲する。

(39)　　　**By now**, I've visited nearly every country in the world.　((22b) の一部)
(40) a.　[...] **by now**, you're back in the swing.　　　　　((23a) の一部)
　　 b.　It is late in the day **by now** [...]　　　　　　　　((23b) の一部)
(41) a.　Listen, **by now** I'm used to you.　　　　　　　　　((27a) の一部)
　　 b.　[...] **by now** there is little of anything left to say.　((27b) の一部)
　　 c.　**By now** the semi-modals (*have*) *got to* (53%) and *have to* (39%) have almost completely ousted *must* (8%).　　　　((27c) の一部)

これらの例で by now の文が表している状態は，それぞれ，訪れた国の数，映画愛を取り戻している程度，時刻が正午から離れている度合い，夜中に起こされる経験値，言うべきことでまだ言っていないことが少なくなってきている度合い，(have) got to と have to の義務表現としてのステータス，といったものが時間の経過とともにどんどん高まっていったことの結果であると解釈される。非推量用法は累積解釈と結びついているのである。

　累積解釈は上の例にあるように nearly every や be used to，almost completely といった言語表現により明示されることもあるが，文脈によって示唆されるだけの場合もある。

(42)　A few years ago, I found him crying his heart out in front of a building in the West Village and brought him home. **By now**, I've more or less adopted him.　　　　　(Paul Auster, *The Brooklyn Follies*)
　　2, 3 年前，ウェスト・ビレッジの建物の前で大泣きしているルーファスを見つけて，家に連れて帰ったんだ。今となってはもはや養子にしたようなもんだな。

---

might (2), perhaps (2), certainly (2), believe (2), guess (2), suppose (2), will (2) である。

人を養子にする（法的）プロセスは通常であれば累積的なものではない。しかし，この文脈における「養子」はある種の誇張またはたとえ話のようなものである。養子にした場合と変わらないくらいに仲良くなった状態，家族の一員となっている状態が have adopted him と表現されており，そのような意味での「養子」度合いが時をともにするにつれて高まっていったという事実が提示されているのである。このように，センテンスのレベルでは感じられない累積性がこの文脈にはあり，それによって by now の非推量的使用が可能になっているのだと言える。

データベース内では非推量・累積用法は 93 件で，全用例 235 件のうち約 39.6％ にあたる。この中には，累積解釈を明確化する表現が含まれたものもある。具体的には，all が含まれた用例が 8 件，every が含まれた用例が 5 件，大きな数量を表す many や plethora などの表現が含まれた用例が 6 件，400,000 や billions など数を指す表現が含まれた用例が 14 件，most や 95％ など高い割合を表す表現が含まれた用例が 4 件，それから thoroughly と wholly が含まれた用例が合計 4 件見つかった。その一方で，本来は累積解釈を持たないはずの文が文脈の力で累積解釈を獲得しているケースも見られた。

特に面白いのは次の例である。語り手（Ave Maria）は Jack Mac の母親に布地を渡すために Mac 家を訪れる。Ave は，会いたくない Jack の不在時に訪れたつもりだったが，あいにく Jack は中にいて，Ave の来訪に気付いてしまう。

(43)　"Whoa. Hold up," Jack Mac says. "Wait a minute."
　　　Damn, he is here. He must have parked in the back; it's dark and I couldn't see.
　　　"I was just dropping off some fabric for your mother. It was my mother's and I didn't want to just throw it out, so I thought I'd bring it up here because she's such a good quilter." My voice broke. I hate that. Why am I overexplaining? I just want to go home. **By now** Jack Mac is on the porch steps [...]　　　　　　　　　　　　　　　　　　　　　　　　　（COCA）
　　　「お，ストップ」とジャック・マックは言う。「ちょっと待ってて」
　　　まったく，なんでいるのよ。きっと車を裏に停めたのね。さっきは

暗いから見えなかったんだわ。
　「お母さんに布地を届けに来ただけよ。うちのお母さんのだったんだけど，捨てちゃうのはあれだと思って，持ってきたの。キルト作りがお上手だったでしょう」声がひっくり返ってしまった。まったく，何なのよ。私ったら何をこんな無駄に説明なんかしてんのよ。もう帰ってしまいたい。そうこうしていると，ジャック・マックはもう玄関の階段のところまで来ている［…］

　Jack Mac is on the porch steps は，文脈がなければ，単純にある人物の「今」における位置を述べているだけで，累積解釈は促さない。「今，○○にいる」という事態は「今，少し○○にいる」→「今，それなりに○○にいる」→「今，結構な程度○○にいる」→「今，○○にいる」というように累積的に成立するものではない。しかしこの文脈では，読み手は，Ave Maria の発話および心の中のつぶやきを追うのと連動する形で，語られていない Jack Mac の移動を心の目で追うことになる。これにより，「会いたくないあいつが刻一刻と近寄ってくる」という緊張感を，Ave Maria とともに読み手も味わうことができる。ここには他ならぬ累積解釈が働いている。
　(43) の最終文は表面的には (16b) の *?Susan left the store at 5:30 and **by now** she is home* と似て見えるかもしれないが，それはあくまで「表面的には」の話である。(16b) は発話時における娘の居場所を事実として警察に報告するという設定の文であるから (16b) を「5時半に店を出て，5時40分に学校の前を通って，そのくらいから少しずつ日も暮れてきて，5時55分にはご近所さんに捕まって，その後なんとか家に到着して，その結果として今この家にいるんです」というような解釈のもとに読むことは難しい。(43) の最終文と (16b) は表面的には似ていても，置かれた場面・文脈が全く異なるのである。
　ここで，推量用法と非推量用法は完全に分離しているわけではないことを指摘しておきたい。「累積」という概念は，推量用法の一部の用例にもかかわっているからである。(26a) と (31a)，(31b) を再掲する。

(44)　　The wound should have healed **by now**. (... but I'm not sure)　　=(26a)
(45) a.　［...］ the shoes, the gun, the car, everything's already long gone **by now**.

=(31a)
b. [...] 3 million more Americans would already be back at work **by now**.
=(31b)

have healed な状態は、「少し治ってきた」→「結構治った」→「治った」という累積的プロセスの結果として達成されるものである。everything や 3 million といった数の多さを示す言葉も累積解釈を生み出す要素である。この用法は、「推量・累積用法」であると言える。2.3 節の冒頭で提示した例 (14) と (15) も「推量・累積用法」である。以下に (46)，(47) として再掲する。

(46)　Danny: Chicago? Didn't they have a really big fire there?
　　　Vicky:　It was over a hundred years ago. I'm sure it's out **by now**.　　=(14)
(47)　Presumably Potter is well prepared **by now** and could do with a good night's sleep.　　=(15)

(46) に関して言えば，推量表現として I'm sure があり，そして，大火事の火が消えている状態は時の経過による自然な変化や継続的な消火活動の結果として成立する状態である。(47) は presumably という推量の副詞を伴っており，また，何かに対して well prepared な状態であるということはそれまでに「全く prepared でない」→「少し prepared」→「それなりに prepared」→「しっかりと prepared」という変化を辿っているはずである。

もちろん，推量用法の中には，累積の概念が関与しないものもある。たとえば，(25b) の *She should be back* **by now** (*but I'm not sure*) における「戻っている」という状態は，「少し戻っている」→「結構戻っている」→「戻っている」というようにして達成される状態ではない。したがってこの用法は「推量・非累積用法」であると言える。

以上のことを踏まえると，推量用法と累積用法が推量・累積用法を接点として連続体を形成していると考えるべきであろう。以下の図を参照。

88 | 第2章 時間

図1　by now の用法の連続体

　推量用法（122件，約51.9％）と非推量・累積用法（93件，約39.6％）で用例全体の約91.5％を占める。by now の用例のほぼ全てがこれらの用法の慣習に従っていることになる。では，残りの20件全てが by now に関する慣習から外れた用例なのかと言えば，実はそうではない。このうち10件は，以下の not ... by now の用例であり，not ... by now にはおそらくそれ独自の慣習があるのである。

2.3.3.3　by now の具体的特徴3：not ... by now 特有の使用パターン

　まず，by now は否定文ではあまり用いられないという事実に注意が必要である。データベース内の by now の用例235件のうち，not との共起例は11件にとどまる[20]。

　11件だけを見ていても「傾向」と呼べるものは指摘できないので，by now の否定用法に関して独立した COCA 調査を行ったところ（2014年9月11日），興味深い結果が得られた。not ... by now は if 節内または疑問文（＝否定疑問文）で用いられることが多いのである。COCA で，by now の左9語以内に not（または縮約形の n't）が現れる例を検索すると，402例が検出される。ここからノイズデータを手作業で取り除くと，not ... by now の用例が156例残る。この156例を母集団として調査を行うと，否定の by now が if 節内に生じている例は70例（約44.9％），疑問文内に生じている例は44例（約28.2％）で，これを合わせると not ... by now の用例全体の70％を超える割合になる。

　次に，not ... by now の意味的な側面を見てみると，背後に推量用法が隠れていることが分かる。データベースと手持ちの小説から例を挙げよう。

---

[20]　すぐ上で not ... by now との関連で言及した「10件」という数と食い違っているが，これはデータベース内の not ... by now のうち1件は推量用法としてカウントできるものだからである。

(48) If that goal has**n't** been achieved **by now**, when will it be? (COCA)
その目標が未だに達成されていないなら，いつ達成されるというのだ。

(49) We're not even sure of his name. It could be Blake. It could be Black. It could be Bloch. But we have an address, and if he has**n't** slipped away **by now**, you shouldn't have any trouble. (Paul Auster, *Man in the Dark*)
その男（＝お前に暗殺してもらいたい男）の名前すら分からない。ブレイクかもしれないし，ブラックかもしれない。はたまたブロックかも。だが住所は分かってるんだ。この時点でまだ逃げ出してないなら，問題なく見つけられるだろう。

(50) Do**n't** you understand that **by now**? (COCA)
まだ分からないのか。

(51) [...] "Why are you doing this to me?"
"Because I hate you," his ex-lover said. "Have**n't** you figured that out **by now**?" (Paul Auster, *The Brooklyn Follies*)
［…］「どうして私にこんなことを」
「お前のことが大嫌いだからだよ」と元愛人は言った。「お前まだそんなことも分かってなかったのか」

not ... by now は「これだけ時間が経ったのだから…という状態になっていてもよいはずなのに，そうなっていない」ということを表すのである。(48) には that goal should have been achieved by now という想定が，(49) には he could have slipped away by now, (50) には you should understand that by now, (51) には you should have figured that out by now という想定が隠れている。この意味で，not ... by now は推量用法と関連していると言える。

なお，not ... by now が現れる他の環境として，驚きや意外性を表す従属節内も挙げられる。

(52) Firefighters in other departments [...] are surprised Atlanta's firefighters have**n't** revolted **by now**. (COCA)
他の消防署［…］の隊員たちは，アトランタの消防隊員たちが未だに暴動を起こしていないことに驚いている。

(53) [...] both of her parents are disappointed she is**n't** married **by now**.

(COCA)
　[…]彼女が未だに結婚していないことに両親ともがっかりしている。

この場合も「これだけ時間が経ったのだから…という状態になっていてもよいはずなのに，そうなっていない」ということへの驚きや意外性が表されているので，やはり推量用法と関連していると言える。

2.3.3.4　by now の具体的特徴 4：know ... by now

　データベースで by now が修飾する動詞の数は 229 トークンで，このうち 142 が一般動詞，残りの 87 が連結動詞（be が 71 回，get が 7 回，become が 4 回，feel が 3 回，seem が 1 回，go が go extinct という形で 1 回生起）であった[21]。この一般動詞 142 トークンのうち，最も頻度が高かったのは know であり，29 回生起（約 20.4%）していた。2 位は hear で，生起回数はわずか 7 回（4.9%）であった[22]。1 位と 2 位の間に大きな差がある[23]。

　この頻度の偏りから，英語母語話者は know ... by now をセットフレーズとして記憶している可能性が高いと言える。by now が know と共起頻度が極端に偏って高いことは，by now の抽象的意味や大まかな用法分類の知識からは予測しようのないことである。もちろん，人間が何かを知っている可能性や程度などは，一般に，時間が経てば経つほど高まるものであるから，

---

[21]　なお，進行構文と受動構文に現れる be 動詞は連結動詞としてはカウントしない。これらの構文は一般動詞のみを含むものとしてカウントする。たとえば，***By now** you're probably thinking ...* という例では，by now が修飾しているのは一般動詞の think であると考え，連結動詞の 're はカウントに入れない。一方，be 動詞が他の構文で現れる例（たとえば *by now, you're back in the swing*）では，by now が修飾しているのは連結動詞の be 動詞であると考える。この数え方で最も扱いに困ったのは，これらの構文が混ざって現れる例（具体的には *a childhood success like Kweller should be burned out, broke and robbing gas stations **by now***）である。動詞句が be burned out, be broke, be robbing gas stations と 3 つ存在することになる。この例に関しては，by now が修飾しているのは，順に，一般動詞 burn，連結動詞 be，一般動詞 rob である，と考えた。

[22]　know は 29 例全てにおいて単純現在形をとっていた。一方 hear は単純現在形が 6 回，単純過去形が 1 回であった。

[23]　by now と 2 回以上共起している一般動詞を全て挙げると，生起回数順に，know (29), hear (7), have (4), learn (3), move (3), see (3), understand (3), catch (2), come (2), do (2), find (2), kill (2), make (2), reach (2), think (2), wonder (2) である。

by now と know の相性が良いことに納得はいく。しかし予測は不可能なのではないだろうか。

　英語を外国語として学習している人を想像してみよう。論理的に考えることが得意で，記憶力も優れているものとする。英語を学習して何年にもなる。しかし，by now の使用に触れたことは一度もないとする。ここで教師がこの学習者に by now についての情報を (34b)–(34d) のような形で提示する。このとき学習者は「by now は極端に偏って高い頻度で動詞 know と結びつくはずだ」と思うだろうか。思わないだろう。by now の意味と相性の良い動詞など他にいくらでもあるからである（たとえば本動詞の have など脚注 23 にある動詞を見てみればよい）。しかも，by [TIME] というスキーマは，偏って know と結びつきやすいわけではない。2.2.2 で述べた通り，筆者は平沢 (2014c) で小説 12 作品を調査した[24]。そこでは，一般動詞が by now 以外の by [TIME] 表現と 178 回共起していた。頻度の高いものからいくつか列挙すると，have (6 回)，know (6 回)，return (6 回)，go (6 回)，begin (6 回)，次いで start (4 回)，stop (4 回)，arrive (4 回)，get (4 回) である。すぐ上で by now に関して見た分布とは大きく異なることが分かる。したがって，know ... by now が特別よくある言い回しであるという事実は，by now の意味からも，by [TIME] の使用パターンに関する知識からも予測のできない事実であり，by now の使用パターンに関する知識として覚えるしかないものであると言える。

　さらには，筆者が小説やドラマで出会い書き留めてきた by now の実例を見てみると，know ... by now よりももっと大きな言語的単位が高頻度のコロケーションとして記憶されている可能性が浮かび上がってくる。

(54) I'm sure you know **by now** I'm always here for you.
　　　　　　　　　（*Columbo*, Episode 48, Sex and the Married Detective）
　　もうとっくに分かってることだと思うけど，いつだって僕を頼ってくれていいんだからね。

(55) "I always have tea," he said. "You should know that **by now**."

---

[24] 筆者が (2.3 節では COCA を利用しているにもかかわらず) 2.2 節で COCA を利用しなかったのは，by [TIME] の事例を検出する検索式が存在しないからである。

(Rebecca Brown, *The Gifts of the Body*)

「私はいつも紅茶だ」と彼は言った。「そんなこともうとっくに分かってるはずだろう」

(56) I'm always right, she said. You should know that **by now**, Rudolf.

(Paul Auster, *Invisible*)

私はいつも正しいのよ，と彼女は言った。そんなこともうとっくに分かってるでしょ，ルドルフ。

(57) "Of course I'm serious. I'm always serious. You should know that **by now**."

(Paul Auster, *Moon Palace*)

「もちろん真剣だ。私は常に真剣だ。そんなことさすがにもう分かっているはずだ」

(55)–(57) の指示代名詞 that は，それぞれ I always have tea, I'm always right, I'm always serious を指している。ということは，(54)–(57) の全てにおいて，"推量表現 + you know (that) I ... always ..." というパターンが by now と共起していることになる。

2.3.3.5 by now と by [TIME] の比較

ここで，by now の具体的特徴から共通性を抽出し，抽象的な意味記述を試みたうえで，それを by [TIME] の抽象的意味記述と比較したい。

まずは by now の具体的特徴から共通性を抽出しよう。by now の典型的な使用パターンである推量用法と非推量・累積用法（および推量用法と表裏一体の形で結びついている not ... by now の用法）に共通する by now の特徴として (34a)—「by now は，発話時における何らかの状態を，長い時間の経過とともに何かが高まっていった結果として提示するのに用いられる」—を指摘することができる。可能性の高まりのケースと数量・程度の増加のケースを「何かが高まって」という形でひとまとめにできることについては異論はないだろう。一方「長い時間」というまとめ方は，例 (43) (Jack Mac が語り手に近づいてくる例) の場合せいぜい 1 分程度であろうことを考えると，不適切なまとめ方に思われるかもしれないが，ある時間を長いと捉えるのが自然か短いと捉えるのが自然かは状況によって大きく変わるものだ (cf. 第 3 章例文 (44))。たとえば 1,000 年という時間は日常生活を営む筆者にとっ

ては途方もなく長いが,仕事中の天文学者の目から見ると非常に短い。Jack Mac と話をすることを嫌がりながらその Jack Mac が近づいてくるのを待っている例 (43) の語り手にとって,せいぜい 1 分程度の時間であっても,その時間はとても長く感じられるだろう。そして,そうやって時間が引き伸ばされるからこそ,Jack Mac is on the porch steps という文が累積解釈のもとに読まれるのである。したがって「長い時間」というまとめ方に大きな問題はないものと思われる。

以上の理解を図にまとめると図 2 のようになる。

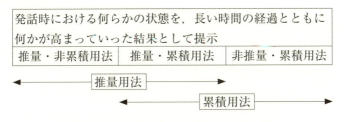

図 2　by now の用法の連続体と抽象的意味

それでは,この by now の抽象的意味記述と,by [TIME] の抽象的意味記述を比較して(以下に再掲),by [TIME] と by now の本質的な共通点と相違点を整理しよう。

(58)　by [TIME] とは:抽象的記述
　　　by [TIME] は,時間軸を [TIME] よりも前から目で追っていき,[TIME] で目をとめ,そこでどのような状態が成り立っているかを語るための形式である。
(59)　by now とは:抽象的記述
　　　by now は,発話時における何らかの状態を,長い時間の経過とともに何かが高まっていった結果として提示するのに用いられる。

共通点の 1 つ目は,時間軸上の心的走査がかかわることである。*He was there **by five*** では 5 時よりも前の何らかの時点から 5 時まで,*He should be there **by now*** では発話時よりも前から発話時まで,時間軸を目でなぞること

になる。

　共通点の2つ目は，by の補部で表されている時点における状態を語るのに用いられるという点である。by five は5時にどのような状態が成り立っているかを語り，by now は発話時にどのような状態が成り立っているかを語る。

　相違点の1つ目は，「高まり」が必須かどうかである。by [TIME] の場合には，[TIME] まで時間軸をなぞっていれば十分であり，その時間経過に伴って何かが高まっている必要はない。これは継続の用法が許されることから分かる。一方 by now は「高まり」が必須で，継続の用法はない（***By nine** o'clock the phone was still silent* vs. ***By now** the phone should still be silent*）。

　相違点の2つ目は，走査される時間の長さに関する違いである。by [TIME] の場合，走査される時間が短くても問題ない。これは，(60) のように変化の時間の短さを強調するのに用いることができることから確認できる。一方，by now は走査される時間が長い（または引き伸ばされて長く感じられる）ことが必要で，(61) のように変化の時間の短さを強調するのに用いると，ちぐはぐな印象を与える。

(60)　　I'm surprised you were used to her **by the end of the month**.
　　　　その月の終わりにはあの人に慣れっこになってたなんて，びっくりだなあ。

(61)　　?I'm surprised you're used to her **by now**.
　　　　意図した文意：もうあの人に慣れっこになってるなんて，びっくりだなあ。
　　　　（この文意に合う英文は，I'm surpsrised you're used to her already.）

　なお，次の英文が自然であることも，by now が長時間の経過と結びついていることを示している。

(62)　　I'm surprised you're <u>not</u> used to her **by now**.
　　　　（これだけ時間が経って）まだあの人に慣れてないなんて，びっくりだなあ。

2.3.4 by now を使いこなすにはどんな知識が必要か

　もしも読者のあなたが英語母語話者として生まれ，他の英語母語話者と同じように by now を使えるようになるためには，どのような知識を身につける必要があるだろうか。あなたが筆者と同じく英語非母語話者なら，英語母語話者のように by now を使えるようになるには，どのようなことを頭に入れなくてはいけないだろうか。

　by [TIME] の意味と now の意味さえ知っていれば (34a) で示した by now の意味など覚える必要はないのだろうか。確かに，by now の意味は by [TIME] にも now にも動機付けられている。by now と by [TIME] には共通点が存在するし，by now の指す時点は now そのものである。しかし，by now の意味は by [TIME] の [TIME] スロットを now で埋めただけの意味とは異なる。上で見たように，どういうわけか，「高まり」の有無と走査される時間の長さに関する違いが生じる。このことを，by now に触れたことがない人（幼い英語母語話者でも日本人の初級・中級の英語学習者でもよい）が自力で予測することは不可能であろう。もちろん，now が話し手にとっての「イマ・ココ」と結びついていることによって予測が可能になったりはしないものかと考えてみるわけだが，「イマ・ココ」の何がどうなって長時間経過や高まりといった要素が発生するのか，こじつけでない自然な論理の道筋が筆者にはどうしても見つからない。結局のところ by now の意味は，by [TIME] の意味や now の意味と関連させつつも，それ自体 1 つの言語的単位として記憶するしかないように思われる。

　では，(34a) で示した by now の意味さえ覚えていれば，by now の具体的な使い方 (34b)–(34e) を覚える必要はないのだろうか。確かに，(34b)–(34e) は (34a) と密接にかかわっている。推量用法 (34b) と非推量・累積用法 (34c) は (34a) の具現化であり，否定文用法 (34d) は推量用法 (34b) と表裏一体なのでこれもまた (34a) の具現化であると言える。(34e) に示した know との共起傾向も，(34a) と矛盾しない事実である（人が何かを知っている状態は時間が経てば経つほど成り立ちやすくなるものだし，知識とは本来累積的なものである）。しかし，by now の具体的な使用に触れたことがない人が (34a) から (34b)–(34e) を予測することなどできないだろう。少なくとも筆者には，(34a) から (34b)–(34e) を導き出すこじつけのない論理の道筋が見つけられない。まず，長い時間の経過とともに高まる「何か」とは何

かがよく分からない（「何か」よりも特定的な言い方ができるかというと，(34b) と (34c) の共通性を抽出しようとしても「何か」としか言いようがない）ので，推量と累積の2つが重要な要素であること，特に推量用法が半分以上の割合を占めることなど想像もできない。動詞 know との共起に見られる頻度の偏りもそうだ。(34a) と相性の良い動詞など，先に述べた通り，know 以外にいくらでもある。結局のところ，by now の具体的な使い方の知識は，by now の抽象的な意味の知識と関連させつつも，1つずつ覚えていく他ないのである。

　ここで，本書全体の重要なトピックの1つである予測不可能性（この段落では「完全には予測不可能」の意味で「予測不可能」と言うことにする）について，筆者の考えを明示しておきたい。予測不可能性は証明するのが難しい。完全に予測可能であることを示す論理が見つけられていないだけである可能性があるからだ。予測不可能に見える側面を記述から排除して，きれいに説明できる側面だけを提示するという選択もありえる（これを選択肢 A とする）。しかし，よくある言い回し，特定の表現のよくある使い方がそこにあるならば，たとえ証明困難な予測不可能性という危うい領域に踏み込まなければならないとしても記述をする，というのも1つの選択である（これを選択肢 B とする）。分析者は，どちらを選択するにしても，自らが切り捨てたものに自覚的であることが必要だろう。具体的には，選択肢 A を選ぶ場合には，予測不可能に見える側面を記述から排除しているということを明示的に認めることが必要だろう。一方，選択肢 B を選ぶ場合には，分析者自身だけではなく他の研究者に意見を求めたり，半年や1年など時間をおいてあらためて考え直したりして，ある一時点のある一個人の思考という狭い枠から抜け出す努力をすることが責務だろう。実は完全に予測可能であるという可能性を，視野の狭さゆえに見過ごし，切り捨ててしまっているだけである疑いは常にあるからである。このように A と B は研究者としての責任を伴った選択の問題であると言える。しかし，そもそも A と B が前提としている「ある側面が完全には予測できないように見える」という現実に直面する可能性を考えて，丁寧かつ大量の事実観察を行うことは，選択の余地のない必須事項であると思われる。もちろん，観察の対象とする実例の数をどんなに増やしても，そして（場面や文脈を考慮するなどして）観察をどんなに丁寧にしても，完全に予測可能であるようにしか見えないということもあ

る。しかし，経験的に言えば，そのような事実観察の努力をすればするほど予測不可能性ははっきりと見えてくるものである。筆者は，本書において，by にまつわる大量の言語事実を細かく観察したことにより，様々な予測不可能性に直面し，その度に A と B の選択を迫られ，B を選んだ。そして B を選んだ場合に伴う責務として，分析を（異なる時点での自分というものも含め）少しでも多くの他者の目に晒すようにした。今のところ，筆者が完全には予測不可能と判断した部分について，完全に予測可能だとする論理展開は誰によっても提示されていないが，それはあくまでも「今のところ」である。筆者は予測不可能性を主義として訴えているわけではない（あくまでも事実観察と論理から導き出した結論である）ので，無理のない論理が示されればそれを受け入れる心の用意があることを，予測不可能性に関する立場表明の最後に申し添えておきたい。

2.4　第2章まとめ

　第2章で見てきた言語事実と矛盾しない言語モデルは意味の水源地モデルと使用基盤モデルのどちらだろうか。by [TIME] の抽象的意味から by now の抽象的意味を予測することも，by now の抽象的意味から by now の具体的使用法を予測することもできないのだから，意味の水源地モデルは擁護できない。おそらく，従来の多義研究の流れに乗るならば，by six も by tomorrow も by the time his mother came back も—そして by now も—同じ「by の（本質的）時間義」なるものから発生すると見なして，その「by の（本質的）時間義」と「by の（本質的）空間義」や「by の（本質的）手段義」の間の意味的なつながりについて論じることになるだろう。しかし，「by の（本質的）時間義」というおおざっぱなものをたとえば (5a) のような形で知っているだけでは，母語話者がその by をどのようにして使っているのかを予測できず，したがって本章で見てきたような英文を発することができるようにはならない。「by の（本質的）時間義」のようなものは，抽象化や一般化を好む言語学者が編み出す理論的構築物にすぎず，おそらく母語話者の by の使用を可能にしている知識ではないのである。

　一方，使用基盤モデルは，英語話者が by now の具体的使用法を覚えてそこから by now の抽象的意味を抽出すること，by now や by six, by tomorrow, by the time his mother came back といった具体的なフレーズから by

[TIME] の抽象的意味を抽出することを想定する。そして抽出した後も，その抽出に使った具体的な表現を忘れないということを想定する。この図式であれば，つむじ曲がりな事実に溢れた by now の世界を難なく捉えられる。

　このように，by の時間用法にかかわる言語事実を細かく正確に記述すればするほど，一般化の枠に収まらない事実が——それも「非常に低頻度で発生する例外」として片付けるわけにはいかない事実が——次から次へと見つかるのであり，そうした事実の一つひとつが使用基盤モデルの正当性を示しているのである。

第3章

空　間

3.1　空間：概説

　英語の前置詞の空間義は約 30 年に渡って盛んに研究されてきた。over に関しては Brugman (1981), Lakoff (1987), Dewell (1994), Tyler and Evans (2003), in に関しては Vandeloise (1994), through に関しては Benom (2007, 2014, 2015), up と out に関しては Lindner (1981), across に関しては Taylor (2003a), などに詳細な記述が見られる。しかし，by の空間義に関しては「by は空間的な近接性を表すことができる」程度の記述しかなく，それがどのような近接性なのかという点に関して踏み込んだ議論を展開しているのは，管見の限りでは，3.2.2 で紹介する嶋田 (2010) と Lindkvist (1976: 265–274) だけである。3.3 節で扱う〈過ぎ去り〉の by や，3.4 節で扱う〈立ち寄り〉の by にいたっては，詳細な記述は全くなされていないと言ってよいだろう。本章は，by の空間用法を，〈空間的近接性〉の by と〈過ぎ去り〉の by，〈立ち寄り〉の by の 3 つに大別し，それぞれに関して，先行研究で行われてこなかった詳細な記述を提示する。

　本章で扱う by の用法は，しばしば，丁寧な記述なしに時空間メタファーが成立する前置詞の例として挙げられる。しかし，3.3 節で見るように，by に関しては事はさほど(つまり，時間用法と空間用法があるからといって，即座に時空間メタファーが成り立つと言い切れるほど)単純ではない。

　空間用法を 3 つに分けることに関して，全て空間的近接性という単一の観点から論じればよいのではないかという反論もあるかもしれない。実際，次のように指摘する言語学者もいる。

(1) pass [go] **by** me（私のそばを通る），drop [stop] **by** my house（僕の家に立ち寄る）などの by も「近接（そば）」から直接理解することができます。　　　　　　　　　　　　　　　（田中 2013: 504; 強調は原文）

(2) As a preposition of place, *BY* concerns location in the horizontal place, as in, live *by* the sea [...] . In this role, *BY* is less definite than *NEAR* about there being no contact between Subject and Landmark (e.g. take sb by/~~near~~ the hand). [...] The example [...]（[筆者注]*She needed to go **by** the bank and sign the paper*) makes this clear. In this example, *PAST* could also be used, but *BY* is shorter and easier to say.

（Lindstromberg 2010: 144–146; 強調は原文）

場所の前置詞としての by は，live *by* the sea（海辺で暮らす）のように，水平な場所における位置にかかわる［…］。この役目の by は，主体とランドマークの間に接触があってはならないという指定が near に比べて緩い（e.g. take sb by/~~near~~ the hand）。［…］例文 *She needed to go **by** the bank and sign the paper*（彼女は銀行に立ち寄って書類にサインする必要があった）では，この点がはっきりする。この例文では，past を使うことも可能だが，by の方が短くて言いやすい。

これらの引用では，by の過ぎ去りや立ち寄りなどの様々な空間用法は，空間的近接の意味を文脈にあわせて調整することによって自動的に導かれるものと想定しているように思われるが，本章で明らかにする通り，この想定は誤っている。「空間的近接性の by」「過ぎ去りの by」「立ち寄りの by」という3つの用法は，互いに関連していたり重なりあったりしているものの，それぞれの個別具体的な使い方の知識を母語話者は持っているのだと想定しなければ説明がつかない言語事実に溢れているのである。

3.2　空間的近接性の **by**
3.2.1　空間的近接性の **by**：概説

英語の前置詞 by は，（3）のように空間的近接性を表す用法を持つ。

(3) All right, Becky, how does this sound? A romantic moonlit stroll **by** the lake.　　　　　（*Full House*, Season 2, Episode 21, Luck Be a Lady Part 1）

よし，ベッキー。こんなのはどうだ。月明かりに照らされて，ロマンチックに散歩するんだ。湖のそばを。

英語話者はこのような英文を産出するにあたって，どのような知識を参照していると考えるのが妥当だろうか。空間的近接性の by の全用例に共通する抽象的意味を参照していると考えればよい，と思われるかもしれない。しかし，話者がそのような抽象度の高い知識を参照すると考えられる場合は決して多いとは言えない。むしろ，話者は言語使用で触れてきた用法から複数の意味グループ(by+[戸]や by+[ベッド]など)を抽出しており，そのような具体性の高い知識を参照していると考える方が妥当である。3.2 節では実例の分析を通じてこれを論証したい。

3.2.2 空間的近接性の by：先行研究

〈by の空間義〉を正面から扱ったものに嶋田 (2010) と Lindkvist (1976: 265–274) がある。これらの研究は，高い説明能力を持つ一方で，記述の妥当性という点で改善の余地を残しているように思われる。

嶋田 (2010) によれば，by は，①「人の生活する空間」すなわち「認識する人自身の身体をその中に置いて，そこから観察[1]できる空間」を「ベース (すなわち前提となる空間)」として選択し，②そこに見える「形が見える具体物」[2]である LM[3] の③「〈傍ら〉すなわち，その〈側面に接する〉区域」を指定する。たとえば get a seat by the window (嶋田 2010: 40) では，発話者は席と窓が同時に観察できる視座から見ており (①)，具体的な輪郭のある窓 (②) の横 (③) に席がある，ということになる。

この考え方の問題点は，③の「傍ら，側面」という要素を，by の空間的近接用法全てに共通する要素と見なしていることである。実際には，TR が LM の正面に存在していても by を使うことが可能となる場合がある。たと

---

[1] 嶋田 (2010) は「観察」という言葉を純粋に視覚的な観察のみに限って用いている。

[2] この条件により，「前置詞が near であれば，目的語に home, centre, scene, site; city, town, village をとることができるけれども，前置詞が by の場合には，これらの名詞を目的語にする使用例が見出だせない」(嶋田 2010: 43) ことや，by を地名の前で用いることができないという有名な事実が説明される。

[3] 嶋田 (2010) と Lindkvist (1976) では TR, LM という術語は用いられていない。

えば（4）は，男性が暖炉にほぼまっすぐ面するようにして座っているイラストを描写する英文として提示されたものであるが，何の違和感もない文である。

（4）　The man is sitting **by** the fireplace.
　　　　　　　　　　　　（http://www.elcivics.com/esl/winter-season-1.html）
　　　その男は暖炉のそばに腰かけている。

図1　sit by the fireplace（http://www.elcivics.com/esl/winter-season-1.html）

次に Tutton（2013）の実験を紹介しよう。この実験では，英語母語話者10名にある部屋のイラスト（図2）を提示し，それを英文とジェスチャーで描写してもらう。我々から見て暖炉の左に猫がいることに注意されたい。

図2　Tutton（2013）で使用されたイラスト

図 2 では，猫 (TR) と暖炉 (LM) が 1 つの視野に映っており (①)，暖炉の具体的な形も見えていて (②)，さらに猫は暖炉の傍ら・側面の位置にいる (③)，つまり嶋田の言う要件を満たしているにもかかわらず，猫と暖炉の関係を by で表現した話者は 1 人もいなかったのである [4]。

筆者は，③を除く①②が by の空間的近接用法全てに共通することは否定しない。したがって，③の条件を緩めて③'「近い区域」程度にすれば抽象的な〈by の空間義〉なるものを定義することが可能であることも，またその抽象的な意味の知識が活性化されることによって by の使用がなされる場合があることも，否定しない。しかし，by の使用は一般にそのような抽象的意味からのトップダウン式のメカニズムで起こるものである，とは言えないのではないか。というのも，3.2.3 で見るように実際の使用の分布には目立った偏りがあり，抽象的な意味からすれば by を使用することが可能である場面で実際に満遍なく by が使用されているわけではないからである。上の Tutton (2013) の実験でも，①②③' の意味からすれば可能だったはずの by が，使用されていなかった。

一方，Lindkvist (1976: 265–274) によれば，by は④ 'lateral proximity' (TR が LM の側面から近い位置にあること) を表し，⑤ TR と LM の間の 'some kind of physical bond' (何らかの物理的なつながり)，'a kind of connection' (ある種の結びつき)，'environmental connection' (環境的な結びつき) を示唆し，TR と LM が 'joined as into a visual unit' (視覚的に一体となるようにしてつながっている) という印象を与える。

④は③と実質的に同内容であり，③と同じ問題を抱えることになる。⑤については，'connection' や 'bond' といった抽象的な概念を明確に定義せず用いている点が問題である。どうであれば 'connection' があることになり，どうであれば 'connection' がないことになるのか。空間的近接用法の by を使用することができる場合に 'connection' があると言い，by が使用できない場合に 'connection' がないと言うだけでは，by の使用を説明するために持ち出された 'connection' なる概念を説明するのに by の使用を参照することが必

---

[4] ただし next to を用いた被験者はいたとのことである。
　(i) left of the fireplace.. there's a cat.. sitting **next to** the fireplace just on its left.
　　　　　　　　　　　　　　　　　　　　　　　　　　　　　　　(Tutton 2013: 109)
　　暖炉の左 .. 猫がいて .. 暖炉の隣に，左に座っています。

要になるという，救いようのない循環に陥ることになる。

　空間的近接用法の by の TR と LM の間に 'connection' を認定する見方は，Dirven (1993: 75, 79) と Lindstromberg (2010: 144) にも見られるが，彼らの分析は by の意味ネットワークを説明したいという動機からなされたものであることに注意が必要である。たとえば，stand by John が「John のそばに立つ」という意味だけでなく「John の味方をする」という意味も持つのはなぜかという問に対する答えを，「John のそばに立つ」の背後にある，TR と John の間の 'connection' に求めるのである。確かにそう考えれば「ジョンの味方をする」という意味が存在する理由を説明できるが，どうして「そばに」の意味の by に 'connection' が関与していると言えるのか，彼らはその理由を説明していない。彼らの 'connection' は，空間的近接用法の by の実例の観察から帰納的に導かれたものではないのである。このため筆者には，「そばに」の by に関与しているとされる 'connection' なる概念は，「味方をする」など by の他の用法についての知識から逆算することによって認定されたものであるように思えてならない。

3.2.3　空間的近接性の by：分析

　筆者は，空間的近接用法の by が実際どのように用いられているのかを調査するために，既読の小説 27 作品中の用例を全て抜き出し，分類作業を行った[5, 6]。by の使われ方の特徴が明確になるように，比較対象として空間用法の前置詞 near も同様の方法で調査した。均衡コーパスを利用しなかったのは，空間的近接用法の by を含む例だけを全て抽出する検索式が存在しな

---

[5] Andrew Kaufman, *The Tiny Wife*; Daniel Wallace, *Big Fish*; Emily Giffin, *Something Blue/Something Borrowed/Baby Proof*; Eric Walters, *The Bully Boys*; F. Scott Fitzgerald, *The Great Gatsby*; J.D. Salinger, *The Catcher in the Rye*; Kazuo Ishiguro, *Never Let Me Go/Nocturnes/A Pale View of Hills/The Remains of the Day*; Mitch Albom, *The Five People You Meet in Heaven/The First Phone Call from Heaven*; Paul Auster, *The Red Notebook/Sunset Park/Invisible/Travels in the Scriptorium/Timbuktu/City of Glass/Ghosts/The Locked Room/Oracle Night/Leviathan*; Raymond Chandler, *The Long Goodbye*; Rebecca Brown, *The Gifts of the Body*; V.S. Naipaul, *A Bend in the River*.

[6] ただし，「通り過ぎる」という意味が関与する by は，以下の in the distance 付きの実例から分かるように近接性が必要とされないため，今回のカウントから除外している。

　(i) She listened, transfixed by the music of a carnival group passing **by** in the distance. (COCA)
　　彼女は耳を澄ました。遠くを通過するカーニバルの集団が奏でる音楽に凍りついた。

いからである。また，自分が読んだ小説を資料にした方が，文脈を熟知している分，意味（今回は空間的位置関係）をより正確に把握できる。

by と near の補部名詞句の主要部 (head) となる名詞を数える[7]と，総数はそれぞれ 223, 206 となった。総数がほぼ変わらないため，by と near の比較表における数的情報を百分率ではなく絶対数で表示する。表 1 は，補部名詞の件数上位 10 位までを表示したものである[8]。この表から，by と near では好まれる補部名詞に違いがあることが分かる。

表 1　空間的近接性の by と near の補部名詞（頻度順）

by			near		
順位	名詞	件数	順位	名詞	件数
1	window	34	1	人間	34
2	bed	18	2	house	8
3	side	14	3	rapids	7
4	人間	13		apartment	7
5	door	12	5	door	6
6	pool	9		river	6
	fire	9	7	window	4
8	gate	6		edge	4
	road	6		here	4
	desk	6	10	entrance	3
				street	3
				office	3
				fence	3
				top	3

---

[7] 主要部が 2 つあると数えた例があることに注意が必要である。たとえば，*a man blew himself up **by** the side of a road in northern Wisconsin* では，TR の男性が自爆した位置は side の近くでもあれば road の近くでもある。したがって，side も road も LM として数えられると判断した。この例のように重複してカウントしたものは，「+」の記号を用いて併記することにする（本章の表 2）。

[8] 「人間」には，man など普通名詞だけでなく，人称代名詞や固有名詞も含まれる。

by と near の補部の位置に 2 回以上生起した名詞のトークン数は 174 と 123 であった[9]。また，by と near の補部の位置に 1 回だけ生起した名詞のトークン数はそれぞれ 49 と 83 であった[10]。ということは，near + 名詞の組み合わせのうち，2 回以上生起した組み合わせは約 60％ であるのに対して，by + 名詞の組み合わせのうち 2 回以上生起したものは約 80％ ということである。これは，by の方が特定の名詞句と結びつきやすいこと，逆に言えば near の方が意味論的な判断に基づいて柔軟に幅広い名詞と結びつきやすいことを示唆している[11]。

さらに，以下の表 2 に示したように補部名詞の意味的な特徴からグループ分けをすると，by と near のうち片方を強く好む意味グループが複数存在していることが分かる。具体的には，[戸]，[水（平面的）]，[縁・脇・傍ら]，[ベッド]，[暖炉] は by との共起傾向が強く near との共起傾向が弱い。一方，[人間]，[建造物]，[身体部位] は by との共起傾向が弱く near との共起傾向が強い。

window を [戸] という意味グループに入れているのは，door や gate と同様に，異なる 2 つの空間の間の出入口として機能しうるからである。[水（平面的）] という意味グループには river や rapids など細長く伸びるものは含めていない（蛇足になるが，[水（細長）] という意味グループを立てると，そこでは by と near の間に目立った違いが見られない）。[人間] はここでは人称代名詞や固有名詞などをまとめた意味グループを指す。[建造物] の building には，the Ministry Esplanade（1 件）を含めている。[身体部位] の small は「腰のくびれ」の意，outside は「脳の表面付近」の意で用いられている。necklace は厳密には身体部位ではないが [身体部位] に含めている。なお，by と near の分布が異なる意味グループは他にも多くあるが，本書では分布の相違とグループ内の意味的な結束性が分かりやすいものを選んで提示している。

9　なお，タイプ数はそれぞれ 27 と 28 で，ほぼ同数であった。

10　もちろん，タイプ数も 49 と 83 であったということになる。

11　Bybee and Eddington (2006: 345–346) との類似性について脚注 13 を参照。

表2　空間的近接性の by と near の補部名詞（意味グループ別）

意味	名詞	by 件数	near 件数	意味	名詞	by 件数	near 件数
戸	window	34	4	人間	人間	5	34
戸	door	12	6	人間	side+人間	7	0
戸	gate	6	0	人間	合計	12	34
戸	gate+hell	1	0	建造物	house	2	8
戸	turnstile	1	0	建造物	apartment	0	7
戸	entrance	2	3	建造物	hotel	0	1
戸	exit	0	1	建造物	office	0	3
戸	合計	56	14	建造物	work	0	2
水（平面的）	pool	9	0	建造物	customs	0	1
水（平面的）	ocean	4	2	建造物	customs house	0	1
水（平面的）	lake	5	1	建造物	station	0	2
水（平面的）	water	3	0	建造物	substation	0	1
水（平面的）	puddle	0	1	建造物	building	0	2
水（平面的）	lagoon	0	1	建造物	museum	0	2
水（平面的）	合計	21	5	建造物	church	1	0
縁・脇・傍ら	side+人間	7	0	建造物	ruins+cathedral	1	0
縁・脇・傍ら	side+road	4	0	建造物	news-stand	1	0
縁・脇・傍ら	side+bed	3	0	建造物	kiosk	1	0
縁・脇・傍ら	edge	0	1	建造物	garage shed	0	1
縁・脇・傍ら	edge+cliff	0	1	建造物	合計	6	31
縁・脇・傍ら	edge+road	2	0	身体部位	shoulder	0	1
縁・脇・傍ら	edge+water	1	2	身体部位	elbow	0	1
縁・脇・傍ら	curb	2	0	身体部位	chest	0	1
縁・脇・傍ら	bank	0	1	身体部位	jaw	0	1
縁・脇・傍ら	bank+river	0	1	身体部位	lips	0	1
縁・脇・傍ら	合計	19	6	身体部位	mouth	0	1
ベッド	bed	14	1	身体部位	necklace	0	1
ベッド	side+bed	3	0	身体部位	foreahead	0	1
ベッド	foot+bed	1	0	身体部位	small	0	1
ベッド	futon	1	0	身体部位	outside	0	1
ベッド	mat	0	1	身体部位	合計	0	10
ベッド	合計	19	2				
暖炉	fire	8	0				
暖炉	fireplace	0	1				
暖炉	warmth+fire	1	0				
暖炉	hearth	1	0				
暖炉	合計	10	1				

さて，もしも by の全ての使用が 1 つの抽象的な〈by の空間義〉によって産出されているのであれば，その〈by の空間義〉と相性が良い意味を持つ名詞ほど，by と高頻度で共起するはずである。となると，by の空間義は，［戸］，［水（平面的）］，［縁・脇・傍ら］，［ベッド］，［暖炉］といった意味とは相性が良く，［人間］，［建造物］，［身体部位］といった意味と相性が悪いということになる。一方で，near の空間義は，［戸］，［水（平面的）］，［縁・脇・傍ら］，［ベッド］，［暖炉］といった意味とは相性が悪く，［人間］，[建造物］，[身体部位］といった意味と相性が良いということになる。このような違いを予測する形で by の空間義を指摘することは可能なのだろうか。

筆者には，これは不可能であると思われる（予測不可能性に対する筆者の姿勢について，今一度 2.3.4 を参照されたい）。［戸］，［水（平面的）］，［縁・脇・傍ら］，［ベッド］，［暖炉］には実質的には共通点がないからである。敢えて抽出すれば，「人間でない，目に見える物体」とでもなるのだろうが，それでは［建造物］，[身体部位］の方にも当てはまってしまう（身体部位は人間の一部であって，人間そのものではない）。筆者の考えでは，話者に「by を［戸］，［水（平面的）］，［縁・脇・傍ら］，［ベッド］，［暖炉］と一緒に使いたい」と思わせているものは，抽象的な〈by の空間義〉ではない。そうではなく，話者は，by とどのような意味グループの名詞が共起しやすいのかを記憶しており，その記憶を類推の基盤として参照しながら by を使用しているのである。さらに言えば，意味グループの記憶にとどまらず，もっと具体的に「by は window や door と共起しやすい」とか「by は fire と共起しやすい」とかいった記憶も参照されている可能性が高い。なぜなら，「意味グループ」とは言ってもその内部に頻度の偏りがあるうえ（たとえば［戸］グループ 56 件のうち半分以上は window である），そこに含まれている名詞の種類も少ない（たとえば［暖炉］グループはほぼ fire に限られているようなものである）。

こうした具体的な意味グループまたは具体的な名詞の記憶が参照されていることを示す別の証拠として，by を使ったときの TR と LM の空間的な関係が意味グループまたは具体的な名詞によって変わりうる，ということを挙げることができる。たとえば，図 3 の最左図（スーザンが窓の前に立っている図）と中央図（スーザンがテレビの前に立っている図）を見て，スーザンと窓またはテレビの位置関係を by で表せるかを考えてみよう。

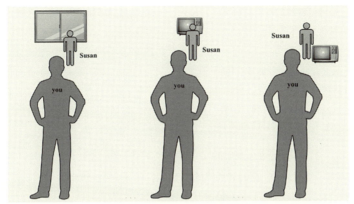

図3　スーザンと窓またはテレビの位置関係を by で言えるか

最左図におけるスーザンの位置は *Susan is standing **by** the window* という英文で描写することができる。*Susan is standing **in front of** the window* とも言えるが，自然さはどちらも変わらない。ところが，中央図の場合には *Susan is standing **by** the television* とはやや言いにくく，*Susan is standing **in front of** the television* の方が自然である。ここで重要なのは，最左図と中央図で，スーザン・窓間の距離とスーザン・テレビ間の距離はほとんど変わらず，さらには，スーザンが窓の外を見ようとするとき（スーザンが窓と interact しようとするとき）のスーザンと窓の向き合い方と，スーザンがテレビ番組を見ようとするとき（スーザンがテレビと interact しようとするとき）のスーザンとテレビの向かい方もほとんど変わらないということだ。それにもかかわらず，最左図では by が使いやすく中央図では by が使いにくいのである。もしも *Susan is standing **by** the television* と言った場合には，最右図のように，スーザンがテレビの横に立っているところが想像される。なお，他の意味グループに関して言うと，[水（平面的）]と[暖炉]は[戸]タイプのように振る舞い（TR が LM の「前」にあることを許し），[ベッド]と[人間]はテレビと同じように振る舞う（TR が LM の「横」にあることを要求する）。これは，by が TR と LM のどのような空間関係を表すかということに関して英語話者が持っている知識が，従来想定されてきたほど抽象的ではなく，LM の具体的な意味グループないし名詞自体に敏感なものである可能性を示している。言い換えると，英語話者は by +［戸］や by +［暖炉］などといった組み

合わせ（もしくはさらに具体的に by the window や by the fire といったフレーズ）を記憶している可能性があるということである。

　空間的近接性を表す by と near では，共起する動詞の頻度の偏り方もまた異なる。上記の小説で by, near と共起している動詞を数え，頻度の上位 10 位までを表示したのが以下の表である。by と near の生起総数は 223 と 206 で大きな違いは見られないが，動詞と共起する用例数は 143 と 113 で比較的大きな違いがあるため，以下の表では割合の百分率表示も記してある。

表3　空間的近接性の by と near の共起動詞

by（動詞との共起 143 件）				near（動詞との共起 113 件）			
順位	動詞	件数	割合(%)	順位	動詞	件数	割合(%)
1	stand	39	27.3	1	be	36	31.9
2	sit	23	16.1	2	go	7	6.2
3	be	14	9.8	3	come	5	4.4
4	stay	7	4.9		sit	5	4.4
5	park	4	2.8		stand	5	4.4
	wait	4	2.8	6	put	3	2.7
7	put	3	2.1	7	gather（人が）	2	1.8
8	hover	2	1.4		get	2	1.8
	huddle	2	1.4		leave（残す）	2	1.8
	kneel	2	1.4		live	2	1.8
	speak	2	1.4		meet	2	1.8
	talk	2	1.4		notice	2	1.8
					open（店が）	2	1.8
					pass out	2	1.8
					stay	2	1.8

　この分布は，by と near の使用が抽象的な〈by の空間義〉と〈near の空間義〉に動機付けられているという発想では説明できない。まず，by が移動動詞と結びつくと，3.3 節および 3.4 節で見るように，純粋な〈空間的近接性〉ではなく〈過ぎ去り〉または〈立ち寄り〉の意味になり，3.2 節で扱っている近接性から離れる[12]ため，表の by の側には移動動詞が含まれていない。これに

---

[12] ただし，come by は〈空間的近接性〉（こちらに近づいてくる）なのか〈立ち寄り〉（こちらに来て，何かしらのやりとりをする）なのか，明確には識別しがたい。しかしながら，(i) 筆者は今のところ come by が「接近してきたけれども途中で邪魔が入ったので接触しな

対し，near は移動動詞と結びつくと「近づく」の意味になり，3.2 節の扱っている近接性に合致するため，表の near の側には go や come が含まれている。〈by の空間義〉と〈near の空間義〉があるとすれば，両者ともに「近い」の意を表すことは間違いないので，両者の違いは「どのような近さか」の違いであるということになる。この「どのような近さか」の違いだけで，移動動詞と結びついたときに「通り過ぎる」「立ち寄る」の意味になるか，「近づく」の意味になるかという大きな違いが生じると説明することには無理があるだろう。英語母語話者は，移動動詞と by, near が結びつくとそれぞれどのような意味になるかを覚えていると考える方が，はるかに自然であると思われる。

また，非移動動詞との共起頻度の偏り方を見ても，by と near にははっきりとした違いが見られる。by は stand, sit と使用されることがとても多く，near は be と使用されることがとても多い。この使用の違いは，by と near の意味の違いには求められないであろう。英語母語話者は stand by, sit by, be near といったコロケーションをひとまとまりのものとして覚えていると考える方が自然である。

なお，分析の都合上，stand [sit] と by の相性と，by と window の相性について，異なる節で異なる表を用いて論じたが，これらの相性についての情報は別個に記憶されているものではないかもしれない。つまり，stand by ... window や sit by ... window というフレーズを記憶している可能性もある。というのも，この小規模のコーパスにもかかわらず，以下に示すように前者の例が 5 回，後者の例が 7 回生起しているからである。

（5）a. [...] he would often **stand by** the **window** [...]

(Kazuo Ishiguro, *The Remains of the Day*)

［…］彼はよく窓辺に立っていた［…］

b. When I got home I mixed a stiff one and **stood by** the open **window** in the living room [...] (Raymond Chandler, *The Long Goodbye*)

かった」という文脈で使われている実例に出会ったことがなく，また，(ii) 平沢 (2013d) にあるように come by は意味拡張の結果として「入手する」の意味も獲得している。この 2 点から，筆者は今のところ come by は〈立ち寄り〉の意味を表し，典型的な〈空間的近接性〉は表さないと考えている。

家に帰り，強い酒を作って，居間の開いた窓のそばに立った［…］

(6) a. The way she **sits by** the **window** now day and night staring out.

（Daniel Wallace, *Big Fish*）

たとえば彼女が窓辺に座って昼夜外を眺める様子。

b. They **sat by** the **window** overlooking the ravine.

（Mitch Albom, *The First Phone Call from Heaven*）

彼らは渓谷を見下ろす窓のそばに座った。

3.2.4　空間的近接性の by：まとめ

　3.2 節は，空間的近接性を表す by の実例を調査することにより，「〈by の空間義〉なる意味がただ 1 つ存在し，それを参照することによって，空間的近接性を表す by の使用がなされる」という構図が実際の分布を説明するうえで完全には支持できないものであることを示した。そして，話者は過去に触れた使用から抽出された複数の意味グループ（by +［戸］，by +［ベッド］など）を参照することによって，または，それらの使用自体（by the window, by the bed など）を類推の土台とすることによって，新たな使用を生み出している可能性があることを論じた[13]。

3.3　〈過ぎ去り〉の by[14]

3.3.1　〈過ぎ去り〉の by：概説

　3.3 節では，by が空間的な意味で用いられる 2 つ目の用法として，次のような〈過ぎ去り〉のケースを扱う。

(7) a. Luckily, the pit bull was distracted by some punk kid who whizzed **by**

---

[13]　3.2 節の調査結果は 1.4.2 で紹介した Bybee and Eddington (2006) の調査結果の一部とよく似ている。彼女らによれば，英語の become に相当するスペイン語の動詞 quedarse, ponerse, volverse, hacerse のそれぞれに特有の一貫した抽象的意味があるわけでは必ずしもない。たとえば quedarse の補部は 'alone', 'calm', 'surprised', 'sad', 'physical state' の意味であることが多いが，これら 5 つの意味に共通の素性は見出しにくい。スペイン語話者が quedarse を用いるときに参照しているのは，その 5 つから無理矢理抽出した共通意味素性ではなく，'alone', 'calm', 'surprised', 'sad', 'physical state' の意味を表す語と結びつきやすいという 'local generalizations' (Bybee and Eddington 2006: 346) の記憶なのである。

[14]　本節は平沢 (2015a) とほぼ同内容である。

  on a skateboard [...]

         (*Full House*, Season 3, Episode 23, Fraternity Reunion)
  ラッキーなことにそのピットブルテリアは，スケボーに乗って横をヒュッと通り抜けていったチンピラに気を取られて［…］

b. Mr. and Mrs. Hooper were on their way to Hawaii. Just before the plane landed, Mr. Hooper asked his wife if the correct pronunciation of the word *Hawaii* was Ha*w*aii—with a *w* sound—or Ha*v*aii—with a *v* sound. 'I don't know,' Mrs. Hooper said. 'Let's ask someone when we get there.' In the airport, they spotted a little old man walking **by** in a Hawaiian shirt. 'Excuse me, sir,' Mr. Hooper said. 'Can you tell us if we're in Ha*w*aii or Ha*v*aii?' Without a blink of hesitation, the old man said, 'Havaii.' 'Thank you,' said Mr. and Mrs. Hooper. To which the old man replied: 'You're velcome.'   (Paul Auster, *4 3 2 1*)
  フーパー夫妻はハワイに向かっていました。着陸の直前，ミスター・フーパーがミセス・フーパーにたずねます。ハワイという単語は，wの音を使ってハワイと発音するのと，vの音を使ってハヴァイと発音するのと，どちらが正しいのだろう。ミセス・フーパーは「どうでしょうね。着いたら誰かに聞いてみましょ」と答えました。空港に着くと，ハワイアンシャツを着た小柄なおじいさんが 2 人の前を通りがかったので，「すみません」とミスター・フーパーが声をかけました。「ここって，ハワイですか，ハヴァイですか」するとおじいさんは何のためらいもなく「ハヴァイじゃよ」と答えました。「ありがとうございます」とお礼を言うフーパー夫妻。これにおじいさんはこう返しました。「いえいえ，それでゔぁごきげんよう」

 〈過ぎ去り〉を表す用法で by が用いられるとき，移動動詞と by が共起することになるが，このとき，移動動詞の意味と空間的近接性の by の意味を組み合わせるだけでは予想のできない意味が生じる。これは，〈過ぎ去り〉の [V by (NP)] 構文が 1 つの言語的単位をなしているということを示唆している。

 さらに，ここでは空間的な〈過ぎ去り〉と並べて，以下に例示した時間的な

〈過ぎ去り〉の用法についても記述・分析する。

(8) a. As the months went **by**, the old man made no effort to talk to me.
（Paul Auster, *Moon Palace*）
数ヶ月経っても，老店主は私と話をしようとはしなかった。
b. It is not that you are particularly unhappy with your job at the library, but as time goes **by** and the hours you spend there accumulate, it becomes increasingly difficult for you to keep your mind on what you are supposed to be doing [...] .　　　（Paul Auster, *Invisible*）
図書館での仕事が特に嫌だというわけでもないのだが，時が経ち，そこで過ごす時間が蓄積されていくにつれて，していなければいけない仕事に集中するのがどんどん難しくなっていくのだ[…]。

空間についての章であるにもかかわらず，時間的な用法（それも第2章で扱ったのとは別の用法）を混ぜて議論するのは，混乱の元となりそうであるが，それでもここでは空間的な〈過ぎ去り〉と時間的な〈過ぎ去り〉を同時並行的に扱いたい。その理由は，現代英語の by のありとあらゆる用法の中でこの用法のペアこそ（従来の前置詞研究の想定通り）時空間メタファーを基盤として成り立っているように見える度合いが最も高いペアだからである。

　ここで，第2章で見た時間用法と，3.2節で見た空間的近接用法は，時空間メタファーの関係にないということに注意されたい。Rice et al. (1999) や嶋田 (2013) などの研究では，(9) の空間用法の by と (10) の時間用法の by が時空間メタファーの関係にあるということが，細かな記述なしに指摘されている。

(9)　There are a few benches **by** the river....　　　（嶋田 2013: 28）
　　その川のそばに2, 3のベンチがあり…
(10)　The church was well alight **by** the time fire crews arrived.　　（ibid.）
　　その教会は，消防隊員たちが到着したときには，すっかり火に包まれてしまっていた。

しかし筆者の考えでは (9) と (10) の間に時空間メタファーを指摘するのは間

違っている。本書第 2 章の分析に基づけば，(10) の文意 (の一部) は，「the time fire crews arrived において，the church was well alight という状態が成り立っている」である。(9) がこれの単純な空間版なのだとすると，(9) の文意に「the river において，there are a few benches が成り立っている」ということが含まれるはずだが，(9) の正しい文意は「the river のそばにおいて，there are a few benches が成り立っている」である。逆に，(10) が (9) の単純な時間バージョンなのだとすると，(10) の文意は「the time fire crews arrived の時点の付近で，the church was well alight という状態が成り立っていた」となるはずだが，(10) の参照時はまさに the time fire crews arrived の時点であって，the time fire crews arrived の時点の付近ではない[15]。ここに時空間メタファーを見て取るのは誤りであると断ぜざるをえない。

　これとは違い，(7) に示されるような空間的な〈過ぎ去り〉と，(8) に示されるような時間的な〈過ぎ去り〉の間には，空間領域と時間領域のマッピング関係を見て取ることができる。時空間メタファーが指摘できるということである。そして筆者は，この 2 用法ですら，時空間メタファーのおかげで使用可能になっているわけではない (つまり，時間的な〈過ぎ去り〉の by の知識は，発話のたびに，空間的な〈過ぎ去り〉の by の知識に時空間メタファーを適用することによって産出されているわけではない) ということを主張したい。この 3.3 節では，「英語母語話者が，前置詞 by の時間的な〈過ぎ去り〉の用法を今彼らが使っているような形で使えているのはどうしてか」という問に対する答えとして，(12) が正しく (11) は間違っているというこ

---

[15] (10) の着火時点 (時間的位置) は the time fire crews arrived よりも前であり，したがって the time fire crews arrived の時点 (時間的位置) と外れていることになる。このずれは，一見したところでは，(9) の the river の空間的位置と there are a few benches の空間的位置のずれに対応しているように思われるかもしれない。しかし，(10) の the church was well alight は着火という変化の時点を描いたものではなく，the time fire crews arrived の時点で (着火という変化は既に終えて) 燃えている最中であったということを言っているのであるから，(9) の空間的位置のずれと対応するような時間的位置のずれは (10) にはない。もちろん，He turned in his homework by five o'clock「彼は 5 時までに宿題を提出した」のような文では，he turned in his homework の時点と five o'clock の時点にずれがあることになり，(9) との対応関係が存在することになるが，このように (状態ではなく) 変化を描く動詞句と時間義の by 句が共起する頻度は低く，時間義の by の典型的な使用例とは言えない (平沢 2014c および本書 2.2 節を参照)。

とを論じる[16]。

(11) 話者は，by の空間的な〈過ぎ去り〉の用法について持っている知識をメタファーに基づいて時間という別領域に応用するような計算を，発話のたびに行っているから。
(12) by の空間的な〈過ぎ去り〉の用法についても時間的な〈過ぎ去り〉の用法についても細かい個別知識を持っているから。

　以下では，一見時空間メタファーによって言語運用がなされていそうな by の〈過ぎ去り〉用法を対象とし，そこですら，話者が持っている時間的〈過ぎ去り〉用法の知識と空間的〈過ぎ去り〉用法の知識の間には隔たりがあることを示す。

3.3.2 〈過ぎ去り〉の by と時空間メタファー

　上の「一見時空間メタファーによって言語運用がなされていそう」という文言に関連して，次の (13) と (14) を比較されたい。

(13) The passengers stayed in their seats, watching with fear as all their stops went **by**.　　　　　　　　　　　(Andrew Kaufman, *The Tiny Wife*)
乗客はみな席から立とうとせず，停留所が次から次へと通り過ぎて行くのを不安げに見つめた。
(14) But in some ways, it's sadder as time goes **by** [...]

---

[16] ただし，定着した表現に限定して言えば，(11) のように「発話のたびにメタファー計算が行われている」と明示的に述べているメタファー研究は少ない（例外は 1.3.2 で挙げた Lakoff and Johnson 1999 など）。しかしその一方で，同じく定着した表現に関して「メタファー計算がなくても，空間用法と時間用法に関する個別知識さえあれば，適切な発話が可能である」ということを明示的に認めているメタファー研究もまた少ない。ということは，適切な発話を行うのにメタファー的な発想がどの程度必要なのかということが多かれ少なかれやむやにされてきたということであり，このことこそが筆者のように「英語母語話者と同じように英語を産出するために必要な知識がどのようなものであるか」を知りたい者にとってはメタファー研究の最大の問題点なのである。したがって 3.3 節の学術的意義は，(11) よりも (12) の方が正しいことを示すことに加えて，(11) と (12) のどちらがより真実に近いかという問いを明示的に立てることそれ自体にもあると言える。

(Emily Giffin, *Something Borrowed*)
しかし，時が過ぎるにつれてどんどん悲しさが増してくるところもあって[…]

(13) の by と (14) の by は，まず形の側面では，「〜につれて」の意味を表す接続詞の as や動詞 go との共起という点で似ている。さらに意味の面でも極めてよく似ている。バスが前に進むと，中にいる人間から見た景色は，人間の横を通り過ぎて行くことになる。一方，人間が時間軸の上に立ち，未来に向かって進んでいくと，時間がその人間の横を，前から後ろに向かって過ぎ去っていくことになる (本多 2011a, b)。ここに空間と時間の対応関係がきれいに見て取れる。時空間メタファーが指摘できるということである。

しかし，言語学者の目から見て時空間メタファーが指摘できるからといって，話者が時間的な by を用いるたびに空間的な by を踏み台として利用しているということにはならない。以下の節では，(13) と (14) にあるような by がいかに個別的な知識 (具体的には，空間的な過ぎ去りを表す [V by (NP)] 構文の知識と，時間的な過ぎ去りを表す [V by] 構文の知識) に基づいて使用されているかを見る。

3.3.3 空間的な〈過ぎ去り〉の [V by (NP)] 構文

by の空間的〈過ぎ去り〉用法を丁寧に記述しよう。(13) のような空間的な過ぎ去りを表す by は，従来，(9) のような空間的近接性を表す by と完全に同一視され，ただ1つ存在する抽象的・統一的な空間義の，1つの現われにすぎないものとして扱われてきた (Dirven 1993; Hanazaki 2005; Lindstromberg 2010; 嶋田 2010, 2013)。しかし，実例を細かく検証すれば，この2つさえ別個の知識を参照して使用されていることが分かる。言い換えると，by が空間的な過ぎ去りを表すのに使われる場合には，話者は空間的〈過ぎ去り〉の [V by (NP)] 構文の知識を参照している可能性が高く，「そばに」という抽象的な意味を表す by と移動を表す動詞を結びつける合成操作を，発話のたびに行っている可能性は低いのである。

空間的な〈過ぎ去り〉の by の具体的特徴を指摘していこう。まず，移動動詞を伴わない (9) のようなケースとは異なり，by の補部名詞句を省略することが容認される。

(15) a. He's waiting **by** the window.
   彼は窓のそばで待っている。
 b. *He's waiting **by**.[17]
   意図した文意：彼はそばで待っている。
(16) a. She saw them passing **by** the house.
   彼女は彼らが家のそばを通過するのを見た。
 b. She saw them passing **by**.
   彼女は彼らがそばを通過するのを見た。

それどころか，空間的な〈過ぎ去り〉の用法では補部名詞句が省略される方が普通だと言ってよい。既読の小説 27 作品[18] を調べたところ，空間的な過ぎ去りを表すのに by が使われている用例は合計で 77 件あり，そのうち補部名詞句が存在するものが 27 件，存在しないものが 50 件[19] あった。

次に〈過ぎ去り〉の by は，近接性の by と比べると，補部名詞句の種類も異なる[20]。上述の小説 27 作品を見てみると，近接性の用法では偏って頻度が高い window（222 件中 34 件：15.3%）が，〈過ぎ去り〉では 27 件中 0 件

---

[17] ただし，*He's waiting close **by*** や *He's waiting near **by*** のように by の前に「近く」の意味の副詞を添えると容認度が上がる。この点については，興味を持っているもののまだ調査を行っていない。

[18] Andrew Kaufman, *The Tiny Wife*; Daniel Wallace, *Big Fish*; Emily Giffin, *Something Blue/Something Borrowed/Baby Proof*; Eric Walters, *The Bully Boys*; F. Scott Fitzgerald, *The Great Gatsby*; J.D. Salinger, *The Catcher in the Rye*; Kazuo Ishiguro, *Never Let Me Go/Nocturnes/A Pale View of Hills/The Remains of the Day*; Mitch Albom, *The Five People You Meet in Heaven/The First Phone Call from Heaven*; Paul Auster, *The Red Notebook/Sunset Park/Invisible/Travels in the Scriptorium/Timbuktu/City of Glass/Ghosts/The Locked Room/Oracle Night/Leviathan*; Raymond Chandler, *The Long Goodbye*; Rebecca Brown, *The Gifts of the Body*; V.S. Naipaul, *A Bend in the River*

[19] ただし，うち 1 件は以下のように比喩的な用法である。
 (i) If you don't want to see Lindy right now, if you want to let gold go floating **by**, okay, I understand your position.　　　　　　　　　　　（Kazuo Ishiguro, "Nocturne"）
   今リンディーに会いたくないなら，金がぷかぷか浮かんで過ぎ去っていくのを黙って見ていたいなら，まあいい，そういう立場も分かる。

[20] この事実自体は嶋田（2013: 43）でも指摘されているが，嶋田は数的データを提示していない。

(0.0％) であり，一方，前者の用法では頻度が低い［人間］[21]（222 件中 5 件：2.3％），house（2 件：0.9％）が，後者ではそれぞれ 27 件中 9 件（33.3％）と 4 件（14.8％）[22] で，1 位と 2 位であった。

　第三に，by の空間的〈過ぎ去り〉用法では，TR が LM に近いことが（プロトタイプを構成する要素ではあるだろうけれども）必要条件にならないという点が，（9）のような空間的近接用法とは決定的に異なる。

(17)　Far to the north, he could hear the occasional whine of rubber tires on pavement. From the sounds of distant vehicles speeding **by**, it probably meant the highway wasn't all that far, especially not as the crow flies.
　　　　　　　　　　　　　　　　　　　　　　　　　　　　　　（COCA）
　　　時折，はるか北の方でゴムタイヤが車道にこすれてキキーッと鳴るのが聞こえた。「はるか」と言っても，遠くで車が猛スピードで過ぎ去っていく音と比較すると，その道路は実際にはそこまで離れてもいないのだろう。特に，直線距離で考えれば。

(18)　She listened, transfixed by the music of a carnival group passing **by** in the distance.　　　　　　　　　　　　　　　　　　　　　　　　　（COCA）
　　　彼女は耳を澄ました。遠くを通過するカーニバルの集団が奏でる音楽に凍りついた。

　（17）と（18）で by の TR はそれぞれ vehicles と a carnival group，LM はそれぞれ he と she の居場所である。いずれの例文でも，TR が LM から遠い距離にいることが明示されている（下線部参照）。このようなことは，（9）のような空間的近接用法では生じようがない。

　空間的〈過ぎ去り〉の by の第四の特徴として，一連の移動の中の，TR が LM に近づいていく局面（以下，「前半局面」）と，TR が LM から離れていく局面（以下，「後半局面」）の片方だけが焦点化することが頻繁に起こるということが挙げられる。まず前半局面だけが焦点化した事例として（19）を見よう。

21　3.2.3 参照。
22　〈過ぎ去り〉の用例では home も見つかるので，これを含めると 27 件中 5 件で 18.5％ になる。

(19) I just thought I'd get you a little present. I saw it in the window as I went **by**, so I thought of you and how you were always wanting one.
(Roald Dahl, "Dip in the Pool")
君にプレゼントを買ってあげようと思ったんだ。通りがかりにショーウィンドウに飾ってあるのが見えてさ，それで君のことを思い出して，ああそういえばいつも欲しい欲しいと言っていたなと思ってさ。

ショーウィンドウを通りすぎてしまってはプレゼントを購入できない。したがってこの文脈では，ショーウィンドウに差し掛かるまでは前半・後半両局面を含んだ移動全体を行うつもりだったのだが，結果として前半局面だけで一度完結してしまった，と考えるのがよいだろう。過ぎ去る移動の前半・後半両局面が背景には存在するのだが，焦点化しているのは前半だけということになる。

　今度は後半局面だけが焦点化した例を見てみよう。Paul Auster の *Leviathan* の一部である。まず該当箇所にいたるまでの経緯を簡単に説明する。サックスという男性がリリアン・スターンという女性の家を訪ねるが，リリアンは留守にしている。そこで彼はリリアン宅の玄関の階段で，帰りを待つ。

(20) [...] he parked himself on the front steps and waited for Lilian Stern to appear. (Paul Auster, *Leviathan*)
［…］玄関前の階段に陣取ってリリアン・スターンが現れるのを待つことにした。 (柴田元幸（訳）『リヴァイアサン』)

何時間でも待つ。持ち場を決して離れない。

(21) At one o'clock, Sachs temporarily abandoned his post to look for something to eat, but he returned within twenty minutes and consumed his fast food lunch on the steps. (Paul Auster, *Leviathan*)
一時になると，サックスは食べ物を調達しにつかのま持ち場を離れたが，二十分後にはもう戻ってきて，階段に座ってファストフードの昼食を食べた。 (柴田元幸（訳）『リヴァイアサン』)

やがて，リリアンが車で帰ってくる。次の箇所は，駐車場の位置に注意して読んでほしい。

(22) He opened his eyes and saw the car standing in a parking space directly across the street. （Paul Auster, *Leviathan*）
目を開けると，車は通りの真向かいの駐車スペースに停まっていた。
（柴田元幸（訳）『リヴァイアサン』）

駐車場は，家の玄関から見て，通りを挟んで真向かいにあることになる。(22)の箇所の数ページ後，この駐車場に車を止めた記者ミューラー（リリアンを取材するために来たのだが，サックスによりその取材は断られる）が車に乗り込み帰るのを，玄関に立っているサックスが見送るという場面がある。ここで空間的〈過ぎ去り〉の by が使われる。

(23) The reporter crossed the street, climbed into his car, and started the engine. As a farewell gesture, he raised the middle finger of his right hand as he drove **by** the house [...] （Paul Auster, *Leviathan*）
ミューラーは道路を渡って，車に乗り込み，エンジンを始動させた。別れの挨拶に，家の前を通りすぎるときに右手の中指を突き立てていった［…］
（柴田元幸（訳）『リヴァイアサン』）

記者ミューラーの車 (TR) は，リリアン宅 (LM) の前の道路を渡ったところにある駐車場を出発して，その道路の上を走って去っていくのであるから，過ぎ去る移動経路の後半局面（TR が LM から離れていくプロセス）だけが焦点化したケースと言える。このようなことが起こりえるということは，移動動詞 drive と (9) の空間的近接性を表す by とを組み合わせるだけでは予想できない。

　空間的〈過ぎ去り〉の by の第五の特徴として，ある地点から別の地点へのストレートな移動[23]を表すという点が挙げられる。本来ストレートな移動を

---

[23] ここで言う「ストレートな移動」とは，方向転換や蛇行，無意味な一時停止などがない移動のことを指す。数学的に厳密な意味での直線移動を表すわけではない。

表すわけでない動詞まで，そのような移動を表すように修正されて解釈されるのである。たとえば動詞 wander（特に目的なく移動する）を例に取ろう。特に目的のない移動なので，その経路は逆行・蛇行・無意味な一時停止などに溢れていて構わない（むしろ，その方が自然かもしれない）。(24) の結果として Quinn が描いた図（図 4）を見てもそれがよく分かる。なお，図 4 は筆者が描いたものではなく，小説自体に掲載されているものである。

(24) For no particular reason that he was aware of, Quinn turned to a clean page of the red notebook and sketched a little map of the area Stillman had <u>wandered</u> in.　　　　　　　　　　（Paul Auster, *City of Glass*）
自覚しているいかなる理由もなしに，クインは赤いノートの新しいページを開いて，スティルマンが徘徊した区域の簡単な地図を描いてみた。　　　　　　　　　　　　　　　　（柴田元幸（訳）『ガラスの街』）

図 4　(24) で Quinn が描いた図

ここで，〈過ぎ去り〉との関連で重要な例 (25) を見よう。これは TV ドラマ『刑事コロンボ』からとった例である。コロンボが飛行機事故の現場をうろうろと歩き回っているのが現場取材のカメラに映り込んでしまい，カメラマンが次のように言う。

(25) This fella's been <u>wandering</u> around in the shot, and it's getting very distracting.　　　　　　　　　　（*Columbo*, Episode 24, Swan Song）
さっきからそいつがうろうろしてるのが映り込んじゃってるんだよ。

すごい気が散っちゃってさ。

ここで重要なのは，コロンボの歩き方は方向転換や蛇行，一時停止を含みながらもカメラ画面左から右へ向かって「過ぎ去って」いることである。さらに，墜落した飛行機の「側面」の「すぐそば」を歩いている。したがって，「by の空間的過ぎ去り用法は，移動動詞と空間的近接性の by を，発話の場で組み合わせることによって生じている」という考えが正しいならば，(25) の場面で wander by も許容されるはずだ。しかし，言語事実としてはこの状況で wander by と言うのは不自然である。コロンボの方向転換や蛇行，一時停止を含んだ歩き方が wander by には合わないのだ。wander by の使用が自然に響く移動は，特に目的のない移動でありながらもまっすぐ通過するような移動である。たとえば TV ドラマ『フルハウス』のあるエピソードでは，Jesse が赤ん坊の Michelle を腕に抱え，右から左へスッと移動させながら，次のように言う (Michelle を牛に見立てていることに注意)。

(26) A stray cow <u>wanders</u> **by**.
（*Full House*, Season 2, Episode 13, Working Mothers）
迷子の牛がふらーっと通り過ぎます。

(24) から分かるように，wander 自体は「逆行や蛇行，無意味な一時停止」を許す (それどころか，自然と連想させる)。にもかかわらず，wander by が表す〈過ぎ去り〉では，それが許されず，ストレートな移動という解釈に限定される。さらに，そもそも移動を表さない snort や flash などといった動詞も空間的過ぎ去りの by と共起することがあり，その場合には snort や flash が (様態付きの) 移動を表すように調整されて解釈される。

(27) I sat back and watched a bus <u>snort</u> **by**.　　（David Gordon, *The Serialist*）
私は動かず，バスがゴーッという音を立てて走り去るのを見つめた。

以上の 5 点の特徴を捉えるには，[V by (NP)] という形式を持ち「LM から離れた地点 A を始点とし，LM に近い地点 B を通って，LM から離れた地点 C へとストレートに移動する」という意味をプロトタイプ的な意味とす

る構文の知識を想定するしかないだろう。「プロトタイプ的」としたのは，(17), (18) で見たように，「LM に近い地点」を通っているとは言えない場合もあるからである (ただしその場合でも，通過地点 B は A や C に比べれば LM に近い)。話者がこの構文を知っているということのうちには，この構文にどのような動詞や補部名詞句が現れることが可能かを知っていることが含まれる (Taylor 2012a: 282)。たとえば，通過を表す典型的な移動動詞である pass や，意味の指定が比較的少ない (したがってもっと広く移動動詞の典型的と言える) go や walk が [V by (NP)] に現れることが多い (それぞれ，26 件中 8 件，4 件，4 件) ということ。ストレートでない移動を表わすことが多い動詞 (e.g. wander) が V に入ることもあるが，その場合にはストレートな移動に調整されて解釈されること。そもそも動詞単体では移動動詞とすら言いにくい snort や flash などもこの構文に参与でき，その場合には移動を表すように調整されて解釈されること。こうした詳細を話者は記憶しているのである[24]。

3.3.4　時間的な〈過ぎ去り〉の [V by] 構文

　3.3.3 では，by が空間的な〈過ぎ去り〉を表して用いられるときには，話者は [V by (NP)] 構文の知識を参照しているのであって，動詞の意味と前置詞 by の意味を組み合わせる合成的な計算を発話の場で行っているのではない，ということを主張した。この 3.3.4 では，この [V by (NP)] 構文の知識を認めた上で，その知識を時間領域に移し替えても，時間的な〈過ぎ去り〉を表す by の知識に等しくならない (時間的な〈過ぎ去り〉の [V by] 構文の知識というまた別の知識を話者は持っている) ということを主張する。

　まず，上述の小説 27 作品で時間的な〈過ぎ去り〉の by は 96 件生起し，そのうち by の補部名詞句が明示されているものは 1 件もなかった。一方，2.2.2 で見たように，空間的な〈過ぎ去り〉の [V by (NP)] 構文ではその用例の約 3 分の 1 (77 件中 27 件) において補部名詞句が明示されていた。もし話者が時間的な〈過ぎ去り〉の by を使用するとき，空間的な〈過ぎ去り〉の by からのマッピングをその場で行っているのだとしたら，どうして補部名詞句が

---

[24] 数的データを得るための手法を編み出すことができていないのだが，道案内で「場所 X を通りすぎて…」という場合には go **by** X より go **past** X の方がおそらく普通である。こうした違いも母語話者は判断できるだろう。

明示される例が1例もないのか，説明がつかない。

　また，「話者が時間的な〈過ぎ去り〉の by を使うことができるのは，発話の場で時空間マッピングを行っているからだ」という論理が正しいのだとしたら，時間的な〈過ぎ去り〉の by と最も高頻度で共起する動詞は，空間的な〈過ぎ去り〉の [V by (NP)] 構文（の補部名詞句が存在しないケース）の動詞スロットを埋める動詞で最も頻度が高いもの—すなわち pass —のはずであるが，これは言語事実に反する。上述の小説27作品で時間的な過ぎ去りを表す by と pass が共起した例は96件中1つも見つからなかった[25]。

　今度は，時間的な〈過ぎ去り〉の by と共起する動詞の主語に注目してみよう。主語として time は極めて一般的である（特に例文 (14) にある as time goes by は，COCA で151件見つかることから考えて，丸ごと記憶されている可能性がある）が，それに対応する空間版の place は，空間的な〈過ぎ去り〉の [V by (NP)] 構文の主語になることはない。

(28)　　*As place goes **by**, a bus ride becomes more and more boring.
　　　　意図した文意：場所が進むにつれて，バスに乗っているのはどんどん退屈になっていくものだ。

また，時間的〈過ぎ去り〉の主語に，Dixon (2005: 407) で言うところの「時間単位」(units of time) を表す名詞—つまり hour, day, night, week, month, season, year, second, minute, decade, century—を含め，time や afternoon など，時間を直接的に指示する名詞が来ることが多い。そうでない名詞が主語に立つ頻度は非常に低く，上述の96件中，whole chapters, whole lessons, a whole verse の3件のみであった[26]。この言語事実は，空間側からのマッピ

---

[25]　by と共起しない pass が時間的な過ぎ去りを表している例は検出された。
　(i) Months **passed**. Sully couldn't work.　　(Mitch Albom, *The First Phone Call from Heaven*)
　　　何ヶ月も経った。サリーは働けなかった。
　(ii) Years **passed**. The girl grew up.　　(Paul Auster, *The Red Notebook*)
　　　何年も経った。少女は大人になった。

[26]　こうした例は空間的な〈過ぎ去り〉の [V by (NP)] 構文の事例としてカウントすべきなのかもしれない。
　(i) Whole chapters go **by**, and when he comes to the end of them he realizes that he has not retained a thing.　　(Paul Auster, *Ghosts*)

ングだけでは予想できないだろう．なぜなら，空間的な〈過ぎ去り〉の [V by (NP)] 構文の主語の位置で，（時間側で言えば hour や minute に対応するはずの）mile や kilometer を使うのは不自然だからである．

　最後に，空間的な〈過ぎ去り〉の [V by (NP)] 構文では（必須ではないものの）プロトタイプを構成する要素として存在しているであろう TR と LM の近接性は，時間側の世界では何に対応するのだろうか．時間軸の上を進む人間と，その横を通り過ぎていくように見える years や time．この二者が近いとは一体どのようなことなのだろうか．時間領域において時間軸と直行する方向の距離について語ることはできないように思われる．

　以上のことを踏まえると，話者は時間的な〈過ぎ去り〉の [V by] 構文の知識を，空間的な〈過ぎ去り〉の [V by (NP)] 構文の知識とは別に持っている（そして発話の現場ではその個別知識を参照している）のだと考えるのが自然であろう．

3.3.5　〈過ぎ去り〉の by：まとめ

　by の時間的な用法と空間的な用法の間にメタファーの関係が指摘できるように見える度合いが最も高い〈過ぎ去り〉のケースであっても，「空間用法の知識を利用して時間用法を生み出す計算を，発話の場で毎回行っている」という考え方には無理があることを論じた．むしろ，本書で提示した言語事実が示唆する自然な結論は，話者は時間用法と空間用法のそれぞれに関する個別知識を持っているというものである．第 1 章で概観した言語の使用基盤モデルからすれば，矛盾なく受け入れられる結論である．

　こうした個別知識の存在は，本書のように言語事実の記述を丁寧に行っていれば，容易に浮かび上がってくるものである．にもかかわらず，by に言及している先行研究で観察が疎かにされてきたのは，ひょっとすると，Lakoff and Johnson（1980）の影響力の大きさ故に「メタファーは普遍的だから言語事実もこうなっているはずだ」という思い込みが分析者の側に働いてしまっているのかもしれない．そうなると，時空間メタファーが言語使

　　　何章も過ぎていって，ふと気がつくと，頭の中には何ひとつ残っていないのだ．

（柴田元幸（訳）『幽霊たち』）

いずれにせよ，出来事を表す名詞が主語に立つ例が 1 つもなかったということに変わりはない．

用を可能にするほど強い力を持っていない事例を前にしても，そのことに気が付かないという事態が発生しうる。だとすればこれは心理学者 Daniel Kahneman が言うところの「理論によって誘発された盲目」(theory-induced blindness) の一種である。

(29) [...] once you have accepted a theory and used it as a tool in your thinking, it is extraordinarily difficult to notice its flaw. (Kahneman 2011: 277)
[…] ある理論を一度受け入れて思考の道具として使ってしまうと，その理論の欠点に気が付くことは非常に困難になる。

考えてみてほしい。時空間メタファーの考え方を学んだ英語学習者が，by の空間用法をしっかり勉強したとする。教師の側で細工をして，by の時間用法には全く触れさせないようにする。この状況で英語学習者は，自分の頭で by の時間用法を生み出し，この 3.3 節で記述したような英語を話し始めるだろうか。as time goes by と言ってみたり，the weeks passed by をなるべく避けよう (passed だけで言おう) としたりするだろうか。このような想像を柔軟に働かせながら分析と記述を行うことが，時空間メタファーの理論を万能の武器として振り回してこじつけに走ってしまうことを防ぎ，この理論が力を発揮するところとそうでないところを見極める―theory-induced blindness を回避する―ことにつながるのだと筆者は考える (第 6 章の脚注 2 も参照)。

3.4 〈立ち寄り〉の by
3.4.1 〈立ち寄り〉の by：概説

3.3 節で見た過ぎ去りの [V by (NP)] 構文で表されていた事態では，TR (移動者) は「LM の領域内に入って一定時間とどまりそこにある何かと interact しよう (典型的には中にいる人間とやりとりをしよう[27])」という意図を持っていなかった。たとえば，例 (19) では結果的に TR (話し手) は LM (店) に入って店員とやりとりして買い物をすることになるのだが，この例でさえ，

---

[27] LM との interaction のうち，「LM にいる人間とのやりとり」ではないものは，TR が LM に行くことによって何かを得るというケースである。たとえば池に行って鳥たちの様子を見て楽しむ，自宅に行ってスーツケースを取ってくる，など。

go by で表されている移動事象を行っている間は,「店に入ってしばらくとどまり買い物をしよう」という意図を持った店への移動を行っていない。これとは異なり,3.4 節で扱う〈立ち寄り〉の [V by (NP)] 構文は,TR(移動者)が「LM の領域内に入って一定時間とどまり,そこにある何かと interact しよう」という意図を持って LM の方に向かって進み,そして LM に到達する,という事象を(少なくとも一部に)含む移動を表す。また,LM から去る移動は意味に含まれない。〈立ち寄り〉の用法の具体例を見よう。

(30) a. Mrs. Stewart: How did you find me?
　　　 Hollister: I **went by** your apartment. I had a nice talk with your mother. （*Columbo*, Episode 5, Death Weight）
　　　 スチュワート：どうしてここが分かったんです？
　　　 ホリスター：　お宅に寄ってお母様と話をしたのですよ。
　　b. I just **came by** to visit poor little Stephanie.
　　　 （*Full House*, Season 1, Episode 15, A Pox in Our House）
　　　 かわいそうなステファニーのお見舞いに来たのです。
　　c. Samantha: I thought you were going to mail them.
　　　 Hazel: Well, I decided to **drive by** and save the postage.
　　　 （*Bewitched*, Season 4, Episode 14, My What Big Ears You Have）
　　　 サマンサ：てっきり郵便で送ってくれるのかと思っていたわ。
　　　 ヘーゼル：いや,車で届けた方が,郵便代も浮いて良いかな,って思って。
　　d. [...] Trause gave her a twenty-dollar bill and asked her to **swing by** the post office in the morning to stock up on a new supply of first-class stamps. （Paul Auster, *Oracle Night*）
　　　 [...]（[筆者注]トラウズは)彼女に二十ドル札を渡し,明日来る前に郵便局に寄って,第一種郵便用の切手を買い込んできてくれと頼んだ。　　　　　　　　　　　（柴田元幸（訳）『オラクル・ナイト』）
　　e. Hi, sweetheart. Guess what. Aunt Clara just **stopped by** for a visit.
　　　 （*Bewitched*, Season 3, Episode 20,
　　　 The Corn Is As High As A Guernsey's Eye）
　　　 もしもし,あなた？　ちょっと聞いて。今クララ叔母さんが遊びに

来たところなの。

f. Well, look. I'm meeting my sister at seven for dinner. Let me talk it over with her, and I'll **drop by** your house later tonight and tell you our decision.　　　(*Bewitched*, Season 2, Episode 32, Man's Best Friend)
あの，妹と 7 時に食事をすることになっているんです。なのでちょっと妹と相談させて下さい。それで結論を出して，今晩お宅に伺います。

g. [...] and with Dr Carlisle **calling by** at seven thirty as promised, I was able to take my leave of the Taylors [...]

(Kazuo Ishiguro, *The Remains of the Day*)
[…]ドクター・カーライルが約束通り 7 時半にやってきて，テイラー夫妻の家を離れることができた[…]

h. My name is Joey Gladstone. I'**ll be by** to pick the tickets up this afternoon.

(*Full House*, Season 5, Episode 6, The Legend of Ranger Joe)
ジョーイ・グラッドストーンといいます。今日の午後にチケットを受け取りに行きますので。

この〈立ち寄り〉の by と〈過ぎ去り〉や〈空間的近接性〉の by を同一視してはいけない。〈過ぎ去り〉や〈空間的近接性〉の by についての知識によって，〈立ち寄り〉の by の使用が可能になっているのだとしたら，3.2 節と 3.3 節の内容を学習した学習者は，(30) のような用法を見たことがなくても自分で編み出せるはずであるが，それはまずありえないだろう。以下で詳しく見るように，〈立ち寄り〉の by にまつわる様々な言語事実は，「通りすぎて」「そばに」といった意味の by についての知識から予測できる性質のものではない。母語話者は立ち寄りを表す [V by (NP)] 構文についての個別知識を持っているのである（ここでまた，予測不可能性に対する筆者の姿勢について 2.3.4 を参照されたい）。

Lindstromberg (2010) は，引用（2）から分かるように，〈立ち寄り〉を〈過ぎ去り〉の文脈上の変種（contextual variant）と見なしているようである。言い換えると，〈過ぎ去り〉と〈立ち寄り〉は不明瞭性（vagueness）つまり単義性（monosemy）の関係にあると考えているようである（1.2 節参照）。確かに，

たとえば go by や drive by のように，文脈に応じて過ぎ去りと立ち寄りのいずれの状況を表すのにも用いることができる表現もある。(31a) は go by の〈過ぎ去り〉の用例，(31b) は go by の〈立ち寄り〉の用例と見なせる。(32a) は，drive by の〈過ぎ去り〉の用例，(32b) は drive by の〈立ち寄り〉の用例と見なせる。(33) では，Larry は〈立ち寄り〉の go by はせずに〈過ぎ去り〉の drive by をするのだと宣言している。

(31) a. He'd **gone by** the *Gazette* parking lot and peeked inside a blue Ford Fiesta [...] [28]　　(Mitch Albom, *The First Phone Call from Heaven*)
　　　彼はガゼットの駐車場の横を通り，ある青のフォード・フィエスタの中を横目に覗いて[…]

   b. I said: "Let's **go by** my place and pick up your fancy suitcase. It kind of worries me."　　(Raymond Chandler, *The Long Goodbye*)
　　　私は言った。「うちに寄って君の豪華なスーツケースをとってこよう。あれがあると思うとどうも落ち着かなくてね」
　　　　　　　　　　　　　　　　　　（村上春樹（訳）『ロング・グッド・バイ』）

(32) a. The reporter crossed the street, climbed into his car, and started the engine. As a farewell gesture, he raised the middle finger of his right hand as he **drove by** the house [...]　　　　　　　　　　= (23)

   b. Tess used to wish her father would **drive by**, honk the horn, and whisk her away.[29]　　(Mitch Albom, *The First Phone Call from Heaven*)

---

[28] この小説の文脈では，LM (駐車場) の領域内に入っていこうという意図を持った移動は含まれない。また，LM から去るところも意味に含まれている。このため，〈立ち寄り〉の事例とはカウントしていない。ただし，TR が LM の内部をこっそり見ようと思っている場面なので，go by している最中，TR は (LM から視覚情報を得るという) interaction を行う意図を持って移動しているとも言える（ただし，繰り返しになるが，その移動の目的地は LM ではない）。この点においてのみ〈立ち寄り〉の性質を多少帯びてもいる。

[29] ここで語られている Tess の願いは，死んだ父親が天国から母親のもとにやってきてくれないかという願いである。TR が LM の領域内の母親と interact しようという意図を持って LM の方に移動してきてくれることを祈っているのである。したがって〈立ち寄り〉の事例と見なせる。なお，車で家自体の中に突っ込むことは願っていないのだから LM 自体を目指した移動ではないのではないかという反論があるかもしれないが，そのような考え方のもとでは *I'll drive home* が「僕は車で家に突っ込むね」という意味を表すことになってしまう。動詞 drive について語る際には，到達地点を多少拡大して解釈することがほぼ常

テスは，お父さんが車でやってきて，クラクションをププッと鳴らし，お母さんを連れ去っていってはくれないだろうかと願ったものだった。

(33) Louise: Larry, now you just promise me you are not going to do anything foolish.
Larry: Like what?
Louise: Like **going by** Darrin's to check.
Larry: You kidding? You think I'm going to barge in and make a complete fool of myself?
Louise: Well, I should hope not.
Larry: I'll just **drive by** and see what I can see from the street.[30]

(*Bewitched*, Season 4, Episode 2, Toys in Babeland)

ルイーズ：ラリー，ちゃんと約束して。馬鹿な真似はしないって。
ラリー：　たとえば？
ルイーズ：たとえばダーリンの家に行って確認するとか。
ラリー：　馬鹿言え。俺も仲間に入れてくれよとかいって押しかけて，恥をさらすってか？
ルイーズ：まさかそんなことしないわよね。
ラリー：　ちょっと車で横を通って，覗けるだけ覗いてみるだけさ。

このように，〈過ぎ去り〉と〈立ち寄り〉が文脈上の変種にすぎず両者の関係は単義性・不明瞭性の関係であると思わせる事例もあるが，〈過ぎ去り〉の [V by (NP)] 構文と〈立ち寄り〉の [V by (NP)] 構文の用例全体を見てみると，動詞スロットを埋める動詞が (go と drive を除いて) ほとんど重ならないことが分かる。3.3 節で調査したのと同じ 27 作品をコーパスにして〈過ぎ去

に必要になる（例外：drive into the fence）。

[30] Larry が「する」と言っている移動は，(32b) の移動とは異なり，目的地が LM (Darrin の家) であるような移動でもなければ，LM に一定時間とどまる移動でもない。さらに，LM から去るところも意味の中に含まれる。したがって立ち寄りの事例ではなく過ぎ去りの事例であるとしてカウントした。ただし，Darrin の家を横目で見て情報を得たいと思っている点で interaction の意図があるという見方も可能であり（ただし，繰り返しになるが，その移動の目的地は Darrin の家ではない），その意味においてのみ立ち寄りの性質を若干帯びていることは否定しない。(31a) と似た例であると言える。

り〉の [V by (NP)] 構文と〈立ち寄り〉の [V by (NP)] 構文の動詞ごとの生起件数を調べた結果を表にまとめたのが，以下の表4である[31]。参考までに補部があるケースとないケースを別個に表示しているが，この区別はここでの論理の展開とは関係がない。

　〈過ぎ去り〉と〈立ち寄り〉の両方の構文に生起する動詞は，色を付けた drive, go, pass の3つだけである（なお，pass が立ち寄りの構文に生起するのはイギリス英語だけである）。結局，母語話者が〈立ち寄り〉の [V by (NP)] 構文を使う際に利用しているのは，基本的には，「by がどのような状況でどのような動詞と組み合わさると，どのような立ち寄りを表すことができるのか」についての個別具体的な知識であると考えるのが自然だろう。

　次に，母語話者が〈立ち寄り〉の [V by (NP)] 構文に関して具体的にはどのような知識を持っていると考えられるかを論じる。まずは動詞部分に注目してみよう。(30) では，〈立ち寄り〉の [V by (NP)] 構文の V スロットを go, come, drive, swing, stop, drop, call, be が埋めていることになる。この go, come, drive, swing, stop, drop, call, be という動詞カテゴリーには，〈立ち寄り〉の [V by (NP)] 構文に参与することができるということ以外に共通性がない。つまり，他のどの英語構文を見てみても，go, come, drive, swing, stop, drop, call, be が共通して参与しやすいという性質は観測されないのである。したがって，これらの動詞がカテゴリーをなすということは予測不可能であり，英語母語話者はこれらの動詞が当該構文に参与できるという個別具体的な言語知識を持っていると考えられる。

---

[31] ただし，次の1件は〈過ぎ去り〉とも〈立ち寄り〉とも言い切れない微妙な性質を持っており，カウントに含めていない。

(i) As you no doubt guessed, I didn't **happen by** tonight just by accident.

　　　　　　　　　　　　　　　　（Kazuo Ishiguro, *The Remains of the Day*）

きっともう分かっていると思うが，私は今日偶然通りがかったから立ち寄ったわけではないのだよ。

表4 動詞ごとに見る〈過ぎ去り〉と〈立ち寄り〉の [V by (NP)] 構文

動詞	過ぎ去り			立ち寄り		
	補部なし	補部あり	計	補部なし	補部あり	計
breeze		1	1			0
call			0	1		1
carry NP	1		1			0
clatter	1		1			0
come			0	15	4	19
drift	1		1			0
drive	3	3	6	1		1
drop			0	6	1	7
flash		1	1			0
float	3		3			0
fly		1	1			0
go	12	6	18		6	6
hurry		1	1			0
let NP	1		1			0
motion NP	1		1			0
move	2		2			0
pass	12	8	20	1		1
rattle	1		1			0
rush		1	1			0
slide	1		1			0
slip	1		1			0
speed		1	1			0
stop			0	18	12	30
stroll	1		1			0
swing			0	1	4	5
walk	8	3	11			0
whistle		1	1			0
zoom	1		1			0
計	50	27	77	43	27	70

今度は，〈立ち寄り〉の [V by (NP)] 構文の意味的な特徴に注目してみよう。まず，LM は家や店，施設など場所としての広がりを持つものであることが多い。人間は LM になれない。この点が動詞 visit と異なる。

(34) a.　I **visited** Rebecca's on my way home.

　　　　　私は家に帰る途中，レベッカの家を訪ねた。
　　　b. I **visited** Rebecca on my way home.
　　　　　私は家に帰る途中，レベッカを訪ねた。
(35) a. I **went by** Rebecca's on my way home.
　　　　　私は家に帰る途中，レベッカの家を訪ねた。
　　　b. *I **went by** Rebecca on my way home.
　　　　　意図した文意：私は家に帰る途中，レベッカを訪ねた。

　また，〈立ち寄り〉の [V by (NP)] 構文は，その立ち寄りが気軽なものであったり，日常的な行為であったりするときに用いられる。

(36) 　[...] be sure to **stop by** and say hello.　(Paul Auster, *The Music of Chance*)
　　　　　[…]挨拶ぐらいにしに来てくれよな。

COCA で [v*] by and | to say hello | hi ([v*] は「全ての動詞」，| は「または」の意) を検索すると，38件ヒットする。〈立ち寄り〉の [V by (NP)] 構文と，挨拶が目的であることを表す and say hello, and say hi, to say hello, to say hi の連なりはよくある言い回しとして記憶されている可能性がある。一方，緊急性のある場合や，犯罪行為のように非日常的なケースには使えない。

(37)　　Andrew:　　Emergency! Emergency! Come quick!
　　　　Brian:　　OK, I'll [**be there**/*stop by/*drop by/*come by] immediately!
　　　アンドルー：緊急事態！　緊急事態！　すぐ来て！
　　　ブライアン：分かった，すぐ行く！
(38) a. Susan **went by** the store to pick up some food for her sick mother.
　　　　　スーザンは，病気のお母さんのために食料を調達しようと，店に寄った。
　　　b. ?Susan **went by** the store to shoplift some food for her poor mother.
　　　　　意図した文意：スーザンは，貧しいお母さんのために食料を万引きしようと，店に寄った。

　ただし，〈立ち寄り〉の [V by (NP)] 構文は，(二重目的語構文，there 構

文，過去分詞，名詞，他動詞，主語など）ほとんど全ての言語的カテゴリーと同様，内部均質的なカテゴリーではない。具体的には，この構文の事例である stop by, drop by, come by … のそれぞれに固有の使用範囲（usage range）が存在し，その知識がなければこれらの表現を適切に使えるようにはならない。たとえば，come by と stop by は同じ建物，同じフロアなど同一の空間の中での移動を表すのに用いても自然になりうるが，drop by ではそれは不自然である。以下の例文を参照（stop by は不自然だと感じる話者もいるので (?) の表記を採用した）。

(39) 僕たちのテーブルの担当のウェイトレスがやってきて，注文をとった。
 a. Our waitress **came by** and took our order.
 b. (?) Our waitress **stopped by** and took our order.
 c. ? Our waitress **dropped by** and took our order.

次の引用（Dion と Rene が人工授精で子供を授かろうとしている場面）では，建物の外から内への移動に drop by が用いられ，同じ建物内の異なる部屋への移動に come by が用いられている。

(40) On June 8 of last year, one of Dion's doctors **dropped by** unannounced to do some quick blood work, and told her she'd know within a few days whether the procedure had worked. Mercifully, good news came sooner. "I faked being calm and distracted when Rene **came by** in the kitchen," Dion said recently. "He was unaware of anything. He didn't know that on the other end of the phone at that moment was my doctor, who shouted, Congratulations, lovers! [...]" (COCA)
去年の6月8日，ディオンの医者の1人が簡単な血液検査を行うために，連絡なくやってきた。そして，うまくいったかどうかは数日中に知らせると言った。幸運にも，良い知らせは数日とかからずやってきた。「ルネがキッチンに入ってきたとき，私は特別何もないように，電話の相手の話をちゃんと聞いていないように装いました」とディオンは先日語った。「ルネは何も気付いていませんでした。私が

そのとき握っている電話の向こう側では，医者が『おめでとう，2人とも！』と叫んでいたのですが，彼はそのことを知らなかったのです [...]」

これを確認するために COCA でごく簡単な量的調査を行った（2015 年 5 月 31 日）。waiter, waitress, attendant, stewardess, nurse, doctor の直後に come by, stop by, drop by（came by, stops by など動詞の活用形も含む）が続く用例を検索し，同じ建物の中での移動を表していると考えられる例の件数を数えると以下のようになった。

表5　同じ建物やフロア内での移動に come [stop, drop] by が使われる頻度

主語	come by	stop by	drop by
waiter	18	1	0
waitress	19	4	0
attendant	3	0	0
stewardess	3	0	0
nurse	6	1	0
doctor	1	1	0

ここでカウントに含めたのは (41) のような用例であり，含めなかったのは (42) のように建物の外から建物の中に移動する用例 4 件である。

(41) a. The flight attendant **came by** and told me the bathrooms were meant for one person at a time [...]
フライト・アテンダントがやってきて，お手洗いは一度に 1 名様までとなっておりますと言われた [...]
b. [...] the night nurse **came by** to test his blood sugar.
[...] 彼の血糖値を測るために，夜の見回りのナースがやってきた。
c. The waitress **stopped by** his booth and he ordered coffee [...]
ウェイトレスが彼のブースにやってきて，彼はコーヒーを注文した [...]

(42) 　　[...] a volunteer visiting nurse **came by** and gave him a physical exam

　　　　[...]
　　　　[…]ボランティアの巡回看護師がやってきて，身体検査を行った
　　　　[…]

　以上から，come by, stop by, drop by には，同一建物・フロア内での移動を表すのにどのくらい使いやすいかという点で違いがある（使用範囲に違いがある）ことが分かる。
　さらにこの三者には，unannounced「前もって知らせずに，抜き打ちで」を主格補語として添えるのがどれくらい普通であるかというコロケーション上の違いもある。COCA で come by, stop by, drop by（came by, stops by など動詞の活用形も含む）の右 9 語以内に unannounced が続く用例を検索した結果（2015 年 5 月 31 日），以下の表のようになった（検索結果にノイズは含まれていなかった）。

表6　come [stop, drop] by と主格補語 unannounced との共起件数

	come by	stop by	drop by
[v] by ... unannounced	0	7	27

　drop by は，come by や stop by と同様，立ち寄ることを前もって相手に知らせる（30f）のような使い方も可能であるので，unannounced と共起しやすいことは予測不可能である。母語話者は drop by ... unannounced という言い回しがよくあるという使用上の事実を記憶しており，その知識が come by や stop by に関する知識との違いの一部になっていると考えるのが自然だろう。

3.4.2　〈立ち寄り〉の by：事例研究（will be by）
　3.4.1 から，母語話者は，〈立ち寄り〉の [V by (NP)] 構文という抽象的な知識だけでなく，その具体的な事例である come by, stop by, drop by, … のそれぞれについての個別知識を持っていると想定される。以下では，その事例の詳細な研究として，be by についての分析を提示する。be by が〈立ち寄り〉の [V by (NP)] 構文の事例となるのは（つまり立ち寄りを表すのは），will be by のときだけである。つまり母語話者は，〈立ち寄り〉の [V by (NP)] 構文の事例としての be by について「will と一緒に使う」という使用上の個別知識

を持っているのである。そしてこの will be by は，will be P 構文（以下で定義する）と〈立ち寄り〉の [V by (NP)] 構文の両方の特徴を，予測不可能な形で併せ持つものであることを論じる。これにより，母語話者は will be P 構文と〈立ち寄り〉の [V *by* (NP)] 構文という抽象的な知識を持っているだけでなく，両者の具体的な事例である will be by という語の連なりの意味面・使用面の性質を記憶しているということが明らかになる。

3.4.2.1　will be P 構文 [32]

まず，以下の例に現れるような will be P（P: particle[33]）が「構文」として認定できる可能性があることを指摘する [34]。

(43)　Louise:　　Samantha? Is that you?
　　　Samantha:　Oh, uh, hi, uh, hi, Louise. I'**ll be** right **up**.
　　　Louise:　　Oh, no, no, no, no, I'**ll be** right **down**.
　　　　　　　　　　　　　　　　（*Bewitched*, Season 3, Episode 20,
　　　　　　　　　　　　　　　　The Corn Is As High As A Guernsey's Eye）
　　ルイーズ：サマンサ？　サマンサなの？
　　サマンサ：あ，えっと，あ，ただいま，ルイーズ。すぐに上に行くわね。
　　ルイーズ：あー，いや，いいわよ，私が降りていくわ。

(44)　"Mom! I have to go pee!" [...] "Almost done! I'**ll be out** in a minute." "A

---

[32]　この 3.4.2 は平沢（2014d）とほぼ同内容である。COCA のデータも 2014 年当時のもの。

[33]　この 3.4.2 では，前置詞としても副詞としても働く能力を持つ語のことを particle と呼んでいる。後に触れる back や home を particle に含めていないのは，これらの単語は前置詞として働くことができないからである。なお，本節は全ての particle が will be P 構文に参与できると主張しているわけでもなければ，本節に登場する in/out/up/down/along/by/over 以外の particle は will be P 構文に参与できないと主張しているわけでもないことに注意されたい。

[34]　(43) の状況では，Louise は 2 階で子守をしており，Samantha は帰宅して 1 階の居間に入ったところである。(44) については，このようにお手洗いから出ることを急かされて *I'll be out in a minute* や *I'll be right out* と返答することが慣習化されているということにも注意されたい。

minute? That's, like, forever. I can't wait that long!"　　　　（COCA）
「ママ！　おしっこ！」［…］「あとちょっと！　すぐ (a minute) 出るからね」「あと 1 分 (a minute)？　そんなの長すぎるよ。そんなに待てないよ！」

　will be P が「構文」であると考えられるのは，will be P という頻繁に用いられる言い回しの意味・用法は，その構成要素である will, be, P のそれぞれが will be P 以外のところで持っている意味・用法を足し合わせても，完全には予測できない特殊なものだからである。予測できない以上，話者は will be P という連なり全体に関して意味と形のペアを記憶しているのだと考えるしかない（「構文」の定義については第 1 章の脚注 2 を参照）。その will be P 構文の特殊性として少なくとも 4 点を指摘することができる。それらを以下で 1 つずつ順に見ていき，続いて will be P 構文と英語のその他の表現との関連について考察する。なお，ここでは P として純粋な空間義の in/out/up/down を想定する[35]。

❏ will be P 構文の特徴 1：話し手・聞き手条件
　will be P 構文は特徴 3 のところで見る通り移動を表すが，その移動のゴール地点に話し手または聞き手がいる（もっと正確に言えば，話し手が移動する場合には移動先に聞き手がいて，聞き手が移動する場合には移動先に話し手がいて，話し手でも聞き手でもない人間が移動する場合には移動先に話し

---

[35] 純粋に空間的な意味以外の意味まで混ざっている例としては (i) のようなものが挙げられる。フレミングという女性が召使いのシャーロットに電話でこのように言う。
　(i) Charlotte? This is Mrs. Fleming. I just wanted to be sure you'**ll be in** tomorrow.
　　　　　　　　　　　　　　　　　（*Columbo*, Episode 1, Prescription: Murder）
　　あ，シャーロット？　フレミングよ。一応確認しておきたいんだけど，明日入ってくれるのよね？
この in には空間的な〈中〉の意味もかかわっている（フレミングはシャーロットに翌日家の中に入ってきてもらいたいと思っている）が，同時に〈勤務中〉の意味もかかわっている（フレミングはシャーロットに翌日仕事をしてもらいたいと思っている）。このような用例は本節の分析からは除外する。

手または聞き手がいる）のが典型的である[36, 37]。たとえば上の (43) を見てみよう。サマンサが発話した *I'll be right up* に関しては聞き手のルイーズが 2 階にいて，ルイーズが発話した *I'll be right down* に関しては聞き手のサマンサが 1 階にいる。一方，話し手も聞き手もいない所への移動は will be P 構文では表せない。たとえば (45) を (d) のように，(46) を (b) のようには解釈できないのである。

(45)　John **will be in** in a minute.
　　a.　すぐにジョンが（話し手と聞き手のいるところに）入ってくるよ。
　　b.　すぐにジョンが（話し手はいるけれども聞き手はいないところに）入ってくるよ。
　　c.　すぐにジョンが（話し手はいないけれども聞き手はいるところに）入っていくよ。
　　d.　*すぐにジョンが（話し手も聞き手もいないところに）入っていくよ。

(46)　**I'll** be right **down**.
　　a.　すぐに（聞き手のいるところに）降りていくよ。
　　b.　*すぐに（聞き手のいないところに）降りていくよ。

なお，この構文における will の意味は，一人称主語の場合には〈意志〉，二人称・三人称主語の場合には〈話し手の（確固たる既存の知識や情報などを根拠とした）予期・予測〉[38] である。

---

[36] この「ゴール地点」は必ずしも実際に存在する空間的な場である必要はなく，たとえば電話のときに形成される「会話の場」のようなものであってもよい。次例を参照されたい。
　(i) 電話が 1 階にあるという設定で：
　　I'll be upstairs, so if you call me on the house phone, let it ring; **I'll** be right **down**.
　　2 階にいると思うから，家に電話くれるなら，しばらく鳴らしっぱなしにしてよ。すぐ降りていくからさ。

[37] Otani (2013: 74-75) は *Jim is downstairs; he'll be up in a minute* という文が「ジムの移動のゴール地点に話し手がいる」という情報を含むことを指摘しているが，この意味が will be P という構文によって生じている可能性については議論していない。

[38] 後者のまとめ方は博士論文の審査の際に友澤宏隆先生（一橋大学）からご提案いただいたもので，Leech (2004: 57) の挙げる *You'll feel better after this medicine*「この薬を飲んだら具合が良くなりますよ」や *There **will** be a fire-alarm drill at 3 o'clock this afternoon*「今日

❏ will be P 構文の特徴 2：will の (準) 義務性

　動詞に be を使いながら特徴 1 のところで見たような話し手／聞き手のもとへの移動を表すことは，未来表現を使わない限り難しい。

(47) a.　屋内にいる話し手が屋外にいる聞き手に向かって電話で：
　　　　＊Someone **was out** yesterday.
　　　　意図した文意：昨日，誰かがそっちに行っていたよ。
　　b.　1 階にいる話し手が 2 階にいる聞き手に向かって電話で：
　　　　＊**Is** John **up** now?
　　　　意図した文意：今ジョンがそっちに行っていたりする？

さらに，未来表現は未来表現でも，will 以外の表現は (母語話者の直感上不可能ではないものの) 頻度が非常に低くなる。COCA で should be (right) in/out/up/down, be going to be (right) in/out/up/down, be gonna be (right) in/out/up/down を (be の活用形全て含め) 検索しても，純粋に空間的な意味で用いられている例は 3 例しか見つからない。**I'll be** right **down** だけで少なくとも 28 例見つかることと比較してみれば，頻度の差がよく分かる [39]。

❏ will be P 構文の特徴 3：〈変化〉解釈

　be 動詞は〈状態〉(空間的には〈位置〉) を表す典型的な動詞であるにもかかわらず，will be P 構文の場合には〈変化〉(空間的には〈移動〉) の解釈の方が明確に優勢になる。このことは，will be P 構文が所要時間の in とは結びつきやすいが，継続時間の for とは結びつきにくいということからも確認できる [40]。たとえば，脚注 34 でも指摘した通り，例 (44) の *I'll be out in a minute*

の午後 3 時に火災訓練があります」といった例にあるような will の二人称・三人称用法の本質を捉えたものである。

[39]　COCA で I'll be right down を検索して得られるのは 42 例だが，その中には空間的な上下関係が確定できない (確定するのに十分なほどの文脈情報が Google Books などを利用しても得られない) ものが含まれており，それらを除いた結果が 28 例ということである。

[40]　それどころか，興味深いことに，will be P 構文はそれ単体で用いるよりも「すぐに」を表す所要時間表現と一緒に用いた方が言いやすい，と感じる話者もいる。筆者が *I'll be up* などの例を見せて，どのような場面で用いるかを問うアンケート調査を行おうとしたとき，あるインフォーマントから「*I'll be **right** up* や *I'll be up **in a minute*** のように言葉を足し

はお手洗いの場面で「いま出ます」の意味でしばしば聞かれる言い回しである。また上で触れた通り *I'll be right down*「すぐに下（聞き手のいる所）に降りていきます」だけで少なくとも 28 例検出される（right が「まさに」ではなく「すぐに」の意味で解釈されることも，will be P が移動解釈を要求していることを示している）。その一方で，[will] be * for a while や [will] be * for [mc*]（[will] は will または 'll の意で，* は任意の単語またはパンクチュエーション，[mc*] は任意の数値）で検索しても *He'll be up for thirty minutes*「彼は上（話し手ないし聞き手のいる所）に 30 分いるだろう」のような例は 1 例も見つからない。

❑ will be P 構文の特徴 4：right と共起した場合に right がどのように解釈されるか
　さらに will be P 構文は，副詞 right との関連で，P を「単に前置詞の補部名詞句が省略されたもの」と考えるのでは説明できない振る舞いを示す。

(48) a. **I'll be right in.**
　　　すぐにそちらへ入ります。
　　b. **I'll be right in the room.**
　　　私ならすぐそこの部屋にいますから。
(49) a. **I'll be right down.**
　　　すぐにそちらへおりていきます。
　　b. **I'll be right down the ladder.**
　　　私ならすぐそこのハシゴをおりたところにいますから。

もしも (48a)/(49a) の in/down が，(48b)/(49b) の in the room/down the ladder から the room/the ladder が省略されただけのものなのだとしたら，なぜその省略操作によって right の意味が変わるのか説明がつかない。(48b), (49b) の right は，in the room/down the ladder によって指定されている場所が，聞き手がまっすぐ直線的に歩いて行けば（あくまで仮想的な移動であるが）たどり着ける場所，ないし聞き手にとってそのくらい簡単かつ直接

てもいいか」という問い合わせがあったのである。ただし，right や in a minute がないと不自然とまではいかず，これらのフレーズを足した方が実際の使用場面を想起しやすいという程度だ，とのことであった。

的にアクセスできる場所であるということを示している。これに対して，(48a)，(49a) の right は「即座に移動に取りかかります」という意味を担っている。もちろんこの 2 つの意味には重なりあう部分もある。「即座に移動に取りかかります」と宣言した人は，大概の場合，無駄に蛇行したり寄り道したりせず，なるべく直線的にまっすぐ移動しようとするだろう。しかし，全く同一の意味であるとは考えられない。たとえば (48b)，(49b) には「即座に何かに取りかかる」という意味合いは感じられない。また (48a)，(49a) には，移動が容易であるとか移動のゴール地点が近いとかいった含意 ((48b)，(49b) の right が一番明確に伝達している意味) が存在しない。(48a)，(49a) の right が焦点化しているのはあくまで「即座に」の意味なのである[41]。

❏ will be P 構文と他の英語表現の関係

　ここで，上で見た will be P 構文が英語の体系の中で決して孤立した存在ではなく，他の様々な [will be ＋場所副詞] 表現と共通点・関連性を持っているということを確認する。たとえば，will be there は聞き手の元への移動，will be here は話し手の元への移動，will be back は話し手ないし聞き手の元への移動を表すのに頻繁に用いられる。またこれらの表現が副詞 right と結びつくとき，その right は「即座に」と解釈される。

(50) **We'll be <u>right</u> there**.
　　 (*Bewitched*, Season 3, Episode 9, The Short, Happy Circuit of Aunt Clara)
　　 私たちもすぐにそっちに行くからね。

(51) "I have to make a phone call," I told Phoebe. "**I'll be <u>right</u> back**. Don't go to sleep."　　　　　　　　　(J. D. Salinger, *The Catcher in the Rye*)
　　 「電話しないと」とフィービーに言った。「すぐに戻ってくるから。寝ないでくれよな」

---

[41] この「即座に」の意味が生じてくる理由は，will be in/down が〈移動〉の意味と慣習的に結びついていることを認めれば (少なくとも「省略」説よりは適切に) 説明できる。というのも，そもそも right の「即座に」の意味は，元々の「まっすぐ，直線的に」の意味の right が〈移動〉の文脈で使われたことから発達したものだからである (Méndez-Naya 2006)。

興味深いことに，それ自体の意味には話し手・聞き手の位置に関する情報が含まれないはずの home も，will be home となると話し手または聞き手がいる所への移動を表す傾向がある[42]。また，will be right home の right は「即座に」と解釈される。

(52) Take a couple of aspirins and lie down. I'**ll be** <u>right</u> **home**.
　　　　　　　　　(*Bewitched*, Season 3, Episode 6, Endora Moves in for a Spell)

(i)　Swa　　oft　　æspringe　　ut　　awealleð　　of　　clife　　harum　　col　　and　　hlutor,
　　　so　　often　fountain　　out　　flows-out　from　　cliff　　grey　　cool　and　clear
　　　and　gereclice　**rihte**　　floweð,　irneð　wið　　his　　eardes,
　　　and　smoothly　straight　flows　runs　through　its　region
　　　'So often the fountain flows out cool and clear from the grey cliff through this region, smoothly and in a straight course'　　　　　　　（古英語, Méndez-Naya 2006: 149）

(ii)　*Beues　wente　þeder　ful　**riȝt**;*
　　　Bevis　went　thither　very　immediately
　　　'Belis went there straight away'　　　　　　　　　　　　　　　　（中英語, ibid.: 150）

(iii)*And　sat　upon　a　ful　god　stede/*
　　　and　sat　upon　a　very　good　steed
　　　*Þat　vnder　him　**rith**　wolde　wede*
　　　hat [sic]　under　him　immediately　would　gallop wildly
　　　'And he sat upon a very good horse, which would immediately gallop wildly under his weight'　　　　　　　　　　　　　　　　　　　　　　　　　　（中英語, ibid.）

副詞 right が (i) では「まっすぐ，直線的に」の意味を，(iii) では「即座に」の意味を表しているが，(ii) ではどうだろうか。(ii) の right は The Helsinki Corpus of English Texts では「即座に」の意味で登録されているものの，「まっすぐ，直線的に」という解釈も否定はできない。このような考察から，Méndez-Naya (2006: 150) は (ii) を「まっすぐ，直線的に」の意味から「即座に」の意味への「橋渡しコンテクスト (bridging context)」であるとしている。このように，right が「即座に」の意味を発達させた契機が (ii) のような〈移動〉のコンテクストにあることを考えると，(48a)，(49a) の right が (48b)，(49b) の right と違って「即座に」の意味を持つのは，(48a)，(49a) において right を包んでいるコンテクストである will be in/down に〈移動〉の意味がある（特徴 3）からだと考えられる。

[42] COCA で will/'ll be home を検索して得られる全 513 例をランダムに並び替え，主語が人間でないものや I'll be Home for Christmas のように曲名の中で使われているものをノイズデータとして取り除きながら上から 100 例を抽出し，その中で話し手または聞き手がいる home への移動と見なせる用例をカウントしたところ，70 例が該当した。ただし，話し手と聞き手が一緒に移動しており，「もうすぐ家に着くからね」という意味で *We'll be home soon* と言う場合には，ゴール地点に話し手と聞き手がいることが当然となり，カウントすることに意味がなくなるので，この 70 例には含めていない。

アスピリンを 2 錠飲んで寝ていなさい。すぐに帰るから。

3.4.2.2　will be by

　上で見た will be P 構文の事例では，P の空間義が明確な意味的貢献を果たしていた。一方，ここで考察する will be by では，by が空間的な意味の貢献をあまり果たしていない[43]。

(53)　He definitely wants him back right away. He'**ll be by** tomorrow.
　　　　　　　　　　　　　　　　　　　　　　　（映画 *As Good As It Gets*）
　　　彼はどうしても犬をすぐに返してほしいらしい。だから明日そっちに行くと思うよ。
(54)　I'**ll be by** first thing in the morning.
　　　　　　　　　　　　（*Bewitched*, Season 3, Episode 17, Sam in the Moon）
　　　朝一番にここに寄るからね。

もしも will be by の by が上で見た in/out/up/down のように純粋に空間的な意味を担っているのだとしたら，（移動前の位置から見て移動のゴール地点が in/out/up/down の位置にあったように）移動のゴール地点が移動前の位置から見て by で表されるような空間的近接関係にあるはずであるが，必ずしもそうとは言えない。たとえば (54) では実はゴール地点となっている薬局は話し手の家から徒歩圏内にすらない。したがってこの by は，空間用法の by に動機付けられていないように思われる。

　will be by は，このように will be in/out/up/down と異なる点もあるものの，will be in/out/up/down と共通した特徴も多く見られる。まず，特徴 1 の話し手・聞き手条件は will be by にも存在する。*I'll be by* は聞き手の元への

---

[43] will be along/over も P の空間義が大きな役割を果たしているとは考えにくい。たとえば *I'll be along/over in a minute*「すぐそっちに行くよ」は何かの道に沿った（along）移動や何かを越えていく（over）移動をするということを含意しない。なお，will be along が移動を表し，その移動のゴール地点に話し手ないし聞き手がいるのが普通であるという旨の記述は一部の辞書に見られるが，will be over の特殊性はまだ認識されていないようだ。また，will be along は in a minute や shortly との共起例が多く見られるが，will be right along は少ない。一方，will be over の方はそれの逆で，will be right over が多く，in a minute や shortly との共起例は少ない。

移動，*You'll be by* は話し手の元への移動，*He'll be by* は話し手または聞き手の元への移動を表す。COCA で will/'ll be by を検索して得られる will be by 構文の用例全 28 例のうち 27 例が話し手・聞き手条件を満たした移動を表している[44]。特徴 2 の will の（準）義務性も同様に成立する。COCA で be going to be by, be gonna be by, should be by を be の活用形も含めて検索すると，該当するのは should be by の 1 件（*The bus should be by...*）だけであった。特徴 3 の〈変化〉解釈についても同様である。28 例の中に，〈状態〉解釈を示唆する共起関係は見出せなかった。〈変化〉解釈を示唆するものとしては，shortly や to pick you up, in half an hour などが見つかった。これらの特徴は，will be by が will be P 構文の事例として参与しているからこそ成り立つ特徴であると言えるだろう。

しかし，特徴 4 の right とのコロケーションという観点からすると，will be by は will be in/out/up/down とは異なる振る舞いを示す。will be right by が不自然に響くのである。COCA で検索しても 1 例も見つからない。「（ほとんど間髪を容れず）すぐに」の意の表現に in a minute があるが，これは will be in/out/up/down では頻繁に用いられるにもかかわらず，will be by の全用例 28 例の中には 1 例も見つからない。逆に，「（間髪を容れずとまではいかない）すぐに」を表す shortly との共起例は 2 例見つかる。right や in a minute とは共起せず shortly とは共起するというこの事実は，will be by の by が 3.4.1 で見た〈立ち寄り〉の [V by (NP)] 構文に動機付けられていることを裏付けているように思われる。というのも，(37) で見たように，〈立ち寄り〉の [V by (NP)] 構文の by も緊急性の高い文脈では用いられないからである。なお，will be by の全用例 28 例の中に any minute との共起例があり，これは「（ほとんど間髪を容れず）すぐに」の意で用いられうる熟語なので一見反例に見えるが，コンテクストを確認してみると，ここではその意味ではなく「いつ（有名人が来）てもおかしくない（のでカメラを持って待ち構える）」の意で用いられていることが分かる。このように，will be by は will be P 構文の事例であると説明するだけでは足りず，〈立ち寄り〉の [V by (NP)] 構文の事例である be by を含んでいることによる特徴も持っているのであ

---

[44] 例外とした 1 例は *I'll be by to see him in a couple of days* だが，この例も話し手・聞き手条件を全く満たしていないわけではないことに注意されたい。移動のゴール地点である介護施設に聞き手の祖父がいるのである。

る。

　以上のことから，will be by は will be P 構文の事例であると同時に〈立ち寄り〉の [V by (NP)] 構文の事例でもあると言える。両者の性質を併せ持っているのである。しかし，どちらの構文からどのような性質を継承するかについては，両構文の混成物だというだけでは予測ができない。つまり，will be by を使いこなすためには，will be by という言語的単位の振る舞いについての知識を持っていなければならないのである。

3.4.3 〈立ち寄り〉の by：まとめ

　3.4 節では，〈立ち寄り〉の [V by (NP)] 構文の知識が，空間的近接性を表す by や〈過ぎ去り〉の [V by (NP)] 構文の知識からは予測不可能な独自のものであることを論じた。さらに，〈立ち寄り〉の [V by (NP)] 構文の事例である stop by や drop by, come by, be by などのそれぞれに固有の使用範囲があり，この構文は決して内部均質的なカテゴリーではないことを指摘した。中でも be by を特に詳しく分析し，be by 固有の振る舞いが存在することを論じた。

3.5　第 3 章まとめ

　第 3 章では，空間的な近接性にかかわる用法と，〈過ぎ去り〉の [V by (NP)] 構文，〈立ち寄り〉の [V by (NP)] 構文，という 3 つの用法を観察・記述した。これらが互いに重なり合う場合もある。たとえば *As planned, he drove right **by** the house and shouted that he would never forgive them*「計画通り，彼はその家のすぐ横を車で通り，お前たちのことは絶対に許さないからな，と叫んだ」のように，近接性と過ぎ去りと立ち寄りの全てが（少なくともある程度）関与している例を作ることも可能である。しかし，だからといって，この 3 つの用法に関する個別知識，および各用法内の具体的なコロケーションおよびその使用範囲の知識を話者が持っていないということにはならない。第 3 章で提示した頻度の偏りなどの言語事実の数々は，話者がこうした細かい知識を持っていることを示唆しているのである。

第4章

手　段[1]

4.1　手段：概説

　byは，様々な用法において手段「…によって」の意味を持つ。

（1）a.　Why don't we thank Michelle **by** clapp**in**g our hands?
　　　　　　　　　　（*Full House*, Season 3, Episode 16, Bye, Bye Birdie）
　　　拍手をしてミシェルにお礼しましょうね。
　　b.　What do you expect to prove **by** this bit of nonsense?
　　　　　　　　　　　　　（*Columbo*, Episode 7, Lady in Waiting）
　　　こんな下らない芝居で何が証明できるっていうのよ。
　　c.　[...] several people come up and draw me **by** my naked arm and tell me first how moved they were by the presentation.
　　　　　　　　　　　（Rebecca Brown, "The Joy of Marriage"）
　　　［…］何人かこちらにやってくる。そして，ノースリーブの私の腕を引っ張り，まずは「プレゼンテーションに感動した」という話をし始める。
　　d.　[...] they hang him **by** the ropes to the central pole [...]　（COHA）
　　　［…］彼らは彼をロープで中心の柱に吊るし［…］
　　e.　I went down **by** a different staircase, and I saw another "Fuck you" on the wall.　　　　　　（J.D. Salinger, *The Catcher in the Rye*）
　　　別の階段を降りて行くと，また壁に「ファッキュー」と書いてあっ

---

[1] 本章は平沢（2013c）とほぼ同内容であるが，比較的大きな変更を含む。

    f. How did you get here, **by** magic carpet?
　　　　　　　　　　　　(*Columbo*, Episode 3, Murder by the Book)
    　どうやってここに？　魔法の絨毯でも使ったのか？
    g. In those days before fax machines, e-mails, and express letters, she had sent the treatment to California **by** private courier [...]
　　　　　　　　　　　　　　　　　(Paul Auster, *Oracle Night*)
    　ファクスもeメールもなく，エクスプレス便も一般的でなかった当時，彼女はシナリオをカリフォルニアへ，私営の配達業者を使って送ったのである［…］　　　　（柴田元幸（訳）『オラクル・ナイト』）

　本章は，上のような by の用法のうち，行為者が事態を成立させる際の手段として利用する物理的介在物を補部に取る，(c) から (g) の用法（順に「位置コントロール用法」「連結用法」「経路用法」「乗り物用法」「メッセンジャー用法」と呼ぶ）を分析の対象とする[2]。各用法に 4.2 節から 4.6 節までの 1 節ずつが割り当てられており，その各節内で当該用法の記述を行い，特に，補部名詞句が可算性に関してどのように振る舞うかを示す（by は補部名詞句の可算性に関する指定が細かいという特徴を持つため）[3]。こうした記述を通じて，各用法間に意味上も文法的な振る舞い上もつながりがあること，それでも各用法についての具体的な個別知識を話者が持っていると考えるしかないことを論じる（ただし現時点では「しかない」とまで言えない箇所があり，それについては 4.3 節で述べる）。4.7 節では，4.2 節から 4.6 節までの内容を俯瞰し，物理的介在物がどのような場合に可算名詞句としてマークされ，どのような場合に不可算名詞句としてマークされるのかという文法的な振る舞いの背後にはある共通の原理が働いていることを指摘する。さらに，その原理が生じた理由についても考察する。その考察は，1.3.1 の中心義の議論と関連する。

---

[2]　「物理的介在物」と記したが，ここで言う「物」は人間・動物も含む。
[3]　本章では「不可算名詞（句）」と「裸名詞（句）」を区別せず，どちらも「不可算名詞（句）」と呼ぶ。

4.2 位置コントロール用法
4.2.1 記述（可算性の検討を除く）

　人間 A が物体や別の人間 B（4.2 節では「対象」と呼ぶ）を自分の移動する方向に移動させたいとき，または自分が留まっている位置に留まらせたいとき（つまり，物理的位置という観点で対象と一体化することによって，対象の位置を継続的にコントロールしたいとき），典型的には人間 A がその対象の一部に接触することが必要となる。その「一部」が「物理的介在物」にあたり，これを表す名詞句（多くの場合定冠詞または所有格でマークされる）を by の補部に取るのが「位置コントロール用法」である。この用法では by 句が修飾する動詞句は「掴む」ことを意味する（ないし，意味の一部に含む）ことが大半であるが，対象を「掴む」こと自体は目的ではないということに注意しなければならない。目的はあくまでも対象との物理的位置の一体化およびそれによる継続的コントロールにあるのである。たとえば以下の例を見てみよう。

（2）　"Come," he whispered as he grabbed me **by** the arm and led me to the very edge of the cave. 　（Eric Walters, *The Bully Boys*）
　　　「こっちだ」と彼は囁きながら私の腕を掴み，私を洞窟の端の端まで連れて行った。

（3）　'You've sure got a handsome wardrobe,' he said as he walked into Nashe's room, holding up the jeans **by** the waist.
　　　　　　　　　　　　　　　　　　（Paul Auster, *The Music of Chance*）
　　　彼はジーンズのウエスト部分を持ちながら「なかなか良い服持ってんじゃん」と言って，ナッシュの部屋へと入ってきた。

（4）　[...] several people come up and draw me **by** my naked arm and tell me first how moved they were by the presentation.　　　　　　　＝(1c)

（5）　He didn't stop saying my name in his adorable English accent, leading me around **by** the hand, showing me his toys, even insisting that I take a tour of his bedroom.　　　　　　　　（Emily Giffin, *Something Blue*）
　　　彼はひっきりなしに私の名前を素敵なイングランド訛りで言い，手を掴んで引っ張りまわし，遊び道具をあれこれ紹介してきた。挙句の果てに「寝室も見ていってよ」としつこく言ってきた。

（2）では洞窟の端まで連れて行きたいから掴むのであり，（3）ではジーンズが落ちないように掴んでいるのである。（4）では，人々は語り手に「君のプレゼンテーションは素晴らしかった」ということを伝達したいと思っており，それを口頭で伝達するためには語り手にその場に少なくとも数秒は留まってもらうことが必要であるから，腕を引っ張って引き止めるのである。（5）では，家の中を案内したいから手を引っ張っているのだと考えられる。

　位置コントロール用法における意味の本質は，対象を掴むこと自体よりも，対象と物理的位置の点で一体化すること，そしてそれによって対象の位置を継続的にコントロールすることにあるのだという主張が正しいことは，次の事実からも確認できる[4]。

（6）　?? Susan pushed John **by** the shoulder.
　　　　　意図した文意：スーザンはジョンの肩をドンと押した。
（7）　Susan pushed John along by the shoulder.
　　　　　スーザンはジョンの肩をドンドンと押して連行した。

（6）が不自然なのは，along をつけずに Susan pushed John と言うと，Susan が John の位置を自分の位置から離し，コントロール不能の領域に追いやったことになり，位置的な一体化と継続的コントロールを本質とする by の位置コントロール用法とは相容れないからだと考えられる。一方，（7）が自然に響くのは，Susan pushed John along は Susan が John を何度も押して自分の行きたい方向に一緒に移動させたということを意味する表現であり，「位置的な一体化」と「継続的コントロール」を本質とする by の位置コントロール用法との相性が良いためであると考えられる。位置コントロール用法の本質を「掴む」という行為にあると想定してしまうと，（6）と（7）の容認性の違いを説明できなくなってしまう。（7）の類例と見なせる次の例の翻訳で，「掴む」ではなく「手を当てる」という表現が用いられているのは，同じ理解に基づいてのことと考えられる。

---

[4] 博士論文提出後の継続調査の中で，（6）と（7）はどちらも自然で容認性の差はないと感じる話者がいることが分かった。このことについての筆者の考えはまだまとまっていない。ただし（6）の方が（7）よりもよいと感じる話者には今のところ出会っていない。

（8） And he'd led her—or rather steered her **by** her backside—up the stairs.
(Graham Swift, *Mothering Sunday*)
と言う彼に導かれて―正確には尻に手を当てられて―彼女は階段をのぼった。　　　　　　　　　　（真野泰（訳）『マザリング・サンデー』）

次の用例もまた，「掴む」では説明がつかないだろう。

（9） His hand slipped inside his shirt and came out with a long thin knife. He balanced it **by** the point on the heel of his hand, hardly even glancing at it.
(Raymond Chandler, *The Long Goodbye*)
彼はシャツの内側に手を滑り込ませ，長く薄いナイフを取り出した。すると先を下にして手の付け根に乗せ，ちらりと見ることすらせずに，バランスを取った。

この男はナイフを掴んではいない。したがって，このようにして by を使用することが可能なのは「掴んでいるから」ではない。この男は，ナイフを手から落とさないようにバランスを取っているが，これはナイフと位置的に一体であろうとしている状況だと言える。by を位置コントロール用法で用いることが可能になっているのはこのためであると考えられる。

　なお，by の補部名詞句が表すものは実際に対象の部位であるとは限らない。部位ではないが実質的に部位と見なせるものの場合もある。

（10） [...] Blackmore quickly became accustomed to being dragged to stage center, often **by** his guitar neck.
(David Thompson, *Smoke on the Water—The Deep Purple Story*)
［…］ブラックモア（［筆者注］ロックバンド Deep Purple のギタリスト）は，舞台中央に引っ張られていくことにすぐに慣れてしまった。ギターのネックを引っ張られていくこともよくあった。

（11） [...] he lifted me **by** my shirt tail up and out of the ditch [...]
(Daniel Wallace, *Big Fish*)
［…］彼は私のシャツの裾を掴んで私を溝から引っ張りあげてくれた
［…］

このような拡張が起こるのは，「ギターのネックをある方向に引っ張ればそのギターを肩から下げて演奏しているプレイヤーもその方向に引っ張られる」とか「シャツの裾をある方向に引っ張ればそのシャツを着ている人もその方向に引っ張られる」とかいった百科事典的知識があるからである。この知識のために，部位でないものが部位であるものと同じように位置コントロール用法の条件（位置的な一体化と継続的コントロール）を満たし，by の使用が可能になるのである[5]。

4.2.2 記述（可算性の検討）

位置コントロール用法の by の補部となる名詞句は，基本的に定冠詞と所有格でマークされるため，単数形だと可算名詞句として用いられているのか不可算名詞句として用いられているのか形の上では分からない[6]。しかし，単数形で数詞の one や不定冠詞を伴う例も見られること，そして複数形が容易に生じうることの 2 点を考えると，位置コントロール用法の by の補部となる名詞句は単数形の場合も複数形の場合も可算名詞句だと考えるのが妥当だろう。

(12) 'I've got a nice place here,' he said, his eyes flashing about restlessly. Turning me around **by** <u>one</u> arm, he moved a broad flat hand along the front vista [...]　　　　　　　　　　　(Scott Fitzgerald, *The Great Gatsby*)
「なかなか良い家だろう」と彼は言ったが，その目の光り方はどことなくそわそわしていた。

---

[5] ただしこの拡張的使用をどれほど容認するかには個人差があるかもしれない。Quirk et al. (1985: 272) は，次のように jacket に？という評価をつけている。
　(i) They seized him by *the throat/the beard/the collar/?the jacket*.
　　　　　　　　　　　　　　　　　　　　　　(Quirk et al. 1985: 272; 斜体は原文)
しかし，次のような実例も見られる。
　(ii) Giancarlo always lost his temper too quickly, and now the rest of us had to stop him from grabbing Tibor **by** <u>his jacket</u> and shouting into his face.　　(Kazuo Ishiguro, "Cellists")
　　ジャンカルロはいつもすぐに怒り狂うのだった。このときは，私たちの残りの人たちで彼をおさえて，彼がチボールのジャケットを掴んで顔に罵声を浴びせるのを食い止めなくてはならなかった。

[6] この定冠詞の用法については，5.3.1 を参照されたい。

片方の腕をとって僕をくるりと振り向かせ，大きな平べったい手を，正面の眺望をなぞるようにゆっくり水平に動かした［…］

(村上春樹（訳）『グレート・ギャツビー』)

(13) I have caught flies **by** their hind legs, **by** a wing.　　　(COCA)
これまで後ろ足や羽を掴んで蝿を捕まえてきた。

4.2.3　身体部位所有者上昇構文の構文ネットワーク

　by の他の用法を記述して位置コントロール用法との関係を考えていく前に，やや脱線になるかもしれないが，by を用いない他の表現や構文との関連について触れておきたい。

　英語は位置の2段階指定を好む。具体的には，次の例のように「general—particular の順に分析して表現」(國廣 1978: 33)する傾向がある。二重下線部が general に対応し，一重下線部が particular に対応する。

(14) a.　He's playing out in the garden.　　　(國廣 1978: 33)
あの子は外の庭で遊んでいます。
　　b.　[...] do you lock your car when you park it down here?
(*Columbo*, Episode 56, Columbo Goes to College)
［…］君たちは，この地下駐車場に車をとめるとき，ロックしているかね？
　　c.　I kissed her on the cheek.　　　(國廣 1978: 34)
私は彼女の頬にキスした。

(14a)では，遊んでいる場所が out とおおざっぱに表現された後，より細かく in the garden と指定されている。(14b)では，問題の車の場所が，down という漠然とした領域から here (特定の地下駐車場)へと詳細化されている。國廣 (1978) は，(14c)を (14a)と類似した表現として分析している ((14b)も同様と考えるだろう)。キスの対象を her と指定した後に，さらに細かく「her のどこなのか」を指定する働きを，on the cheek が果たしていると考えているのである。

　(14c)のように，働きかけの対象となるもの(典型的には人間)を動詞の目的語に取り，さらにその対象のどこの部位に働きかけるのかを前置詞句で指

定する表現は，英語に数多く存在する。

(15) a. Alice is kissing <u>her</u> **on** the cheek [...] 　　　(Paul Auster, *Sunset Park*)
アリスは彼女の頬にキスをしている[…]
b. [...] he is punching <u>that enormous cop</u> **in** the jaw with his clenched fist, [...] 　　　(Paul Auster, *Sunset Park*)
[…]彼はその巨体の警官のあごに握り拳でパンチを食らわせている[…]
c. You can hit <u>my father</u> **over** the head with a chair and he won't wake up [...] 　　　(J. D. Salinger, *The Catcher in the Rye*)
うちの親父ときたら，頭を上から椅子でぶん殴られても起きないことだってありえるんじゃないか[…]
d. [...] Lillian rushed over to where Maria was standing and slapped <u>her</u> **across** the face. 　　　(Paul Auster, *Leviathan*)
[…]リリアンはマリアが立っているところに駆けていき，顔に平手打ちを食らわせた。
e. [...] Mike Golic smashed into Hostetler, hitting <u>him</u> **under** the chin [...] 　　　(COCA)
[…]マイク・ゴリックはホステットラーに激突し，顎の下にぶつかってしまう[…]
f. He looked <u>her</u> **in** the eye. 　　　(Wierzbicka 1988: 189)
彼は彼女の目を見た。
g. "Come," he whispered as he grabbed <u>me</u> **by** the arm and led me to the very edge of the cave. 　　　=(2)

こうした表現を事例とするスキーマ的な構文は，「身体部位所有者上昇構文」(body-part possessor ascension construction) と呼ばれることがある (Levin 1993, 影山 2011: 284–287, 野中 2014)。「上昇」というのは，深層構造から表層構造への「移動」を想定する (生成文法を中心とした) 理論的立場から，たとえば (15a) のような例は，Alice is kissing her cheek の her が kissing の目的語位置へ「上昇」してできたもの，と分析されてきたからである。しかし，「移動」を認めない認知言語学などの立場の研究者も，慣習から「身

体部位所有者上昇構文」と呼んでいるのが実情である。

　この「身体部位所有者上昇構文」という構文に関して話者が持っている知識は，複合的で極めて複雑なものであると考えられる。[V NP P the NP] という形に何らかの1つの意味が結びついている，という単純な図式化はできないのである。まず，参与できる動詞と前置詞の組み合わさり方が極めて複雑である。接触を表すことができる動詞は，(15a)–(15e)のように on, in, over, across, under などと結びつくが，位置コントロールの意味を担う動詞は (15g) のように by を取る。

　次に，どのような動詞が参与するのかに関しても単純な一般化はできない。主に身体的な接触を伴う動詞が参与するということまでは言えるが，(15f) の look（他に stare, gaze など）は，身体的な接触が全く関与しないにもかかわらず，身体部位所有者上昇構文に現れることができる。しかも，look（他に stare, gaze など）は基本的には自動詞であるにもかかわらず，この構文に参与してまるで他動詞のように振る舞うことが可能である[7]。また，この場合，身体部位名詞として認められるのは eye, face などごく少数である（Wierzbicka 1988: 189）。

　さらに，身体部位所有者上昇構文の前置詞がどのような意味の貢献を果たしているのかという点に関しても，答えは1つでは済まない。たとえば (15e) では under という前置詞は単純な場所指定の働きをしており，場所指定以外の役割は果たしていないようであるが，接触動詞とともに in/on が用いられる場合は，たとえば in the head と言っても on the head と言っても結局はどちらも接触部位が the head だと言っていることになるので，in と on の意味貢献の違いは，接触位置の指定以外のところに求めなくてはならなくなる。Hirasawa (2012) の指摘するように，on が表面的接触を表し，in がのめり込みまで表すという場合もあれば，野中 (2019) の主張するように on が上からの垂直方向の接触を表し，in が横からの水平方向の接触を表すという場合もある。接触動詞と over が共起する場合には，殴る道具など（(15c) では椅子）が円弧を描いて相手に接触するという解釈がなされる（Dewell

---

[7] なお，look をこのように使えるようになるためには，「look に他動詞用法がある」ということだけを覚えるのでは不十分で（*He looked her），look NP in the eye(s) という具体的な構文を覚える必要がある。これもまた，語彙項目の使用を覚えることの重要性を示唆する事実である。

1994)。身体部位所有者上昇構文における over は，接触位置だけでなく，接触の瞬間に至るまでの軌道を指定しているわけである。across の場合（(15d) の平手打ちの例）は，接触前から接触後に至るまでの全軌道が指定されているのだろう。

　結局のところ，野中 (2014; 2019) の主張するように，「身体部位所有者上昇構文」という抽象的な構文の知識よりも，前置詞などが指定された具体的な構文の知識の方が，言語使用には重要なのである。4.2 節で記述した by の位置コントロール用法に関する知識も，こうした具体的な構文知識の中に位置づけるべきものである。

4.3　連結用法

　4.3 節では「連結用法」（と筆者が呼ぶ用法）を記述する。この用法は，位置コントロール用法における by の意味と同じ意味が別の形で具現化しただけのものに見えるが，「位置コントロール用法さえ覚えれば連結用法は完全に予測可能であり，覚える必要は全くないものである」とは言えない可能性があることを指摘する。他の章や節とは違って予測不可能であるという断定的な主張をしない理由については後に触れる。

4.3.1　記述（可算性の検討を除く）

　2 人の人間や 2 つの物体を連結するとき，両者の間に介在することによってその連結を可能にしている物理的介在物を by で導くことができる。介在物は連結されるもののうち 1 つの部位であることもあれば，そうでないこともある。例文を見よう。

(16)　Prosecutors [...] chained him **by** his ankles to a pickup truck [...]　（COCA）
　　　［…］検察官が彼の両足首を鎖にかけてピックアップトラックに繋いだ［…］

(17)　[...] she tied him to a perch **by** a silken ribbon.　　　　　　（BNC）
　　　［…］彼女は彼を絹製のリボンでとまり木に結びつけた。

(18)　[...] they hang him **by** the ropes to the central pole [...]　　（COHA）
　　　［…］彼らは彼をロープで中心の柱に吊るし［…］

(19)　Pennethorne incorporated this building, which had only been completed in

1832, into his scheme by adding another storey and possibly linking it **by** an arch to the Foreign Office. (BNC)
ペネソーンは1832年に完成したばかりのこの建物も計画の中に組み込もう―階を1つ増やして，それをなんとかアーチで外務省につなげればよいのではないか―と考えた。

(16) では him と a pickup truck が his ankles によって連結されている。(17) では him と a perch が a silken ribbon によって，(18) では him と the central pole が the ropes によって，(19) では it (= another storey) と the Foreign Office が an arch によって連結される。his ankles は him の一部であるが，a silken ribbon は him の一部ではない。the ropes も him の一部ではない。an arch も it (= another storey) の一部ではない。

この用法の by がかかわる文は，しばしば参与者が多く，表される事態が複雑になるので，統語構造と文意の対応関係をここで記述しておきたい。統語構造は，典型的には，NP$_1$ + [$_{VP}$ V + NP$_2$ + [$_{PP1}$ P$_1$ (=to/from) + NP$_3$] + [$_{PP2}$ P$_2$ (=**by**) + NP$_4$]] と表すことができる。

(20) a. They fastened the birds to it **by** their bright blue feet [...] (COCA)
彼らは鳥たちの鮮やかな青い足をそれ (= その長く伸びた枝) にくくりつけて […]
b. [$_{NP1}$ They] [$_{VP}$ [$_V$ fastened] [$_{NP2}$ the birds] [$_{PP1}$ [$_{P1}$ to] [$_{NP3}$ it]] [$_{PP2}$ [$_{P2}$ **by**] [$_{NP4}$ their bright blue feet]]].
c.
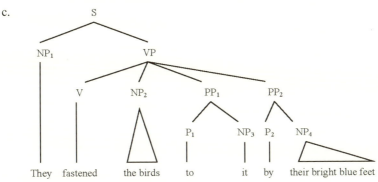

(21) a. Prosecutors [...] chained him **by** his ankles to a pickup truck [...]　=(16)
　　 b. [NP1 Prosecutors] [VP [V chained] [NP2 him] [PP2 [P2 **by**] [NP4 his ankles]] [PP1 [P1 to] [NP3 a pickup truck]]] .
　　 c.

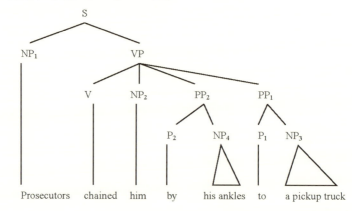

　(20)と(21)の比較から分かるように，PP1とPP2の順番はどちらが先でもよい。NP1が連結を行う主体となる人間（以下，AGENT）を表し，NP2は，結びつけられるもののうち，AGENTが位置を固定したいと思っている対象（以下，TARGET）を表す。NP3は，TARGETが結びつけられる相手となるもの（以下，GROUND）を指す。NP4は，TARGETとGROUNDの間に挟まる介在物を指示する。
　TARGETとGROUNDが以下のように目的語名詞句（NP2）としてまとめて実現されることもある。

(22)　[...] he's tying <u>cats</u> together **by** their tails [...]　　　　　　　（COCA）
　　　［…］彼は猫の尻尾と尻尾を結んでいるところで［…］

　TARGETである猫とGROUNDである猫がcatsとしてまとめて表現されている。
　4.3.1の冒頭で，介在物は連結されるもののうちの1つの部位であることもあれば部位でないこともあると述べたが，部位である場合にはそれはTARGETとGROUNDのどちらの部位であるのかという問題について考えておこう。

(23) John is tying the cat to the monkey **by** his long tail.
ジョンは猫の長い尻尾を猿に結びつけているところだ。

ここでは，by で導かれた物理的介在物は his long tail であり，これが the cat と the monkey のどちらの尻尾のことなのかが問題となる．正しいのは the cat の尻尾という解釈で，猿の尻尾を猫（の胴体）に巻くという解釈は不可能である．

以上の用例では，P_1 のスロットを埋める前置詞が to であったが，from であることもある．つまり，GROUND の前に置く前置詞が from になるのである．特に，動詞が「ぶら下げる」のような意味を表すときには from が好まれる．

(24) [...] a man hangs a girl <u>from</u> the ceiling **by** ropes, then cuts off her clothing with a knife. （TMC）
［…］ある男が，ある少女をロープで天井に吊るし，そして服をナイフで切り落としていく．

(25) I suspended myself **by** one arm <u>from</u> a balcony railing at a campus party.
（COCA）
大学構内のパーティーで，私は，バルコニーの手すりに片腕でぶら下がった．

to を取る動詞としては，anchor, attach, bind, chain, connect, fasten, harness, knot, link, nail, pin, tie, trap などがあり，from を好む動詞としては dangle, hang, suspend などがある (Corston-Oliver 2000, Hirasawa 2012, 平沢 2013c)．

from 型の重要な特徴は，to 型と違って，動詞によっては自他交替を起こし，TARGET にあたるものが主語として実現することがあるということである (Corston-Oliver 2000, Hirasawa 2012)[8]．suspend ではこのようなことは起

---

[8] なお，cling は to 型で自動詞用法のみを持つ．
  (i) The word (［筆者注］=*suspense*) itself derives from the Latin word meaning "to hang", and there could hardly be a situation more productive of suspense than that of a man <u>clinging</u> **by** his finger-tips to the face of a cliff, unable to climb to safety—hence the generic term, "cliffhanger". (David Lodge, *The Art of Fiction*)

こらないが，dangle と hang では自動詞としての用例が見つかる。

(26) One day Dobie escaped and tried, with only fleeting success, to dangle by his tail from a high-voltage line. 　　　　　　　　　(COHA)
ある日ドビーは脱走し，必死になって，といってもすぐに悲劇につながるわけだが，尻尾を使って高圧電線にぶら下がろうとした。

(27) Above his bed a model of the space shuttle Columbia hung from the ceiling by a string. 　　　　　　　　　(COCA)
彼のベッドの上では，スペースシャトル・コロンビア号の模型が，ひもで天井からぶら下がっていた。

これらの例では，Dobie, the space shuttle Columbia が TARGET にあたり，a high-voltage line, the ceiling が GROUND にあたり，his tail, a string が介在物にあたる。TARGET が主語として実現していることが分かる。

4.3.2　記述（可算性の検討）

以上の例を見る限りでは，by の補部名詞句が被連結物の一部である場合もそうでない場合も，その名詞句は必ず可算名詞句であるかのように見える。しかし，次の例のように不可算名詞句が現れる場合もある。

(28) The tubes are connected by rubber hose to a pipe which carries the solution [...] 　　　　　(https://news.google.com/newspapers?nid=1310&dat=19570910&id=NvVVAAAAIBAJ&sjid=feIDAAAAIBAJ&pg=5233,1644886&hl=en, 2015 年 7 月 5 日閲覧）
それらのチューブは溶液を通すパイプとゴムホースで接続されている

---

suspense「（何が起こるか分からない）はらはらドキドキの思い」という単語自体は「吊るす」を意味するラテン語の単語に由来するものである。確かに，人が指先だけで崖の表面にしがみついていて，安全な場所まで這い上がることができないという状況ほど，はらはらドキドキの思いを生み出す状況はないだろう。だからこそ，cliffhanger（崖からぶら下がっているようなスリルのある状況）という言い方が一般用語として定着しているのだ。
この例では a man が TARGET にあたり，the face of a cliff が GROUND にあたり，his fingertips が介在物にあたる。TARGET が主語として実現している。

[…]

(29) And in the final communique, Peru promised to help find international funds to link Bolivia to the sea **by** road. （TMC）
最終宣言の中で，ペルーは，ボリビアと太平洋を道路で繋ぐための国際的資金の調達に加担することを約束した．

インフォーマントによれば，(28) において by rubber hose の代わりに by a rubber hose を使うことも可能だが，by a rubber hose はホースの物理的な実体を焦点化するのに対し，by rubber hose は「液体を通す」という機能を焦点化する，という違いが感じられるそうである．さらに (29) では，road は道路の物理的実体よりも車を走らせるという機能の方が焦点化されているように感じられるとのことである．

4.3.3 位置コントロール用法との関係

ここで連結用法と位置コントロール用法の関係を整理しよう．まずこれらの用法の共通性を考える．第一に，by の補部名詞句の指示対象が，(30) のように他動詞の目的語の指示対象の部位であることもあれば，(31) のように部位でない場合もある，というように「揺れ方」の一致が見られる．

(30) a. I have caught flies **by** their hind legs [...]
　　　　　　　　　　　　　　　　　　　　＝(13)「位置コントロール用法」
　　b. They fastened the birds to it **by** their bright blue feet [...]
　　　　　　　　　　　　　　　　　　　　＝(20)［連結用法］
(31) a. [...] Blackmore quickly became accustomed to being dragged to stage center, often **by** his guitar neck.　　＝(10)［位置コントロール用法］
　　b. Pennethorne incorporated this building, which had only been completed in 1832, into his scheme by adding another storey and possibly linking it **by** an arch to the Foreign Office.　　　＝(19)［連結用法］

第二に，部位である場合もそうでない場合も，by の補部名詞句の指示対象が，複数のものを一体化させる（つまり同じ位置にいさせる）ための手段として機能するという点が共通している．位置コントロール用法で掴んだり

引っ張ったりする場合には，その接触部位のおかげで，働きかける側と働きかけられる側が同じ空間的位置にいることが可能になる。連結用法でAとBをつなげる場合には，ロープやアーチなど介在物のおかげでAとBが一体化し，空間中の同じ位置を占め続けることが可能になる。

次に，連結用法と位置コントロール用法の相違点を挙げていく。第一に，コントロール用法で一体化するのは主語の指示対象と目的語の指示対象であるのに対して，連結用法では，一体化するのは目的語の指示対象と，to/fromの補部名詞句の指示対象である。この違いは動詞の意味の違い―「掴む」「引っ張る」といった意味と「接続する」「つなぐ」といった意味の違い―から予測が可能だろう。

では，第二の相違点はどうだろうか。機能に注目することで不可算化するという4.3.2で見た現象は連結用法では起こるが，位置コントロール用法では起こらない。連結用法における不可算化は（少なくともかなりの程度）予測可能だが，位置コントロール用法において不可算化が全く起こらないことを予測することは難しい。というのは，樋口 (2003: Ch. 3; 2009: Ch. 3) にあるように，英語はbyの補部名詞句の位置に限らず，機能への注目と名詞句の不可算化が連動することが多い言語だからである (e.g. take *shelter*, lose *face*)。これが位置コントロール用法で完全に封じられるという事実は，位置コントロール用法の実例にたくさん触れて覚えるしかない。

第三に，位置コントロール用法（用いられる動詞は全て他動詞）と連結用法のうちの他動詞型の頻度・容認度が大きく異なる。頻度に関しては，英語圏の文学作品27作品[9]を調査したところ，位置コントロール用法56例に対して，連結用法は1例のみであった。容認度については，連結用法は位置コントロール用法と異なり容認性判断の個人差が大きいという特徴を指摘しておきたい。以下は連結用法の例文である。

---

[9] Daniel Wallace, *Big Fish*; Emily Giffin, *Something Blue*/*Something Borrowed*/*Baby Proof*; Eric Walters, *The Bully Boys*; F. Scott Fitzgerald, *The Great Gatsby*; J.D. Salinger, *The Catcher in the Rye*; Kazuo Ishiguro, *Never Let Me Go*/*Nocturnes*/*A Pale View of Hills*/*The Remains of the Day*; Mitch Albom, *The Five People You Meet in Heaven*/*The First Phone Call from Heaven*; Paul Auster, *The Red Notebook*/*Sunset Park*/*Invisible*/*Travels in the Scriptorium*/*Man in the Dark*/*Timbuktu*/*City of Glass*/*Ghosts*/*The Locked Room*/*Oracle Night*/*Leviathan*; Raymond Chandler, *The Long Goodbye*; Rebecca Brown, *The Gifts of the Body*; V. S. Naipaul, *A Bend in the River*.

(32) a.　My responsibility was to join a wooden box to another **by** a hinge.
　　 b.　My responsibility was to join a wooden box to another **with** a hinge.
　　　　私の仕事は，木製の箱をまた別の木製の箱にちょうつがいでくっつけることでした．

　まず，(32a) も (32b) も正しい，容認可能であるという話者の中で，by の方が良いという話者と with の方が良いという話者に分かれる．さらに，(32a) は誤りで容認不可能であるという話者もいる．
　ひょっとすると，連結用法の方は自動詞を伴うケースが典型的な事例として記憶されているのかもしれない．というのは，連結用法の自動詞バージョンの事例である hang [dangle] by NP は比較的高い頻度で用いられているようだからである．ただし統計的に議論する準備が整っていないので，この案は現時点では仮説として提示することしかできない．さらに，hang by a thread「(今にも破滅に向かいそうな) 危険な状態である，風前の灯である」や，hang by one's fingertips/hang (on) by one's fingernails「歯を食いしばって頑張る」など自動詞型の連結用法に属する熟語も定着している．一方，他動詞型の連結用法の熟語は現在のところ見つけられていない．
　もしも，連結用法の方は自動詞を伴うケースが典型的な事例として記憶されているという仮説が正しいことが分かれば，位置コントロール用法と連結用法は片方からもう片方が予測できるような性質のものではないということをより強く主張することができるようになる．しかし，今は推測で仮説を提示することしかできていないため，「位置コントロール用法さえ覚えれば連結用法は完全に予測可能であり，覚える必要は全くないものである」とは言えない可能性がある，という弱い主張しかできない．この仮説の検証を今後の課題とする以上，4.3 節は調査の経過報告として捉えていただきたい．

4.4　経路用法
4.4.1　記述 (可算性の検討を除く)
　by は次の例にあるように移動の経路 (移動の始点と終点の間に存在する物理的介在物) を表す名詞句を補部に取ることができる．

(33)　I went down **by** a different staircase, and I saw another "Fuck you" on the wall. =(1e)

(34) I can't recall a single detail of the game, but I do remember that after the game was over my parents and their friends sat talking in their seats until all the other spectators had left. It got so late that we had to walk across the diamond and leave **by** the center-field exit, which was the only one still open. （Paul Auster, *The Red Notebook*）
試合の詳細は全く思い出せないが，確かに覚えているのは，試合が終わった後，両親とその友人たちが他の観客が皆いなくなるまで席に残って喋っていたことだ．あまりに遅くなってしまったので，帰るときにはダイヤモンドを突っ切って，まだ開いている唯一のドアであるセンター側の出口から出ることになった．

　まず，経路用法では移動者がその経路を意図的に選択していることが必要になる．(35) から (38) の例文は，移動主体の知性の程度が高い方から低い方へという順番で並べられているが，この順に沿って容認度も下がっていることに注意されたい．これは，経路を意図的に選択することがありえる程度と by の使用の容認度が比例していることを示している，と捉えることができる．

(35)　　John came in **by** the second-story window.
　　　　ジョンは2階の窓から入った．
(36)　　? A bird came in **by** the second-story window.
　　　　意図した文意：鳥が2階の窓から入ってきた．
(37)　　?? A bug came in **by** the second-story window.
　　　　意図した文意：虫が2階の窓から入ってきた．
(38)　　* Smoke came in **by** the second-story window.
　　　　意図した文意：煙が2階の窓から入ってきた．

　次に，他の経路との対比が意識されていないと経路用法の by は使いにくい．この特徴は各種英英辞典の例文にも現れている．

(39)　　They came in **by** the back door. （*LDOCE5*）

彼らは裏口から入ってきた。

(40) It's quicker to go **by** the country route.　　　　（*LDOCE5*）
田舎道を通って行った方がはやい。

(41) We went in **by** the front door.　　　　（*CALD3*）
私たちは正面玄関から入った。

(42) We returned home **by** a different route.　　　　（*MEDAL*）
私たちは別のルートで帰った。

(43) She went in **by** the side entrance.　　　　（*MEDAL*）
彼女は横の入口から入った。

(44) Apparently the thieves had entered **by** the kitchen window.　　　　（*HEED*）
どうやら泥棒たちは台所の窓から入ったようだ。

(45) We came **by** the back road.　　　　（*AHDE4*）
私たちは田舎道を通って来た。

(46) the family drove to the farm **by** the old highway　　　　（*Web3*）
一家は古い道路を通って農場へ行った

(47) entered the house **by** the back door　　　　（*Web3*）
裏口から家の中に入った

こうしてみると、どの例文も、by の補部名詞句が限定詞＋<u>形容詞</u>など＋名詞という構造をしていることが分かる。辞書編纂者の意図によるものかどうかは定かでないが、ここに形容詞などが入ることによって、別の経路との対比が想起しやすくなっているのである。たとえば back door と聞けば front door との対比が容易に想起される。辞書の例文には長々とコンテクストをつけることが許されないという制約が存在するが、その中で効率よく経路用法の本質を伝えることができる例文になっているのである[10]。

しかし現実の言語使用には必ずコンテクストというものが存在する。その

---

[10] (39)–(47) のうち、(41) を除いた全てにおいて、選択されている経路が通常選択されているであろう経路とは異なる経路になっている ((41) で選択されている the front door という経路は家に入る経路として最も中心的な経路であるため、例外的である)。このことは、(35)–(38) で見た移動者の意図性と関係しているかもしれない。普段とは違う経路だからこそ、意図的に選択するのである。普段使っている経路を使って移動することは、多くの場合、習慣的行動パターンの一部として組み込まれており、意図的な選択に基づく行動ではなくなっているものである。

コンテクストの中で，by の補部の経路が他のどのような経路と対比されているのかが明示されることも多い。

(48) Instead of taking the short cut along the Sound we went down the road and entered **by** the big postern.　　　（F. Scott Fitzgerald, *The Great Gatsby*）
サウンド海峡沿いの近道は使わず，道路を歩き，大きな裏門をくぐって中に入った。

(49) She could have departed **by** the door, by daylight. Nobody would have stopped her. Perhaps she knew that. But she chose to go by night, and through the window.　　　（William Faulkner, *Light in August*）
彼女は昼間にドアから出ることもできた。誰にも止められることなく脱走できただろう。おそらく彼女もそれを分かっていた。しかし夜に，しかも窓から，出て行くことにした。

(48) では，the road と the big postern を合わせた経路が the short cut along the Sound と対比されていることが明示されている。(49) では，by で導かれる経路が形容詞などのない the door となっており，コンテクストがない限りどのような経路と対比されているのかが分からないので，辞書の例文には見受けられなかったパターンであるが，ここでは through the window との対比であるということが明示されているため，経路用法の by の使用が可能になっているのである。

　経路用法の by の 3 点目の特徴として，by 句が修飾する動詞句が表す移動は完結的な移動に限られる，ということを挙げることができる。(50) で by の使用が容認されないのは jog の表す移動が非完結的移動であるためである。(51) では，went to the church ならば教会への到着が含意されるため完結的移動と見なされ by の使用が可能になるが，went toward the church は教会方向の移動ということだけが指定されており着点についての情報を含まないため非完結的移動を表すことになり，by の使用が容認されなくなる。

(50) Jack wanted to go running with his girlfriend without being seen by the paparazzi. Since they had once been photographed while running around the park, he decided they should jog [**along**/***by**] Beco Street instead.

ジャックはパパラッチに見つからずにガールフレンドとランニングに出かけたいと思った。一度、公園の周りを走っていて撮られてしまったことがあるので、今度のジョギング場所はビーコ・ストリートにした。

(51) Althorn Street was closed, so they went [to/*toward] the church **by** Dawlin Street.
アルソーン・ストリートは封鎖されていたので、ドーリン・ストリートを通って教会[に／の方向に]行った。

以上の 3 点をまとめると、経路用法の by は、完結的移動を達成するための手段として他の経路よりも優れていると判断され利用される経路を導くのに用いられる、と言える。

4.4.2 記述（可算性の検討）

例 (33) の a different staircase、(42) の a different route に不定冠詞が含まれていることから明らかであるように、経路用法の by は可算名詞句を補部に取る。

しかし、本来経路を表すはずの名詞句の指示対象が経路自体ではなくその経路の上を通ることが典型的であるような交通手段・乗り物にシフトした場合、その名詞句は不可算名詞句としてマークされる。

(52) Buses carry 30 per cent of those travelling **by** road. (*COB6*)
バスに乗っている人の数は道路上を移動している人の数の 30% を占める。

(53) Most exports went **by** sea. (*LDOCE5*)
ほとんどの輸出品は船で輸出されていました。

road や sea といったもの自体は本来移動の経路であるので、こうした用法が経路用法からの拡張であることは間違いないが、その拡張の程度がとても大きく、次の節で扱う「乗り物用法」に含めた方が妥当だという考え方も可能なほどである。たとえば (52) の例を見ても分かる通り、by 句によって修飾される移動が非完結的であっても問題ない。また、たとえば by sea が経路用法の域を出ないとすると、海を泳いで渡ることによって移動した場合にも

by sea と言えるはずであるが，実際には by sea と言えば船を使った移動に限られる．さらに，次に挙げるように，本来経路であるはずの名詞が乗り物を表す名詞と等位接続詞で結ばれている例も見受けられる．air は本来経路を表すはずであるが，(54)ではメトニミーに基づく意義展開により airplane を指しており，by airplane or coach の意味で by air or coach と言っているのだと考えるのが妥当であろう[11]．

(54) This will take place over the May Day holiday weekend, and there is a choice of travel **by** air or coach. (BNC)
この移動はメーデーの週末に行われる．移動手段の選択肢としては飛行機とバスがありえる．

by road [sea, air, rail] といった表現において使われている名詞自体（つまり road [sea, air, rail] の部分）は本来経路を指すものであるということから，これらの表現を 4.4 節「経路用法」の中で扱うことにしたが，by road [sea, air, rail] は本質的には 4.5 節「乗り物用法」に限りなく近い．ということは，経路名詞句が意義展開を起こさずに静的な経路を指す場合にはその名詞句は可算名詞句としてマークされるが，意義展開を起こして移動する乗り物を指すようになった場合にはその名詞句は不可算名詞句としてマークされるということになる．乗り物が関与しない場合には，このような不可算化は生じない．

(55) a. *The students ran to the classroom **by** hall.
意図した文意：その生徒たちは廊下を通って教室に走っていった．
b. *Mom. Is Santa Claus really coming into the house **by** chimney? Then why haven't you cleaned it?
意図した文意：ママ．サンタクロースは本当に煙突を使ってお家の中に入ってくるの？　それならどうしてまだ掃除していないの？

ただし，特定の乗り物を想起させる経路を指す名詞であればどのような名

---

[11] 「coach がメトニミーに基づく意義展開を起こし，ここでは経路を指しているのだ」という解釈は成り立たないだろう．バスが通るための専用の道というものは普通存在しないし，経路用法に無理矢理持ち込んだところで，移動の完結性の問題が生じてしまう．

詞でも不可算化できるわけではない．

(56) a. *He used to go to Zambia **by** sky.
   意図した文意：彼はかつて飛行機でザンビアに行ったものだった．
   b. *They have not traveled **by** ocean since they watched *Titanic*.
   意図した文意：彼らは『タイタニック』を見て以来，船で旅をしていない．

結局，by＋［特定の乗り物を想起させる経路名詞の不可算形］というスキーマの知識を想定するだけでは，英語母語話者の実際の言語使用を説明できない．by road や by air といった個別具体的な表現を覚えていると考えるしかないのである．

4.4.3　連結用法との関係

連結用法の by の補部名詞句の可算性の振る舞いについて思い出そう．介在物の物理的実体よりも，その介在物の中ないし上を何かが移動することが重要である場合には，補部名詞句が不可算の形で表示されるのであった．例文 (28) と (29) を再掲する．

(57) The tubes are connected **by** rubber hose to a pipe which carries the solution [...]　　　　　　　　　　　　　　　　　　　　　　=(28)
(58) And in the final communique, Peru promised to help find international funds to link Bolivia to the sea **by** road.　　　　　　　　　=(29)

このとき，connect, link という連結を表す動詞が使われているものの，by の補部名詞句（ゴムホースと道路）が他の移動物（液体と車）の「経路」として機能しているのである．これは，連結用法と経路用法が互いに関連しあっていることを示唆している．

しかし，連結用法と経路用法は，現れる動詞の種類も，by の補部に現れる名詞句の性質も，大きく異なる．連結用法では link や connect などの動詞が用いられ，経路用法では移動動詞が用いられる．連結用法では，事態に参与している人や物体の部位にあたるものが by の補部に現れることがある

が，経路用法では by の補部にあたるもの（つまり経路）が，事態に参与している何かの一部であるという場合は，今のところ見つかっていない。結局のところ，連結用法と経路用法のそれぞれについて，by の使い方の個別知識を持っていなければならないのである。

4.5　乗り物用法
4.5.1　記述（可算性の検討を除く）

　意図的に選択した乗り物（移動の始点と終点の間を移動する物理的介在物）を by で導くことができる。これを「乗り物」用法と呼ぶ。このとき，by の補部名詞句は無冠詞でマークされる。

(59)　How did you get here, **by** magic carpet?
　　　　　　　　　　　　（*Columbo*, Episode 3, Murder by the Book）
　　　どうやってここに？　魔法の絨毯でも使ったのか？

(60)　Samantha:　**By** parachute?
　　　Clara:　　　Yes, I thought this time I'd drop in quietly.
　　　　　　　　　　　　（*Bewitched*, Season 3, Episode 2, Moment of Truth）
　　　サマンサ：パラシュートで来たの？
　　　クララ：　うん，今回は静かに顔を出そうと思ってね。

　乗り物自体は物理的な存在物であるが，この用法ではその乗り物の移動手段としての側面（機能的側面）が焦点化され，その乗り物と移動主体である人間がどのような物理的位置関係にあるかということに関する情報は表に現れない。たとえば，移動するときに車の中にいるのと自転車の上にいるのとでは，乗り物と移動者の位置関係に違いがあるが，車と自転車の移動手段としての機能に焦点が当たれば by car / by bicycle というようにその区別は中和されてしまう。機能的側面ではなく物理的実体としての側面に焦点を当てた場合には，次の in / on のように前置詞の違いによってその違いを表現することができる。

(61)　[...] it had occurred to me that the proposed trip **in** the car could be put to
　　　good professional use [...]　　　（Kazuo Ishiguro, *The Remains of the Day*）

［…］車で旅行するというこの提案は，うまく仕事に活かせるかもしれないという気になっていた［…］

(62) We built our forts, played our games, invented our worlds in the backyard, and still later, there were our rambles through the town, the long afternoons **on** our bicycles, the endless conversations.

（Paul Auster, *The Locked Room*）

僕たちは2人で要塞を築き，2人で遊び，2人で裏庭に世界を創り上げ，さらに後になると，街を2人で散策するようになり，自転車に乗って2人で長い午後を過ごし，終わりのない会話を楽しんだ。

乗り物にかかわる前置詞として by を選択した場合とそれ以外の前置詞（in や on など）を選択した場合の意味の違い（〈手段・機能〉解釈と〈物理的実体〉解釈の違い）は，*We went there [by car/in our car]* のようにどちらも使える例を見ていては掴みにくいが，(63) のように乗り物が移動の手段として解釈されていない場合には by は使えなくなるということを考えれば，*We went there [by car/in our car]* のようなペアにおいても by を選んだ場合とそれ以外の前置詞を選んだ場合で意味は異なるのだと想定するのが妥当であろう。

(63) "Where'd you go with her if you didn't go to New York?"
"Nowhere. We just sat **in** the goddam car."

（J. D. Salinger, *The Catcher in the Rye*）

「ニューヨークじゃなかったら，どこ行ったんだよ，あの娘と」
「どこも行ってねぇよ。車ん中で座ってただけだっつうの」

この例では，the goddam car は We just sat という事態が生じた場所を指定しているのであり，移動の手段を表しているのではない。したがってこの in the goddam car を by goddam car と書き換えることはできない。

なお，反論として，「by bus の bus や by ship の ship が bus / ship の機能的な側面を焦点化したものであるならば，その bus / ship は『物理的介在物』とは言えず，ここで扱うべき対象でないのではないか」という主張がありうるが，機能に注目したからといって bus / ship の物理的な側面が意識から完全に忘れ去られるわけではない。たとえば，次の small / black は plane / taxi

の大きさ／色のことを言っており，乗り物の物理的な側面が話し手の心的なイメージの中に含まれていることの証左である[12]。

(64) The quickest and safest way to get there is the 45-minute flight **by** small plane from Wilson airport in Nairobi. (COCA)
そこに到達する最もはやく安全な方法は，ナイロビのウィルソン空港から45分間小型飛行機に乗ることだ。

(65) Of course it is possible to charge too much for a product. Anyone who has tried to travel around London **by** black taxi will be more than aware of this. Charming as this form of travel can be, most Londoners shun it because the fare per mile has been pushed up so high. (Jonathan Moules, *The Rebel Entrepreneur: Rewriting the Business Rulebook*)
もちろん，製品の金額を高く請求しすぎてしまうということは起こりえる。これは，ロンドンを黒タクシーでまわろうとした経験のある人にとっては，知っているどころの話ではないだろう。魅力を備えているはずのこの移動形態を，ほとんどのロンドン人は，1マイルあたりの料金があまりに高いといって避けているのである。

したがって，by bus の bus や by ship の ship が bus / ship の機能的な側面を焦点化しているからといって，bus / ship が物理的介在物でなくなっているということにはならない。乗り物用法は間違いなく本章で扱うべき対象である。

4.5.2 記述（可算性の検討）

以下に示すように，この用法の補部名詞句は不定冠詞を伴うことも複数形を取ることもできない。したがって補部名詞句は不可算名詞句に限られると言える。

---

[12] ただし―博士論文査読者の1人である鈴木亨先生のご指摘の通り―乗り物用法の by に特徴的である「機能的な側面への関心」が small や black によって減じられるわけでもない。small plane は，大きな飛行機との対比において，単なる大きさ以外の点での差異（たとえばジェット機かプロペラ機かの違いなど）も想起させる。black taxi は色だけでなく乗車賃の点でも他の種類のタクシーと異なるだろう。

(66) a. *He came here **by** a train.
　　　　意図した文意：彼は電車でここに来た。
　　b. *A lot of people came to our town **by** buses.
　　　　意図した文意：たくさんの人がバスで私たちの街を訪れた。

4.5.3　経路用法との関係

　経路用法の一部は，4.4.2 で触れたように，乗り物用法と区別することが難しい。本来経路を表すはずの補部名詞句の指示対象が，経路自体ではなく，その経路の上を通ることが典型的であるような交通手段・乗り物にシフトする場合があるからである。以下に再掲する例は，乗り物用法と経路用法が連続的であることを示す証拠と言えるだろう。

(67)　This will take place over the May Day holiday weekend, and there is a choice of travel **by** air or coach.　　　　　　　　　　　　＝(54)

air は「空」という経路自体を指示することが多い名詞であるが，ここではその経路を通って移動する典型的な乗り物である飛行機を指しており，それにより by air が by airplane とほぼ同義の表現となっている。このため，純然たる乗り物用法の事例である by coach と組み合わさり，by air or coach という形式が可能となっているのである。

　しかし，経路用法と乗り物用法は，密接な関連があるといえども，やはり別の用法と考えるべきである。経路用法は by の補部名詞句に可算・不可算の交替が起こるが，乗り物用法の場合には不可算名詞句が必須で，交替は起こらない。また，経路用法が不可算名詞句を取る by land, by road などは決まったコロケーションとして記憶されていると考える他なく，by ＋［特定の乗り物を想起させる経路名詞の不可算形］というスキーマはあまり活性化されていないように思われるのに対し，by ＋［乗り物名詞の不可算形］というスキーマは (by car や by train といった高頻度の事例と同様に) 効力を発揮しているように思われる。次の例のように，新しい乗り物に対して by の乗り物用法が用いられることがあることに注目してほしい。

(68) a.　When your partner travels **by** Segway, you just hope to keep him in view

and try to catch up! 　　　（http://www.telepresenceoptions.com/2013/06/telepresence_and_visual_collab_5/）
パートナーがセグウェイで移動していると，目を離さずについていきたいという気持ちになってしまいますよね！

b. Travel **by** drone: the best drone videos from around the world[13]
（http://www.theguardian.com/travel/interactive/2014/may/12/best-drone-videos-around-the-world-interactive）
ドローンで旅を：世界中から寄せられたベスト・ドローン・ビデオ

こうした違いを考えると，英語母語話者は，by を使って経路を導く方法，by を使って乗り物を導く方法を，それぞれ別個の知識として知っているものと思われる。

4.6　メッセンジャー用法
4.6.1　記述（可算性の検討を除く）

　人が手紙や荷物などを別の人に届ける手段として，本人が出向く他に，別の誰か（副次的動作主；secondary agent）に届けてもらうという手段がある。この副次的動作主にあたる人間を導くのに by を用いることができる。これを「メッセンジャー用法」と呼ぶ。なお，この用法の by 句が修飾する動詞句の主要部となる動詞は send が多い。

(69) Long lengths are difficult to mail or send **by** carrier [...]　　（BNC）
長さの長いものは郵送したり運送業者を介して送ったりすることが難しい［…］

(70) [...] he's best known for sending his photo film **by** carrier pigeon during the Allies' Normandy invasion in World War II.　　（COCA）
［…］彼は何より，第二次世界大戦中の連合国軍によるノルマンディー

---

[13] 「ドローンは乗り物なのか」という疑問を持たれるかもしれない。もちろん実際に人間が乗って撮影したビデオだということではないけれども，車や船，飛行機に乗って素敵な写真を撮って投稿するのと同じ気分を，ドローンにカメラを取り付けることで味わっているのである。まるで自分がドローンに乗っているかのように感じられるからこそ，こうしたビデオが楽しまれるのだ（YouTube などで実際の動画を確認することができる）。

上陸作戦の間，写真のフィルムを送るのに伝書鳩を使ったということで知られている。

(71) In those days before fax machines, e-mails, and express letters, she had sent the treatment to California **by** private courier [...]   = (1g)

(72) He sent the order **by** messenger.   (*OALD8*)
彼は指令を届けるのにメッセンジャーを使っていた。

(73) Those not attending the meeting may vote **by** proxy.   (*COB6*)
会議に出席していない者は代理を通じて投票してもよい。

この用法では，副次的動作主にあたる人間が「物理的介在物」である。

　この用法は生産性が低い（つまりスキーマよりも事例の知識の方が定着している）ということに注意されたい。たとえば以下の (74a, b) は不自然である。

(74) a. *I told my mother **by** brother that I did not want to eat anything.
　　　意図した文意：何も食べたくないということを弟伝いに母親に伝えた。
　　b. *I always sent letters to her house **by** man called Nelson.
　　　意図した文意：私はいつもネルソンという男を介して彼女の家に手紙を送っていた。

次の例で Brenner が By から始めたのに代理人に言及するところで前置詞を through に変えていることは，メッセンジャー用法が現代英語で使われなくなっていることの現れだと言えるだろう。

(75) Columbo:　Could you tell me how you made contact?
　　 Brenner:　**By** telephone or **through** a representative of his.
　　　　　　　　　　　　　　　　(*Columbo*, Episode 34, Identity Crisis)
　　 コロンボ：どうやって連絡を取っていたのか教えてもらえませんか？
　　 ブレナー：電話か，もしくは彼の代理人を通じて。

4.6.2 記述（可算性の検討）

Palancar (1997) が指摘しているように，現代英語の *He sent him two spears through his knights* の through の代わりに by を使うことが古英語期では可能であった。つまり，メッセンジャー用法の by は可算名詞句を補部に取ることができた。しかし，現代英語では可算名詞句は容認されない。たとえば (72)，(73) を次のように書き換えると非文になる。

(76)　　*He sent the order **by** a messenger.
　　　　意図した文意：彼は指令を届けるのにメッセンジャーを使っていた。
(77)　　*Those not attending the meeting may vote **by** a proxy.
　　　　意図した文意：会議に出席していない者は代理を通じて投票してもよい。

4.6.3 乗り物用法との関係

乗り物用法とメッセンジャー用法は，何かをある場所 A から別の場所 B へ送る［届ける］という文脈で用いられると，by の補部名詞句の指示対象が A-B 区間を移動することによってその事態が成立するという点が共通する。乗り物用法とメッセンジャー用法が同時に実現した次のような実例が見受けられるのは，このためだろう。

(78)　　[...] the only means of conveying information over distance was to write it down and send it—**by** foot courier, horseman, ship, or carrier pigeon.
　　　　　　　　　　　　　　　　　　（Robert Klose, *The Three-Legged Woman and Other Excursions in Teaching*）
　　　　［…］長い距離を超えて情報を伝達する唯一の手段は，紙に書いて送ることだった―飛脚や馬乗り，船，伝書鳩を使って。

(79)　　What do you want more of? What do you want less of? What's currently missing for you when you listen to us? What's missing when you listen to general sports radio talk? Feel free to let us know in the thread, by email, **by** plane or pigeon.　　　　　　（http://www.bleedinggreennation.com/2014/10/21/7031367/eagles-podcast-bgn-radio-tony-bruno-show-crossing-broad-liberty-broadcast-co, 2015 年 7 月 5 日閲覧）

どんな話をもっと聞きたいですか？　どんな話を減らしてほしいですか？　我々の番組を聞いていて，いま何が足りないと感じていますか？　当番組に限らずラジオのスポーツ番組を聞いていて，何が足りないですか？　どうぞ気軽にご意見をお寄せ下さい。スレッドに書き込んでいただいても結構ですし，メールで送って下さっても構いません。飛行機でも伝書鳩でも大丈夫です。

(78) では，foot courier（徒歩で配達してくれる人），horseman（馬で配達してくれる人），carrier pigeon（伝書鳩）がメッセンジャーにあたり，ship が乗り物にあたる。(79) では，plane が乗り物で pigeon がメッセンジャーである。しかしながら，こうしたコンテクストでは，メッセンジャーと乗り物の区別は問題ではなく，どちらも区間を移動することによって遠くへの送付を可能にしているという重要な共通点があるため，同じ 1 つの by の補部に現れることができる。このような実例は，乗り物用法とメッセンジャー用法が密接に関連しあった連続的な用法であることを示唆していると言えるだろう。

　しかし，ここでもまた，乗り物用法の事例とメッセンジャー用法の事例は，異なる知識を参照して産出されているであろうことに注意しなければならない。4.5.3 で見たように，乗り物用法はスキーマの生産性が比較的高い。これに対し，メッセンジャー用法はスキーマの力が極めて弱く，by courier や by messenger, by proxy といった具体的な事例の記憶が参照されているものと思われる。事例によって，結びつく動詞の種類も異なる。by courier や by messenger は send と結びつきやすいが，by proxy は send とは相性が悪く，marry や vote といった公的な手続きが必要な行為を指す動詞と結びつく。

4.7　第 4 章まとめと可算性選択の原理

　これまで見てきた「位置コントロール用法」「連結用法」「経路用法」「乗り物用法」「メッセンジャー用法」における by の補部名詞句の可算性の振る舞いは，以下の表のようにまとめられる。

表1 用法ごとに見る補部名詞句の可算性

用法名称	補部名詞句
位置コントロール用法	必ず可算
連結用法	介在物の物理的な実体に注目する場合には可算
	介在物の中や上などを移動するものに注目する場合には不可算
経路用法	介在物自体を指示する場合には可算
	介在物の中や上などを移動するものを指示する場合には不可算
乗り物用法	必ず不可算
メッセンジャー用法	必ず不可算

　こうした可算性の振る舞いは，次のように考えれば統一的に説明できるように思われる。

(80) a.　「byの補部名詞句が表す物理的介在物が移動したり，物理的介在物の上や中などを行為者とは別の人間や物体が移動したりするからこそ，その物理的介在物が行為達成の手段として機能する」という捉え方がなされている場合には，その物理的介在物は不可算名詞としてマークされる。
　　 b.　「byの補部名詞句の表す物理的介在物そのものが行為達成の手段として機能する」という捉え方がなされている場合には，その物理的介在物は可算名詞としてマークされる。

この考え方に基づいて，各用法の補部名詞句の可算性の振る舞いは次のように説明される。
　乗り物用法とメッセンジャー用法においては，物理的介在物は2つの地点を移動するからこそ行為者の移動・伝達[配達]の手段として機能するのである。このため補部名詞句は必ず不可算名詞句としてマークされる。
　経路用法では，補部名詞句（経路名詞句）の指示対象が経路自体ではなくそこを移動する乗り物にシフトした場合には，その経路名詞句は不可算名詞としてマークされる。これは，乗り物がただそこに存在するだけでは移動できず，その乗り物が動かなければ移動達成の手段になりえないからであると

考えられる。一方，補部名詞句の指示対象が物理的介在物（経路）自体である場合には，その経路は可算名詞としてマークされる。これは，移動主体の移動行為の達成を可能にしているのが，経路が動いたり移動主体（行為者）以外の誰か・何かが移動したりすることではなく，経路そのものがそこに存在していることだからだ，と考えることができる。

連結用法においては，物理的介在物自体が存在していることよりもその中や上を別の何かが移動することによって手段が達成される，という見方をしている場合には，その介在物は不可算名詞でマークされるのであった。たとえば，(28)，(29) では，ホース・道路の存在自体よりもホースの中の液体，道路の上の自動車が 2 つの地点の間を移動することによって目的が達成されるという見方がとられているから rubber hose / road が不可算名詞としてマークされているのだ，と考えられる。一方，(16)–(19) のように物理的介在物の存在自体によって目的が達成されている場合には，介在物は可算名詞句としてマークされる。

位置コントロール用法に関しては，部位が不可算名詞句としてマークされることは許されず，必ず可算名詞句でマークされる。これには，部位が動かない方がその部位を介した位置的一体化が容易になる（部位が動いた場合に「まさにこの動きがあるからこそ位置的一体化が容易になるのだ」とは捉えにくい）からだと考えられる[14]。

どうして，by の補部名詞句の可算性と，介在物の移動性との間にこのような関連があるのかということについては，推測の域を出ないが，動作主 (agent) を導く用法との差別化という観点から説明ができるかもしれない。動きの自由度が高いものほど動作主になりやすく，また可算名詞の方が不可算名詞よりも動作主になりやすいため，動くものを by の補部名詞句の位置で可算名詞句としてマークしてしまうと，まるで動作主用法の by であるかのように見えてしまうのかもしれない，ということである。もちろん，動作主用法の by が話者にとって定着の度合いが低い用法であるとしたら，

---

[14] 4.3.3 で，位置コントロール用法の補部名詞句が不可算化しないことを予測するのは難しいと述べたが，これに対し「(80) の知識があれば予測可能であり，位置コントロール用法についての個別知識は不要なのではないか」と反論したくなるかもしれない。しかし，本節の最終段落でも指摘する通り (80) はおそらく位置コントロール用法を含め各用法の実例に触れない限り抽出しえない知識である。

動くものが by の補部名詞句の位置で可算名詞句としてマークされているからといって，動作主の by のように見えてしまうということは起こらないだろう。しかし，現代英語の by の用法のうち，動作主用法は頻度が非常に高く，Corston-Oliver (2001) によれば BNC から抽出した 1,000 例のうち 713 例が動作主用法であったとのことである。このようなことを考慮すると，本章で分析した 5 つの用法において，移動する介在物が可算名詞ではマークされないという傾向の背後には動作主用法との差別化があるのだと考えることにも，ある程度の妥当性がありそうである[15]。

　ここで誤解のないように強調しておきたいのだが，筆者は (80) の原理さえ理解していれば各用法の「記述 (可算性の検討)」で述べた詳細を覚えなくてよいということにはならないと考える。(80) はあまりに抽象的で，具体的な言語使用の際にどのように利用したらよいのかよく分からないのではないか。たとえば本章の 5 つの用法に触れたことがない英語学習者に (80) だけを伝えたらその学習者がひとりでに本章の 5 つの用法を正しく使い出す，ということは起こらないだろう。また，そもそも (80) のような知識はどのようにして習得されるのかという問題もある。(80) のような不可算化が観測されるのは，筆者の知る限り，英語の体系の中で by の補部名詞句に——それも本章で扱った用法に——限られる。結局のところ，たとえある母語話者が (80) のような抽象的な知識に行き着いているとしても，その母語話者は具体的な文 (の断片) に大量に触れて各用法の個別知識を覚えたからこそ，(80) のような抽象的な知識が抽出できるのである。それであれば，言語使用の際にも，わざわざ使いにくい抽象的知識の方ではなく，覚えた具体的な使用例の知識にアクセスし，産出を行っていると考えた方が妥当であろう。このように，(80) は確かに「言語学者にとって指摘可能な (したがって話者が抽出しうる) 知識」というステータスを持つが，発話の現場で利用されている知識であるとは言いにくいのである。

---

[15] そしてこれが正しいとすれば，英語話者にとってそれだけ動作主用法が by という語から連想される度合いの高い用法であるということになり，by の中心義を動作主用法に求める立場を支持することにつながるだろう (1.3.1 へ)。

第5章

差分・単位[1]

5.1 差分・単位：概説

　第5章では，筆者が差分用法，単位用法，N by N 構文，乗除用法，寸法用法と呼ぶ by の5つの用法の記述を行い (5.2節)，その用法間の関係について考察する (5.3節)。これらの用法をあわせて差分クラスターと呼ぶことにする。差分クラスター内の5つの用法は，互いに関連しつつも1つからもう1つが予測できるようなものではなく，結局のところそれぞれの用法についての個別知識を持っていると想定せざるをえないことを論じる。

　本章が他の章と大きく異なるのは，言語使用を可能にする意味拡張について考察する点である (5.4節)。これまでの章では，拡張後すでに定着してしまった表現や構文を扱ってきたため，「かくかくしかじかの意味拡張を発話の場で起こしているおかげでこの構文は使用可能になっているのだ」という趣旨のことは全く言えなかった。しかし，5.4節で見る N by AN 構文 (A は形容詞 Adjective) は，文学など限られたジャンルで稀に使われ，特殊な表現技巧という印象を与える構文で，英語話者の口語知識として完全には定着していないものであるため，拡張元の構文 (N by N 構文) とのつながりが密接に感じられる。それどころか，5.4節で詳しく論じるように，N by AN 構文を使用するためには話し手が N by N 構文を知っていること—より正確には，聞き手が N by N 構文を知っていると話し手が思っていること—が必要なのである。したがって，N by N 構文から N by AN 構文への拡張は言語使

---

[1] 5.1節, 5.2節, 5.3節は平沢 (2013b) を発展させたもの，5.4節は平沢 (2015b) を大幅に発展させたものである。

用を可能にする拡張であるということができる。

5.2 差分・単位：各用法の記述
5.2.1 差分用法

by は，数直線上のある値が基準値とずれているとき，その差分を標示するために用いられることがある。これを差分用法と呼ぶ。（1）のように異なる2つのものが持つ値が比べられる場合もあれば，（2）のように同一のものが異なる2つの時点において持つ値が（時間変化の前と後という形で）比べられる場合もある。

（1）a. [...] he was the younger **by** two and a half years [...]

(Paul Auster, *Sunset Park*)

　　　［…］彼の方が2歳半年下だった［…］

b. Boy A: I bet I can spit further than you.
Boy B: I beat you **by** two feet yesterday.

(*Bewitched*, Season 2, Episode 10, Junior Executive)

少年 A: 俺の方がお前なんかより遠くに唾飛ばせるぜ。
少年 B: 昨日は俺が2フィート勝ったじゃんか。

c. As Shakespeare observed, anticipating Ferdinand de Saussure **by** three centuries, "a rose by any other name would smell as sweet."

(David Lodge, *The Art of Fiction*)

シェイクスピアが，フェルディナン・ド・ソシュールよりも300年先に述べたように，「薔薇は，薔薇という名前以外のいかなる名前で呼ばれようとも，変わらぬ素晴らしい香りを放つ」のである。

（2）a. They extended the grounds **by** 5 acres.

(Huddleston and Pullum 2002: 691)

　　　彼らは敷地を5エーカー広げた。

b. They have shortened the semester **by** a week. (ibid.)
　　　彼らはその学期を1週間短縮した。

c. With the soles of his feet pressing against the floor and his arms pressing against the armrests of the leather chair, he swivels right **by** ninety to a hundred degrees [...] (Paul Auster, *Travels in the Scriptorium*)

両足を踏んばって床に押しつけ，両腕を革張りの椅子の肘掛けに押しつけて，ミスター・ブランクは右に九十度から百度体をねじって［…］　　　　　　　　　　　　　　（柴田元幸（訳）『写字室の旅』）

d. Thus my courtship of Sophie began—slowly, decorously, building **by the smallest of increments.**　　(Paul Auster, *The Locked Room*)
こうして僕のソフィーへの求愛がはじまった。ゆっくりと，礼儀正しく，小さな事柄を少しずつ積み重ねていくことによって。

（柴田元幸（訳）『鍵のかかった部屋』）

（1）と（2）では，実際の数値と実際の数値の差が，by の補部で表されている。たとえば（2b）では，1学期の週の数が 15 から 14 に減った，というようなことが言われている。これとは違った意味での，比率に圧縮された差分も，by で導かれる。

(3) a. Two and three hundred! Even if our entire force gathered here in time we would still be outnumbered **by a margin of** close to three to one!
　　　　　　　　　　　　　　　　　　（Eric Walters, *The Bully Boys*）
敵が二，三百人いるだと！　なんとかこっちの兵士を全員集められても，それでも数では 3 対 1 ぐらいの差で負けてしまうぞ！

b. Not surprisingly, *her bosom* outnumbers *his bosom* **by a ratio of** 5:1.
　　　　　　　　　　　　　　　　（John R. Taylor, *The Mental Corpus—How Language is Represented in the Mind*; 斜体は原文）
驚くようなことではないが，her bosom の数は his bosom の数に 5 対 1 の比で勝る。

c. Greenberg (1966) found that in languages with a singular-plural contrast in nouns, the singular is more frequent than the plural **by a factor of** at least three to one [...]　　　　　　　　　　　　　　　　　　　　　　(ibid.)
Greenberg (1966) は，名詞に単複の対立がある言語では，単数の方が複数よりも少なくとも 3 倍は高頻度であるということを発見し［…］

d. This verb-final ordering has also been found in another [...] sign language, Bedouin Sign Language, with verb-final utterances outnumbering other types of orderings **by six to one** [...]

（Michael Tomasello, *Origins of Human Communication*）

動詞が最後に来るこの語順は，また別の［…］手話言語であるアル＝サイード・ベドウィン手話にも見つかっている。この言語では，動詞で終わる発話の数が他の語順タイプに対して6対1の比で多いのである［…］

ここで，表1に示したCOCA検索結果を見てみよう（2015年7月23日検索）。[mc*]は任意の数値を表す。表中の数字はCOCA中での生起回数を表している。

表1　比率差分名詞句と by の共起

調査対象名詞句	合計	a の直前が by
a margin of [mc*] to [mc*]	53	50
a ratio of [mc*] to [mc*]	35	22
a factor of [mc*] to [mc*]	30	25

表が示すように，a margin/ratio/factor of [mc*] to [mc*] はその大半の使用例において by を伴う。このことから，by a margin/ratio/factor of [mc*] to [mc*] が比率差分表現の知識の単位となっていると考えられる。また，これらの表現に関して母語話者が持っている知識には，2つの数スロット（$[mc*]_1$ と $[mc*]_2$ とする）を埋める数値の相対的な大小に関する知識も含まれているだろう。次の表が示す頻度の偏りに注意されたい。

表2　by の補部の比率差分名詞句内の数値の大小関係

調査対象 by 句	$[mc*]_1 > [mc*]_2$	$[mc*]_1 < [mc*]_2$
by a margin of $[mc*]_1$ to $[mc*]_2$	50	0
by a ratio of $[mc*]_1$ to $[mc*]_2$	22	0
by a factor of $[mc*]_1$ to $[mc*]_2$	6	19

by a margin/ratio of $[mc*]_1$ to $[mc*]_2$ の使用例全てにおいて $[mc*]_1 > [mc*]_2$ が成り立っているのに対し，by a factor of $[mc*]_1$ to $[mc*]_2$ の場合には，$[mc*]_1 > [mc*]_2$ が成り立つ用例もあるものの，使用例の大半において成り立っているのは $[mc*]_1 < [mc*]_2$ なのである。

上で記述した by a margin/ratio/factor of [mc*] to [mc*] は数値に関連した熟語と見なしてもよい。差分の by が用いられる，数値に関連した熟語としては，他に by ... orders of magnitude「…桁違いで」も挙げられる。

（4） In general, the use of such conventionalized gestures is much less frequent, **by** several **orders of magnitude**, than use of pointing gesture alone [...]
　　　　　　（Michael Tomasello, *Origins of Human Communication*）
　　　　一般に，そのような慣習化されたジェスチャーを使う頻度よりも，指差しのジェスチャーだけを使う頻度の方が，桁違いに高い［…］

これを「熟語」と呼ぶことができるのは，英語では「桁」を order と言うこと，by で差分を表すことができることだけを知っていても，「…桁違いで」を表すときには by [mc*] orders of magnitude と言うのだということは予測できないからである。たとえば by [mc*] orders だけでも同じ内容が伝達できそうに見えるだろう。それから magnitude の類義語と考えられる size や scale, extent などの名詞が by [mc*] orders of の後に来てもよさそうなものだ。しかし実際にはどちらの予測も誤りである。COCA で by [mc*] orders を検索してヒットする 13 件は全て，by [mc*] orders of magnitude の例である（2015 年 7 月 23 日検索）。by [mc*] orders で止まっているものも by [mc*] orders of scale もない。

　差分の by が使われるとき，必ずしも具体的な数直線が想起されるとは限らない。たとえば熟語の by far「はるかに」や by a mile「大差で」では，以下の例で明らかなように，数値が関与しない場面でも用いられる。

（5） I've always felt that the great thing about Purple, and one of the reasons I'm so proud of the band, is that it **by far** outstrips its recorded work as a live animal.
　　　　　　（Dave Thompson, *Smoke on the Water: The Deep Purple Story*）
　　　　ずっと思ってるんだけど，パープルの凄いところは，僕が誇りに思っていることの 1 つでもあるんだけどね，ライブで暴れた方がレコーディングした作品よりもはるかに良い演奏になるところなんだ。

（6） 野球の審判に対する文句として：

She was safe **by a mile**! Who's paying you to throw this game?
(*Full House*, Season 4, Episode 22, Stephanie Plays the Field)
余裕でセーフだろうが！　誰から金もらって八百長やってんだ。

5.2.2　単位用法

どのような数量単位に基づいて事態が成立するかを標示するために by が用いられることがある。これを単位用法と呼ぶ。単位は単位でも，数量単位でないと不自然になる。(7a) と (7b) を比較されたい。

(7) a.　The students rented a room **by the week**.
　　　学生たちは，週極めで部屋を借りていた。
　b.　?The students rented a room **by the group**.[2]
　　　意図した文意：学生たちは，グループごとに部屋を借りていた。

さらに，この用法は，労働・商売などといった契約の概念との関連で現れることがもっぱらである。これはおそらく，正確に一定の数的単位に基づいて成立し，かつその単位が関心の対象となり言語化されるような事態は，契約を別にすれば，この世界にさほど多く存在しないからであろう。

(8) a.　[...] calculated how much she earned **by the hour** [...]
　　　　　　　　　　　　　　　　　　　　　(Paul Auster, *Sunset Park*)
　　　［…］1 時間あたりいくら稼いでいるのかを計算した［…］
　b.　[...] the room I was renting **by the week** [...]　　　(COCA)
　　　［…］週極めで借りていた部屋［…］
　c.　He picked up a slab of yellow script and weighed it on his hand.
　　　"You going to buy that stuff **by the pound**?" I asked him.

---

[2] 「by the 単位」という覚え方をした英語学習者はしばしばこのような英文を書いてしまう。私が以前英語を教えていた学習塾では，生徒たちがよく ?*Dolphins travel by the group* や ?*We have to give a presentation by the group next month* といった英文を書いてきていた。彼らの答案によって，英語母語話者の持っている知識が「単位」というおおざっぱなものではなく，もっと細かいものであることに気が付くことができたのである。こうして気付きを与えてくれる生徒たちに感謝しなければならない。

(Raymond Chandler, *The Long Goodbye*)
彼は黄色いタイプ用紙の束を取り上げ，手のひらに載せて重さを量った。
「まさかそれを目方で買うつもりじゃないでしょうね」と私は言った。　　　　　　　　　　（村上春樹（訳）『ロング・グッドバイ』）

d. Jesse は，大好きな Elvis Presley の名曲 *Can't Help Falling in Love* の歌詞である "Wise men say only fools rush in. But I can't help falling in love with you. Like a river flows surely to the sea …" を結婚指輪に刻印しようとしている。

Joey:　　　Jess, just so you know, they charge **by** the letter.
Jesse:　　　All right. Just make it "Love me tender."
　　　　　　　(*Full House*, Season 4, Episode 15, Ol' Brown Eyes)

ジョーイ：ジェス，念のため言っておくけどさ，料金って1文字ごとにかかるんだぞ。
ジェシー：そうか，それじゃ Love me tender（[筆者注] これもまた Presley の曲名）でいいや。

契約の概念が重要であることは，次の (b) が不自然であることからも確認できる。

(9) a.　My father drinks two cans of beer every day.
　　b.　?My father drinks two cans of beer **by the day**.
　　　　私のお父さんは毎日缶ビールを2本飲んでいます。
(10) a.　I enjoy reading one page from this book every day.
　　b.　?I enjoy reading this book **by the page** every day.
　　　　私は毎日この本を1ページずつ読んで楽しんでいます。

ただし，単位用法の by が，量の多さや変化の速度などを強調ないし誇張する目的で使われる場合があり，この場合には契約の概念には縛られない。例として以下の (11)–(13) を挙げる。by the X-ful（X は容器の役目を果たす）や by the Y-load（Y は容器と移動手段という2つの役目を同時に果たす）で量の多さを強調・誇張すること，by the Z（Z は時間単位名詞）で変化の速

さを強調・誇張することが慣習化されていると考えられる。

(11) a. It's so good. I could eat it **by the jarful**. 　　　　(COCA)
すごく美味しい。瓶単位でも食べられるくらいだ。

b. I was sliding all over, cracking my skull on the ceramic soap dish, going under the water, breathing in suds **by the lungful**. 　　(COCA)
私は滑りに滑った。頭をセラミックの石けん受けに強打し，水の中に入り，泡を肺いっぱいに吸い込んだ。

c. Marcy, on the other hand, was a vitamin nut. Used to take them **by the handful**.
　　　　(*Columbo*, Episode 58, Columbo and the Murder of a Rock Star)
一方でマーシーはビタミン剤マニアだった。手いっぱいに握って飲んでいたくらいだ。

d. Flowers arrived **by the bushelful**, champagne by the cartload.
　　　　　　　　　　　　　　　(Mary McNamara, *Oscar Season*)
花はブッシェル升単位で，シャンパンは荷車単位で続々届けられた。

(12) a. Lucy: 　Well ... I suppose I could come for a little while. If you have sardines.
Tumnus: 　**By the bucketload.**
(映画 *The Chronicles of Narnia—the Lion, the Witch and the Wardrobe*)
ルーシー：うーん，ちょっとなら行ってもいいかな。サーディンあるなら。
タムナス：あるよ，バケツにいっぱい。

b. Today the site has become popular with tourists inspired by New Age ideas. They arrive **by the busload** for esoteric ceremonies [...] （COCA）
今日，その土地はニュー・エイジの思想に感化された者に人気の観光地となった。そうした人々が，秘教的な儀式のためにバスいっぱいに詰め込まれてやってくる［…］

c. Flowers arrived by the bushelful, champagne **by the cartload**. 　＝(11d)

d. Flowers will arrive **by the truckload**. 　　(https://www.ted.com/talks/stacey_kramer_the_best_gift_i_ever_survived/transcript)

トラック単位で花が送られてきます。

(13) a. [...] the disturbing smell now growing stronger **by the moment**, until at last I came out on to a stretch of open road.
(Kazuo Ishiguro, *The Remains of the Day*)
［…］嫌な臭いがどんどん強くなってきたなと思っていると，ようやく開けた道に出た。

b. [...] fashion was changing **by the minute**.
(Emily Giffin, *Something Blue*)
［…］ファッションは刻一刻と変化していた。

c. You're an investment broker. We grow wealthier **by the hour**.
(*Columbo*, Episode 50, Murder, A Self Portrait)
投資ブローカーの君のおかげで僕たちの生活は素晴らしいスピードで潤っていく。

d. Her attitude seemed to improve **by the day** [...]
(Kazuo Ishiguro, *The Remains of the Day*)
日に日に彼女の態度が良くなっているようだった［…］

一方で，慣習化されていると言ってよいか迷うような低頻度の誇張用法も存在する。たとえば (14) では，変化の速さではなく継続時間の長さが誇張されている。

(14) She used to sit on the sand with his head in her lap **by the hour** rubbing her fingers over his eyes and looking at him with unfathomable delight.
(F. Scott Fitzgerald, *The Great Gatsby*)
デイジーはよくトムの頭を膝に載せて，何時間も砂浜に座っていたわ。彼の目の上あたりを指で軽くこすり，うっとりした表情を顔に浮かべながら，夫の顔をしげしげ見つめていた。
(村上春樹 (訳)『グレート・ギャツビー』)

次例の by the pound は，強調や誇張ではないが，やはり「by the 単位」の構文が厳密な数量的意味を脱して用いられた用法であると考えられる。

(15) Ted: I guess I still have feelings for her.
Healy: This girl really means something to you, huh? All right. Tell you what ... I'll get you her phone number, just as soon as she gets back from Japan.
Ted: Thank you. I'd apprecia ... Japan? What is, what is happening in Japan? Why is she going to Japan?
Healy: Oh uh you've heard of mail-order brides, haven't you? Well, they go that way too.
Ted: Mary is a ... What, what, are they desperate? She's a whale!
Healy: Don't forget. It's a sumo culture. They pay **by the pound** there. Sort of like, uh, sort of like tuna.

(映画 *There's Something about Mary*)

テッド： 俺，メアリーのことが忘れられてないみたいだ。
ヒーリー：大事な女なんだな？　分かったよ。こうしよう。俺があの娘の電話番号をゲットしてやる。あの娘が日本から戻ったらすぐにな。
テッド： ありがとう。本当にあり…日本？　な，なぜに日本？　なんで日本に行ってるの？
ヒーリー：いや，ほら，結婚斡旋何とかってやつ，聞いたことあるだろ？　日本でもやってんだよね，ああいうの。
テッド： メアリーが…。え，え，日本人ってもうやけくそになっちゃってんの？　だってお前，「メアリーは今やもうクジラみたいに太ってしまっている」とか何とか言ってたじゃんか！
ヒーリー：忘れるな。向こうは相撲文化だ。あっちじゃ払う金はポンドで決まるんだよ。まぁ，あれだあれ，マグロみたいなもんだ。

この例の *They pay by the pound there* で Healy が伝達したい内容は「日本では結婚相手の価値が体重に比例して決まる」ということであり，その計測単位が pound なのか kilo なのかといった情報は特に意味を持っていない。実際，このコンテクストでは *They pay by the **pound** there* を *They pay by the **kilo*** *there* と書き換えても実質的な意味は保たれる。つまり、「by the 単位」の構文が文字通りの意味を担っていないのである。この意味で「by the 単位」の拡張的な用法であると言える。

5.2.3　N by N 構文

　状態変化が少しずつ、しかしながら着実に、進行するものであるということを伝達したいとき、英語ではN by N という副詞句を用いることができる。N には、その状態変化のプロセスの中で増減・変化しているものの単位として話者が注目したものを表す名詞が入る。たとえば1分に2人ずつ学生が部屋に入ってくるとき、時間軸の方に注目して *Students came in minute by minute* と表現することもできれば、人数をカウントする縦軸の方に注目して *Students came in two by two* と表現することもできる。前者タイプの実例が（16）、後者タイプの実例が（17）である。

(16) a. **Day by day**, the list of these stories grows [...]　　（Paul Auster, *Ghosts*）
　　　　こうしたシナリオのリストは日に日に数を増していき［…］

　　b. Laughter is easier, **minute by minute**, spilled with prodigality, tipped out at a cheerful word.　　　（F. Scott Fitzgerald, *The Great Gatsby*）
　　　　刻一刻と笑い声は軽やかになり、ふんだんにあふれ、愉快なひとことが引き金となってわっと盛り上がる。
　　　　　　　　　　　　　　　　　　　　（村上春樹（訳）『グレート・ギャツビー』）

　　c. Our business has been built **customer by customer**, so if we have fallen short in any way then please let us know—you are important and we don't want to lose you.[3]
　　　　当社はお客様一人ひとりとの触れ合いを通じてここまで成長して参りました。もしどこかお気に召さないところがありましたら、どうかご遠慮無くお知らせください。お客様は我々にとって、かけがえのない大切な人なのです。

(17) a. [...] no one knows it when every house and store in town is bought, **one**

---

[3] Charles Tyrwhitt というシャツメーカーの製品のパッケージに掲載されていた文章の一部。一人ひとりの customer とのやりとりが時間単位（(16a),(16b) の day, minute に対応するもの）として捉えられているものと思われる。

by one, over a period of about five or six years [...]

(Daniel Wallace, *Big Fish*)

[…]およそ5,6年という期間に渡って街中の家と店が1つまた1つと買い取られていっても,そんなことには誰も気が付かない[…]

b. **Bit by bit**, he has pared down his desires to what is now approaching a bare minimum. (Paul Auster, *Sunset Park*)

少しずつ,彼は自分の欲望を削ぎ落としていき,もはや必要最低限の欲しか持っていないに等しくなってきている。

N by N 構文の頻度分布について,Boberg (2009) が BNC コーパスをもとにして非常に詳細な記述を行っている。ここではその成果のいくつかを紹介しておく。まず,N by N 構文は,全体の傾向としては,副詞句として用いられる頻度が最も高く,次いで高頻度なのは限定用法の形容詞句としての用法である。後者の場合,(18) のように N-by-N とハイフンが入ることが多い(ただし (18) は Boberg が提示している例文とは別の例文である)。

(18) a. [...] Walker abandons the meticulous, **step-by-step** approach he has taken so far and rapidly summarizes the final events of the narrative.

(Paul Auster, *Invisible*)

[…]ウォーカーは,これまで採ってきた,一歩一歩慎重に進むような書き方を捨て去り,語りの最後に起こるいくつかの出来事について大急ぎで要約する。

b. However, they must be assigned on a **case-by-case** basis, as will be seen below. (Benom 2007: 174)

しかし,こうしたものの割り当ては,以下で見るように,ケースバイケースで行わなければならない。

N by N 構文が副詞句でも限定用法の形容詞句でもない使われ方をすることは全くないわけではないが,相対的に頻度も生産性も非常に低い。以下の例では N-by-N が名詞要素として機能しているが,play-by-play「(詳細な)実況中継」は固定化した名詞であり,N-by-N というスキーマに play をはめ込むという操作は行われていないだろう。

(19) Right now, we're in Rebecca's very hospital room where she's about to give birth to twins. I'm gonna be here every second coaching Becky through her delivery and giving you the **play-by-play** as we all watch in amazement the miracle of life.

(*Full House*, Season 5, Episode 10, Happy Birthday, Babies Part 2)

いま我々は，レベッカが双子を産もうとしているまさにその病室に来ています。私は片時も離れずベッキーの助産と実況中継を行いたいと思います。感動とともに見届けましょう，生命の奇跡を。

さらに Boberg (2009) は，N by N 構文の副詞用法と限定形容詞用法の相対的な頻度は，事例によって（つまり N に入る名詞によって）変わるという重要な指摘をしている。具体的には，step (-) by (-) step と case (-) by (-) case は，副詞句として用いられるよりも，形容詞句として用いられることの方が普通なのである（これは day (-) by (-) day や bit (-) by (-) bit では観察されない事実である）。N by N 構文の事例が均一の振る舞いを示さないというこの事実は，話者が N by N 構文に関して，スキーマだけではなく個別の事例表現の使い方まで記憶している可能性を示唆している。また，Boberg によれば，step (-) by (-) step と case (-) by (-) case が限定形容詞として用いられた場合には，step-by-step guide, step-by-step approach, on a case-by-case basis というコロケーションを取ることが多い。この頻度の偏りの事実は，話者が step (-) by (-) step や case (-) by (-) case を記憶するとき，N by N 構文の事例として記憶しているだけでなく，より大きな step-by-step guide, step-by-step approach, on a case-by-case basis という表現を言語的単位にして記憶している可能性があることを示唆している。

さて，ここで頻度分布をいったん離れて，N by N 構文の意味についてもう少し考えてみよう。まず，N by N 構文の事例の中で，side by side は 2 つの物体または人間が横並びになっていることを表し，プロセスの進展を表さない点で特殊である (Jackendoff 2008: 10)。

(20) [...] we sat down **side by side** on a wicker settee.

(Scott Fitzgerald, *The Great Gatsby*)

[…]私たちは枝編みの長いすに並んで座った。

プロセスの進展を表す方の事例については，まず，進展の欠如を表す N after N 構文と対比する形で理解するのがよい。Langacker (2010) によれば，N after N 構文は出来事が長く単調に続いていることを表すのに用いられる。「単調」とは変化や進展がないということである。したがって，Langacker の考え方が正しければ，N after N 構文の意味は，N by N 構文の意味とは正反対のはずである。というのも，N by N 構文は進展や変化の存在を前提とするからである。この予測は，次の例の比較から，正しいことが確認される。

(21)　He waited **day [after/*by] day** for his mother to come back.
　　　彼は母親が戻ってくるのを1日また1日と待った。
(22)　She is making progress **day [*after/by] day**.
　　　彼女は日に日に進歩している。

変化がなかったことを含意する wait と結びつくのは day after day の方であり，変化の存在を含意する make progress と結びつくのは day by day の方である。このことから，N after N は変化の欠如を含意し，N by N は変化の存在を含意すると考えられる。

　次に，N by N 構文の進展の意味の中に，進展の遅さ，漸進性が含まれていることが重要である（松山 2005: 170–171; 平沢 2015b）。

(23)　*Stewie ran at full speed **step by step**.　　　（平沢 2015b: 111）
　　　意図した文意：スチューイは全速力で一歩一歩着実に走った。

このように，ran at full speed と共起できないことから，step by step の意味にはそれと矛盾する要素，つまり「遅い」という要素が含まれていると考えられる。Jackendoff (2008) は，N by N 構文の N スロットを数詞が埋める場合（これによりおそらく (16) タイプはほぼ排除され，(17) タイプに限定される），その数詞が指す数値は小さい方が一般的であると指摘している。これは，その方が進展の遅さを意味しやすいからだと考えられる。Taylor (2002) も（別の文脈であるが）次のような容認性判断を下している。

(24) They came in {one by one/ ?ten by ten}. （Taylor 2002: 101）
彼らは {1 人また 1 人／ 10 人また 10 人} と入ってきた。

　ただし，意味として進展とその漸進性がかかわっていればいつでも N by N 構文が自然に響くわけではない。Taylor（2002）の次の容認性判断を見てほしい。

(25) The country got poorer {year by year/ ?decade by decade/ *century by century}. （Taylor 2002: 101）
その国は {1 年／ 10 年／ 100 年} 経つたびにどんどん貧しくなっていった。

筆者は，これに関して，あまりにも変化のスピードが遅すぎるともはや変化として認識しにくくなり，それによって N by N 構文が使いにくくなるのではないかと考えている。100 年ごとに観測しないと経済状況の悪化が見えないような国は，実際には貧しくなっているように見えないだろう。
　さらに，Taylor（2002）によれば，表現としての慣習化の度合いや音節数などもかかわっている。

(26) He spent the inheritance {bit by bit/ ?dollar by dollar/ *banknote by banknote}. （Taylor 2002: 101）
彼は遺産を {少しまた少し／ 1 ドルまた 1 ドル／紙幣 1 枚また紙幣 1 枚} と使った。

同じ事態を表している場合であっても，bit by bit → ?dollar by dollar → *banknote by banknote の順に容認度が下がっていくのである。bit by bit → ?dollar by dollar で慣習化の度合いが落ち（COCA では bit by bit 386 件に対して dollar by dollar 3 件），音節数も 1 から 2 に増している。?dollar by dollar → *banknote by banknote では，音節数は 2 のまま変わらないが，慣習化の度合いが落ちている（COCA では dollar by dollar 3 件に対して banknote by banknote 0 件）。慣習化に関しては，次の差にも注意しなければならない。

(27) a. **Little by little**, he became the person he had wanted to become.
   少しずつ，彼はなりたい人になっていった。
   b. ***Few by few**, he collected the stones he had wanted to collect.
   意図した文意：少しずつ，彼は集めたかった石を集めていった。

N by N 構文では，平沢（2015b）が指摘するように，N の部分で可算名詞が裸で現れるということが起こるのが一般的だが，little by little はそれには当てはまらない。little がそもそも数量詞であって，可算名詞ではないからである。数量詞が許される自由度があるのであれば，似た意味を表す数量詞の few を用いた few by few も認められてもよさそうなものだが，(27b) にある通り，実際の英語はそうなっていない。(26)，(27) は，Boberg (2009) の提示する頻度分布と同様に，英語母語話者が N by N 構文に関してスキーマレベルの知識のみならず，具体的な事例レベルで表現を記憶していることを示唆している。

5.2.4 乗除用法

次のように乗算・除算で by が用いられることがある。これを乗除用法と呼ぶ。

(28) If you multiply 12 **by** 8 you get 96.
   12 掛ける 8 は 96 です。
(29) Divide 96 **by** 8.
   96 を 8 で割りなさい。

この用法を差分クラスターの一部として扱っていることについては，5.3.3 でコメントを加える。

5.2.5 寸法用法

縦と横の直線（場合によってはさらにそれらと直交する直線）の長さを数値で表して寸法を表現する場合に，数値と数値の間に by を置くことが多い。これを寸法用法と呼ぶ。

(30) Quinn opens the top folder and removes four eight-**by**-ten black-and-white photographs. (Paul Auster, *Travels in the Scriptorium*)
クインは一番上のフォルダーを開け，8 × 10 の白黒写真を4 枚取り出す。

(31) [...] its tiny chamber, whose real space was perhaps three **by** three **by** three meters [...] (COCA)
［…］小さい部屋，その実際の大きさはおそらく3 メートル× 3 メートル× 3 メートルだった［…］

この用法が慣習化された熟語として，two-by-four がある。この表現は，(32a)のように厚さが2 インチ，幅が4 インチの木材を指す名詞として使われることもあれば，(32b)のように部屋の狭さを表す形容詞として使われることもある。

(32) a. The last time I saw that guy, he looked ready to wrap a **two-by-four** round Mr. Markham's neck.
（*Columbo*, Episode 9, Blueprint for Murder）
俺が最後に見たときには，この人，木材でマーカムさんの首をぶん殴ってもおかしくない感じでしたよ。

b. Otherwise, he would go on languishing in the darkness of his private, **two-by-four** hell [...] (Paul Auster, *The Brooklyn Follies*)
そうでなかったら，自分専用の狭い地獄の暗闇に引きこもり続けることになるだろう［…］

5.3 差分・単位：用法と用法の関係

本節では，前節で概観した5 つの用法と他の用法の関係について考察する。

5.3.1 単位用法と他の用法のつながり

単位用法は差分用法とかかわっていると考えられる。単位は複数の差分が均等に並んだものと捉え直すことが可能だからである。次の(33)は，by の補部が定冠詞と単位名詞の組み合わせになっていないので差分用法の例であ

るが，同じ差分が複数並んでいるため，意味的には「単位」として再解釈されうるものである。

(33) a. Thus my courtship of Sophie began—slowly, decorously, building **by** the smallest of increments.　　　　　　　　　　　　　　　=(2d)
　　b. I advanced **by** fractions of an inch [...]　　(Paul Auster, *Moon Palace*)
　　　　1インチの何分の1かずつ，じっくりと進んでいき[…]
　　c. ホログラムのセリフ：
　　　　There appears to be a malfunction in my imaging system. It's been reducing my height **by** five centimeters every hour.
　　　　　　　　　　　　(*Star Trek: Voyager*, Season 1, Episode 2, Prallax)
　　　　映像出力システムに異常が生じているようです。私の身長が1時間に5センチずつ縮んでいるのです。

たとえば *I get paid by the hour* の by 句と（33a）の by 句が表す意味を図示すると以下のようになり，単位用法と差分用法が類似しうるものであることが明確になる。

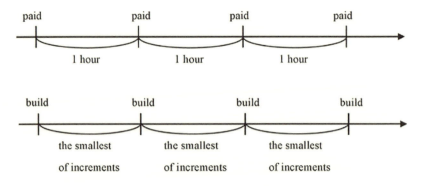

図1　単位用法と差分用法

さらに言えば，差分用法と単位用法に現れる by の意味は同一であるとまで言えるかもしれない。差分用法と単位用法の by は同一節中では使えないからである。以下の例を参照されたい。(34) は，(a) と (b) にあるように

by an inch も by the day も利用可能であるコンテクストであるにもかかわらず，(c) と (d) のように両方を同一センテンス中で用いると不自然になるのである。

(34) a.　John is getting taller **by** an inch every day.
 b.　John is getting an inch taller **by** the day.
 c.　?John is getting taller **by** an inch **by** the day.
 d.　?John is getting taller **by** the day **by** an inch.
　　　ジョンは日ごとに1インチずつ背が伸びている。

異なる意味であれば同一節中で使用することが可能である。たとえば，(35) は同一節中に2つの by 句を含むが，1つ目の by が動作主を導く by で，2つ目の by が手段を導く by であるというように用法が異なるため，十分に容認可能である。(36) でも，1つ目の by が呼び名を導く by (平沢 2017a) で，2つ目の by が動作主を導く by であるというように，異なる用法の by 句が連続している。

(35)　A great deal of information was obtained **by** their competitors **by** subterfuge.　　　　　　(Huddleston and Pullum 2002: 674–675)
　　　ライバル会社が大量の情報を不正に入手した。
(36)　She hated the fact that while Juliette and Gregory were known **by** their names **by** the hotel's high-powered guests, she was, in most people's eyes, just a lovely uniform or, even worse, a helpful voice on the phone.
　　　　　　　　　　　　　　　　　　　　(Mary McNamara, *Oscar Season*)
　　　ルイーザは，ジュリエットとグレゴリーがホテルの重要な客に名前を覚えられているのとは違って，自分はほとんどの人に「かわいい制服を着た女性」か，最悪，「困ったときに助けてくれる電話の人」くらいにしか思われていないことが嫌で仕方なかった。

しかし，そうは言っても，英語母語話者は by の差分用法と単位用法を別のものとして記憶しており，様々な個別知識を持っていると考えているべきである。(i) 差分用法は商業・契約の文脈を必要としないのに対して

単位用法はそのようなコンテクストを要求することや，(ii) 単位用法は by the minute などの誇張用法を持つこと，(iii) 差分用法は by の補部名詞句に単複・定不定など様々なバリエーションがありえるのに対して単位用法は by the 単数という固定的な形を取ることなど，差分用法と単位用法の実例に十分に触れて記憶しない限り身につけられないであろう知識が，多く存在するのである。(iii) についてもう少し掘り下げてみよう。単位用法に定冠詞が現れるのは，方角全体を4つに分けたうちの1つが **the** north [south, east, west] と表されたり，1年という全体を4つに分けたうちの1つが **the** summer [spring, fall, winter] と表されたり，身体という全体を部分に分けたうちの1つが **the** head [shoulder, etc.] と表されたり (e.g., *She touched him on the head [shoulder, etc.]*)，哺乳類という全体を部分に分けたうちの1つが **the** dog と表されたり (e.g., ***The dog is a friendly mammal***) するのと同じだと理解することは確かに可能である (織田 2002: Ch. 9; 2007: Ch. 6)。しかし，単位用法で the が用いられているのを見たことのない人は，get paid by **an** hour のように不定冠詞を使ってしまうかもしれない。そうすることに論理的にも文法的にもおかしいところは何もないからである。結局のところ，単位用法に the が現れることは予測不可能であり，「この the は全体を分割したうちの1つを指す the で云々」というのは，現代英語の単位用法において the が現れるという事実を知り，覚えたうえでの後知恵に過ぎないのである。

5.3.2 N by N 構文と他の用法のつながり

N by N 構文は，N が単位として把握される点で，単位用法とかかわっていると考えられる (Taylor 2002: 102)。たとえば，*The country got poorer **year by year*** は，国の経済状況の悪化という変化が毎年単位で観測されるということであり，*They came in **one by one*** は人間の入室という出来事が起こる人数の単位が「1人」であったということである。そして，単位用法とかかわっているということは，N by N 構文は均等に並んだ複数の「差分」とも関係しているということになる。*They came in **one by one*** を例に取ると，人間がどんどん入室してくるということは，入室してきた人間の数が増えていくわけだが，その増え方の差分が，均等に毎回「1」なのである。

歴史的には，N by N の前身は以下の例にあるような † by N and by N であった可能性がある (†は現代英語では用いられなくなった廃用法の印)。

(37) Heo droȝen ut of þan wuden **bi** sixti & **bi** sixti.
(*OED*, c 1205)
They drew out of the woods by sixty and by sixty.
'They came out the woods sixty by sixty.'

というのも，† by N and by N は N by N と形式面でも意味面でも類似しているからである。まず，形式的には，† by N and by N も N by N も，N を近接した位置で 2 回繰り返し発音することによって，プロセスが絶え間なく続くことを表現している。意味的には，† by N and by N では N が単位ないし均等に並んだ差分を表しており，上の段落で触れた N by N 構文の意味特徴と一致する。

　一部の先行研究では，N by N 構文が，単位用法（および差分用法）以外のものと関連付けられているが，それは筆者には妥当な考え方に思えない。まず，Hanazaki and Kato（2004）と Hanazaki（2005）は，bit by bit を例に取り，この by が空間的近接性の by とかかわっている（bit と bit が「近い」）としているが，bit と bit が近いということからプロセスの進行が漸進的であることが導かれる論理は筆者には理解できない。たとえば 10 ml ずつジュースを飲む行為を drink the juice **bit by bit** と言うとしよう。このとき，bit は 10 ml という量に対応する。このとき，bit と bit が近いとは—10 ml という量と 10 ml という量が近いとは—どのような意味なのだろうか（逆に 10 ml という量と 10 ml という量が近くない飲み方とは一体どのような飲み方なのだろうか）。

　Lindstromberg（2010）は，minute by minute, hour by hour などの表現の背後には，時や出来事が未来から人間に近づいてきて，そして過去の方向に向かって進んでいく，というメタファーが存在するとし，in times gone by, let bygones be bygones, life has passed me by といった時間的過ぎ去りの by との関連を指摘している（Lindstromberg 2010: 143）。それ以上の説明は何もなされていない。これは，英語母語話者の英語使用を可能にしているメカニズムに関する説明にはなっていない。言い換えると，「時間が過ぎ去っている。だから by を使おう」という発想は話者には働いていないはずである。もしこのような発想が働いているのであれば，時間の過ぎ去りは roll on でも表せる（e.g., as time rolled on）ことを考えると，minute by minute や day by day のかわりに *minute on minute や *day on day と言ってもよいはずだ。しかし誰もこうは言わない。また，「時間が過ぎ去っている。だから by を使おう」という発想が働いたとして，どうしてそこから N by N という変わった形に行き着くのかが分からない。仮に N by N という形の説明ができたとしても，「時間がどんどん過ぎ去っていき，全てが変わっていった」の意味で *Everything changed *time by time* と言えない (cf. as time goes by) ことや，5.2.3 で指摘したように N の性質によって N by N の容認性が変わることの説明がつかない。

　結局，英語母語話者は N by N 構文の使い方についての個別知識を持っているのである。近接性や過ぎ去りの用法との関連など，言語学者が想像力を発揮して何を指摘しようとも，その指摘は英語話者の N by N 構文の使用を可能にしている知識についての指摘ではないだろう。

　ここで，Schulze (1990) の実験を紹介したい。Schulze は，英語母語話者 49 名に対して，以下の英文 [6] から [27]（番号は本書の例文番号ではなく Schulze 1990 のもの）を by の意味に基づいて分類するように指示した。図 2 はその階層クラスタリングの結果を示したものである。

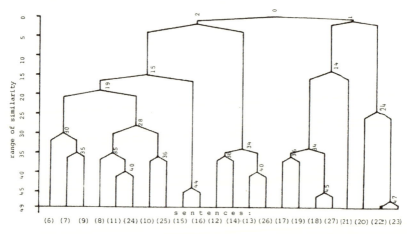

図 2　Schulze が行った階層クラスタリングの結果 (1990: 1255)

[6] Quite a lot of people were standing by and watching the fight; [7] This

is the Joneses' house. Mine is quite close by; [8] As we went forward, we tried to keep by the sea, because we did not want to lose our way; [9] The whole time he was at the football match, I kept close by him to see that he did not run away; [10] By his side stood one of his best friends; [11] He has a nice house by the river; [12] He watched the soldiers as they marched by; [13] I often pass by her window; [14] He pushed by me and ran away; [15] Here the river, the railway and the road run side by side; [16] I was running side by side with our captain; [17] The thieves came in by the back door, and went out by the front; [18] You can get to Trafalgar Square by Charing Cross Road; [19] You can still get in after midnight, but only by way of the main gate; [20] The ship is sinking by the stern; [21] Steer South-West by South, boatswain!; [22] He seized me by the arm; [23] He grabbed the knife by the blade; [24] On a cold evening it is pleasant to sit by the fire; [25] The dog trotted along by the side of its master; [26] Who is that who has just gone by the window? [27] She went from Manchester to London by Sheffield, Nottingham and Leicester.

N by N 構文の事例として side by side のみが扱われており（[15]，[16]），step by step や bit by bit のようにプロセスの進展を表すものが扱われていないのは残念であるが，それでも [15]，[16] の side by side が [10] の by one's side や [25] の by the side of と直接的に類似したものとして認識されていないということが分かり興味深い。やはり side by side およびそれを包摂するスキーマである N by N 構文の知識はそれ自体で知識の単位になっているのであろう。ただし，本書で繰り返し指摘してきた通り，たとえ話者が「表現 E_1 は表現 E_2 に似ている」「表現 E_1 は表現 E_2 に関係している」と思っている場合であっても，表現 E_1 を使用するたびに表現 E_2 を利用している，表現 E_2 があるから表現 E_1 の使用が可能になっている，ということを含意するわけではない。そのため Schulze (1990) の実験は本書の関心と直接的に結びつくものではない（Schulze 自身，実験結果の解釈に関して慎重であることを Schulze 1990 に加えて Schulze 1991 でも確認されたい）。

5.3.3 乗除用法と他の用法のつながり

5.2.4 で留保していた，乗除用法を差分・単位の章で扱うことにした理由についてコメントしておきたい。乗除用法は単位用法とかかわっていると考えられるのである。たとえば (28) の *If you multiply 12 **by** 8 you get 96* は 8 をひとまとまりとしてそれを 12 回重ねると考えればよい。(29) の *Divide 96 **by** 8* は，8 を分割不可能な単位として 96 を分割するということである[4]。この考え方が妥当であることは，3 ドルの商品（3 ドルが 1 つの単位となる）を 4 つ買う際に合計金額を計算する方法として自然なのは，multiply 4 by 3 であり multiply 3 by 4 ではない，と言う話者がいることからも確認できる。

しかし，筆者は，乗除用法を単位用法と同じ章で扱っているからといって，乗除用法と単位用法のつながりが全ての話者にとって密接に感じられていると主張するつもりもなければ，単位用法の知識があるから乗除用法が使えるのだと主張するつもりもない。平沢 (2013b) が指摘しているように，上の状況で multiply 3 by 4 を容認する話者もいるのである。また，次のような実例もある。語り手は妊婦で，女の子が欲しかったのに，男の子でしかも双子ということが判明してやけを起こし，病院から出たくなったという場面である。

(38) [...] I had to get out of there, irrationally believing that his office and its

---

[4] by の補部名詞句が単位として機能し，かつその単位は分割しないようにしながら分割が行われるという点は，次のような by の〈分類〉用法にも共通している。

(i) Hundreds of telephone books, thousands of telephone books, arranged alphabetically **by** city and set out in chronological order.　　　　　　　　　　(Paul Auster, *Oracle Night*)
　　何百冊，何千冊という電話帳が，都市ごとにまとめられアルファベット順に整理されたうえで，時代順に並べられている。

(ii) Dad, we finished the dishes. I stacked the saucers on the salad plates, the salad plates on the dinner plates, and the glasses **by** color and size.
　　　　　　　　　　　　　　　　　　(*Full House*, Season 2, Episode 2, Tanner vs. Gibbler)
　　パパ，皿洗い終わったよ。お皿はサラダプレートの上に積んで，サラダプレートはディナープレートの上に積んで，あと，グラスは色と大きさごとに分けて積んだ。

(i) では，同じ都市の電話帳は同じところに存在して分断されないことになる。(ii) で子どもが父親に最後に報告している内容は，「同じ色，同じ大きさの皿は置き場を分けなかった」と言い換えることも可能である。このように，〈分類〉用法の by の補部名詞句は分割されない単位として機能することになる。

imposing Victorian formality had transformed my girl baby into a boy baby and then multiplied her **by** two. （Emily Giffin, *Something Blue*）
［…］私には病院から脱出する以外ありえなかった。というのも，診療所とそこのお上品な堅苦しさに圧倒されて，女の子だったベビーちゃんが男の子に変わってしまい，2 人に増殖してしまったのだ，などというわけの分からないことを確信していたのである。

　もしも「単位用法があるからこそ乗除用法が使用可能になる」のであれば，her が単位となって二重にされたのだから，*multiplied two by her となるはずであるが，これは不自然で，multiplied her by two の方が自然である。これはおそらく，multiply は目的語の動植物を繁殖させるという意味を表す用法を持っており，その繁殖用法の方が算術的な乗除用法よりも今回のコンテクストとの関連性が高く感じられるためであろう。
　さらに，筆者はこの乗除用法が単位用法以外の別の用法と結びつけられる可能性も否定しない (1.3.4 参照)。たとえば，by には手段を表す用法が様々あり (その一部を第 4 章で扱った)，その手段の意味が乗除用法に関与している (と感じている話者がいる) 可能性は十分にある。たとえば (28) では 8 が 12 を multiply する手段であり，(29) では 8 が 96 を divide する手段になっているという分析を否定することはできない。
　しかし，またしても，by で手段を表せることと multiply と divide が乗除の動詞であることを知っているだけでは，multiply [divide] X by Y という by の乗除用法は予測不可能である。手段を表せるのは by だけではない。with もある。したがって，言語経験の中で multiply [divide] X by Y に触れていなかったら，*multiply [divide] X with Y という誤ったパターンを予測してしまうだろう。しかし実際には英語母語話者は *multiply [divide] X with Y が誤り (もしくは普通でない言い方) で multiply [divide] X by Y が正しく普通の言い方であることを知っている。これは使用に触れて記憶しなければ知りようがないことである[5]。

---

[5] 第 1 章の脚注 22 がその証拠である。

5.3.4　寸法用法と他の用法のつながり

　寸法用法は乗除用法（のうち特に乗算の用法）とかかわっていると考えられる。人間が平面の寸法について述べたい状況は，その平面（たとえば部屋の床）には住むのに十分なだけの広さがあるか等を気にしている状況である。この「広さ」は縦の長さと横の長さを掛けることによって計算されるものである。これが，乗算に使う言語形式が寸法に現れる理由であると思われる。この発想は，広さ，面積，乗算といった普遍的な概念のみを材料としているため，英語以外の言語でも観察されることが予想されるが，実際そうである。(39) は日本語の，(40) は中国語の例（鄭若曦氏提供）である。

(39)　10　　メートル　**かける**　10　　メートル　の　　部屋
　　　10　　meter　　multiply　10　　meter　　of　　room
　　　'a room of 10 meters by 10 meters'

(40)　shi　mi　　**cheng**　　shi　mi　　de　　wu zi
　　　10　meter　multiply　10　meter　of　　room
　　　'a room of 10 meters by 10 meters'

両言語で，乗算に用いられる言語形式である「かける」と cheng が寸法の表現にも用いられていることに注目されたい。
　しかし筆者は，乗除用法さえ知っていれば寸法用法を知っている必要はない，と主張するつもりはない。寸法用法は寸法用法として覚えている必要がある。というのも，an eight-by-ten photograph の意味で言ってもよいはずの *an eight-and-ten photograph や *an eight-ten photograph，*a vertically- eight-(and-) horizontally-ten photograph などの表現が全くもって普通の言い回しでないからである。母語話者がこうした数々の表現を切り捨てて an eight-by-ten photograph という表現を選ぶのは，寸法は by を使って X-by-Y と言うのだということを知っている（覚えている）からに他ならない。

5.3.5　差分用法と他の用法のつながり

　差分用法は，他のどのような用法と結びついているのだろうか。Come back **by** five や He came in **by** the back door のように現代英語に存在する用法との関係を考えてみると，そこに意味的なつながりは感じられず，また，現

れる言語的コンテクストにも共通性は見られない（たとえば動詞句に注目すると，時間用法の by のように状態性動詞句を特別好んだり，経路用法の by のように移動動詞句を要求したりしない）。

　意味と意味の間のつながりに関心を持つ分析者は，このような場合，今は廃れてしまった過去の用法がミッシングリンク（missing link (s)）となっている可能性を考えなければならない（Cuycukens 1999, Hanazaki and Kato 2004, Hanazaki 2005）。中英語期においては，by は空間における静的な距離や動的移動の経路の長さを導くのに広く用いられた。†距離用法，†経路長用法と呼ぶことにする。(41) は前者の例，(42) は後者の例である。

(41)　There is nother castell nor towne **by** xx myles nyghe aboute it.
　　　　　　　　　　　　　　　　　　　　　　　　　　　　　（*OED*, c 1489）
　　　There is neither castle nor town by xx miles near about it.
　　　'There is neither a castle nor a town within twenty miles of the place.'
(42)　Concience com arst to Court **Bi** a Myle.　　（*MED*, c 1390）
　　　Conscience came first to Court by a mile.
　　　'Conscience came first to the court from a mile away.'

差分用法には（1）(e.g., *He was the younger **by** two years*) のように静的なものと（2）(e.g., *They extended the grounds **by** 5 acres*) のように動的なものとがあるが，それぞれ†距離用法と†経路長用法が抽象的な数直線の上にマッピングされたものであり，メタファー的拡張の結果生じたものであると考えればよいだろう。†経路長用法は，同じく中英語期の†経路用法と関連している。現代英語では，4.4 節で見た通り，経路かつ手段と認識されるものしか by の補部となれないが，そのような制約は中英語期には存在しなかった。

(43)　þer com a prost **bi** þe weie　　　　　　　　（*OED*, c 1175）
　　　therecame a priest by the way
　　　'there came a priest along the way'

空間的移動の状況において，経路長は経路自体の持つ重要な側面の1つで

あるから，経路と経路長の間の焦点のシフトは一種のメトニミーであり，自然な現象であると言える。Cuyckens (1999) の指摘通り，この†経路用法が手段の意味合いを帯びた結果が，現代英語における経路手段用法 (4.4 節で単に経路用法と呼んでいたもの) である。ここに，差分用法—†距離用法—†経路長用法—†経路用法—経路手段用法というつながりが見えてくる。

このように，by の差分用法と差分クラスター外の by の用法の関連は，通時的な視点を導入して初めて自然な形で (つまり人間に普遍的であることが認知言語学によって解き明かされた，メタファーやメトニミーといった概念装置を利用して) 説明できたのであって，現代英語の別の by の用法とつなげようとしても，どうしても直感的に納得しがたい「こじつけ」になってしまう。たとえば increase **by** three percent の by を *Come back* **by** *five* や *He came in* **by** *the back door* の by と結びつけようとしても無理があるだろう。差分用法と経路手段用法は現代英語話者の頭の中では切り離されており，個別の知識として記憶されているのだと考える方が自然である。

5.4 言語使用を可能にする拡張
5.4.1 N by N 構文からの拡張：概説

N by N 構文は，ときに創造的に拡張し，N by N by N 構文や，N_1 by N_2 by N_3 構文，N by AN 構文など，慣習化の度合いが低い構文を生み出す。

N by N by N 構文の意味は，N by N 構文の意味とほとんど変わらないが，前者は後者に比べてプロセスの進行の遅さが際立つ言い方である。これは，N by N by N の方が N by N よりも発音するのに時間がかかる形式であることと関係している (類像性が関わっている) のかもしれない。

(44)　War stories. Let your guard down for a moment, and they come rushing in on you, **one by one by one** [...]　　　(Paul Auster, *Man in the Dark*)
　　　戦争の物語。それは，少し隙を見せると押し寄せてくる。1つ，また1つ，また1つと［…］

(45)　She's coming along now. I can smell it. **Bit by bit by bit**.
　　　　　　　　　　　　　　　　　　　　(Paul Auster, *Man in the Dark*)
　　　よくなってきているのよ。そんな感じがする。少しずつ，少しずつ，少しずつ。

side by side が N by N 構文の他の事例と異なる意味を有しているのと同様に，side by side by side は N by N by N 構文の他の事例と意味が異なる。side by side by side はプロセスの遅さを際立たせるのではなく，横並びになっている人間やものの数が3つであることを表す。

(46) A thin crowd of mourners milled somberly at the entrance as the three approached. They walked **side by side by side**—Uncle Max, thick-shouldered and in a loud sport coat; Kyle's mother, tall and drawn in a long black dress; and Kyle, in his ill-fitting gray suit. (COCA)
まばらに集まった参列者たちが悲しげな顔をして入り口あたりをうろうろしていると，3人が近づいてきた。彼らは横一列に並んで歩いた。いかつい肩をしたマックス叔父さんは派手なスポーツジャケットを着ていた。長身でやつれたカイルの母親は，長い黒のドレス。カイルは，身体に合っていないいつものグレーのスーツだ。

N_1 by N_2 by N_3 構文は，N by N 構文と同様に，変化の漸進性を表わす。

(47) Agents immediately began picking apart the typed letter **noun by verb by adjective**. (COCA)
FBI の捜査官たちはすぐに，タイプされたその手紙を名詞，動詞，形容詞へと分解し始めた。

(48) To splatter a fly in one straight shot, I have discovered, isn't nearly as entertaining as breaking it down bit by bit, **wing by leg by head**. (COCA)
私は気付いた。ハエをピシャッと一発で跳ね飛ばすというのは，少しずつ—まずは羽，次は足だ，よーし今度は頭に行くぞという風に—分解していく楽しさには，とうてい及ばないのだ。

ただし N by N 構文の場合には，関与するどの N も変化のプロセスの単位になっているが，N_1 by N_2 by N_3 構文の場合には必ずしもそうとは限らない。たとえば (48) を見てみよう。breaking it down の it は単数名詞句 a fly を受けており1匹のハエを指す。すると，wing(羽)や leg(脚)は複数あっても，頭(head)は1つしかないはずである。したがって，head がプロセス

の単位になっているとは考えられない（ハエが1匹しかいないのなら，頭を1つまた1つともぎ取っていくことはできない）。また，wing は複数あるといっても，wing がプロセスの単位になっているのは，wing by leg by head が描写している時間幅の一部にすぎない。leg についても同じことが言える。言ってみれば wing by leg by head は body part by body part の意味なのである。N by N 構文の場合，プロセスを構成する単位は N が指すものそのものであるのに対して，N_1 by N_2 by N_3 構文の場合には，プロセスを構成する単位は N_1 と N_2 と N_3 の指示対象（ハエの例では，羽と脚と頭）の上位概念として存在するもの（ハエの例では，身体部位）なのである。

　さて，5.4節の狙いは，N by N 構文からの拡張と考えられるまた別の構文である N by AN 構文の特徴を記述し，その拡張の性質を明らかにすることである。

(49)　　[...] and then, **step by struggling step**, walking the length of the bridge [...]
　　　　　　　　　　　　　　　　　　　　　　（Paul Auster, *The Locked Room*）
　　　　［…］そして一歩一歩，戦いながら，ブリッジを進んでゆく［…］

N by AN 構文は後述する通り出現頻度が低く，現れるジャンルも限られているため，理論的な重要性に乏しいように思われるかもしれない。しかし，本書にとってこの構文を分析することは理論的な意味で非常に重要である。
　本書では，拡張した後に完全に定着してしまった言語表現は拡張前のことを想起しなくても使えるようになること，そして，その表現の使用を可能にしているのはその表現の使い方についての個別知識であることを何度も主張してきた。しかしこれだけでは，拡張が始まってから完全に定着するまでの間の言語使用についての説明が抜け落ちていることになる。その穴を埋めるのがこの5.4節なのである。結論を先取りすれば，拡張が始まっているものの完全には定着していない表現は，拡張前の表現の知識を参照しているからこそ使用可能になっているということが明らかになる。具体的に言い換えると，N by AN 構文という完全には定着していない構文が，いま使用されているような形で使用されているのは，その使い手が N by N 構文を知っているから（より正確には，その使い手が「自分だけでなく相手も N by N 構文を知っている」と思っているから）であるということが明らかになる。

拡張によって生じた表現が全くもってその言語らしくないと感じられる場合には、その表現は1回きりの使用にとどまり、定着の方向には向かわないだろう。少しずつでも定着に向かっていくためには、拡張の結果として生じる表現が少なくとも何らかの点でその言語らしいと感じられる必要がある。N by AN 構文がこの要件を満たしていることを 5.4 節の後半で確認する。なお、定着していない表現が拡張前の表現についての知識に動機付けられていることや、定着に向かって進んでいく表現がその言語らしさを持っているということは、Taylor (2015) が much in all as という新奇表現を題材に論じている。5.4 節の議論はこの Taylor の議論と重なりあうものである。

記述は量・質の両側面から行う。量的な分析には COCA を利用した。まず、検索式 [*nn1*] by [j*] [*nn1*]（単数名詞 + by + 形容詞 + 単数名詞）によりヒットする 5,895 件から、手作業でノイズデータを除去し、N by AN 構文の事例 111 件を得た。この検出方法には1つ問題点がある。COCA 内に生起している N by AN 構文の一部は、名詞部分に [*nn1*]（単数名詞）というタグが付けられておらず、上述の検索式では検出されないのである。中でも深刻なのは、Dixon (2005: 407) が "units of time" と呼んでいる 11 個の時間単位名詞 (i.e. hour, day, night, week, month, season, year, second, minute, decade, century) の単数形に [*nn1*] のタグが付けられていないことである。たとえば day by agonizing day は COCA 内に生起しているにもかかわらず、検索式により抽出された 5,895 件の中には含まれていなかった。これは本書の分析結果を歪めうる。というのも時間単位名詞は N by N 構文に頻繁に生起する (e.g. day by day, year by year) ため、N by AN 構文でも頻繁に生起する可能性があるからである。こうした事情から、本書では時間単位名詞 11 個のそれぞれについて（hour by [j*] hour や day by [j*] day といった検索式を用いて）N by AN 構文の事例を検索し、新たに 6 例を得た。結果として、合計 (111+6=) 117 例が 5.4 節の量的分析の対象となる。

5.4.2　N by AN 構文の記述
5.4.2.1　N by AN 構文の記述：ジャンル

N by AN 構文は文学的な響きを持つ。このことは、表 3 にあるように、COCA での当該構文の生起頻度がフィクションで最も高く、口語で最も低

いことからも確認できる[6]。

表3　ジャンルごとの N by AN 構文

SPOKEN	FICTION	MAGAZINE	NEWSPAPER	ACADEMIC	ALL
7 (6.0%)	65 (55.6%)	21 (17.9%)	16 (13.7%)	8 (6.8%)	117 (100.0%)

この特徴は N by N 構文には見られない。たとえば step by step, piece by piece と step by A step, piece by A piece を比較しよう。表4が示すように，step by A step と piece by A piece は話し言葉ではほとんど用いられず，フィクションに偏るのに対し，step by step と piece by piece は話し言葉を含め様々なジャンルでよく用いられる。

表4　ジャンルごとの step by (A) step と piece by (A) piece

	SP	FC	MG	NP	AC	ALL
step by A *step*	1 (3.4%)	15 (51.7%)	8 (27.6%)	1 (3.4%)	4 (13.8%)	29 (100.0%)
step by step	195 (28.7%)	131 (19.3%)	134 (19.7%)	121 (17.8%)	99 (14.6%)	680 (100.0%)
piece by A *piece*	0 (0.0%)	4 (57.1%)	1 (14.3%)	1 (14.3%)	1 (14.3%)	7 (100.0%)
piece by piece	92 (25.6%)	118 (32.9%)	66 (18.4%)	60 (16.7%)	23 (6.4%)	359 (100.0%)

---

[6] ただし，コーパス (5.4節では2014年11月時点でのCOCA) におけるジャンル分けは，個別の表現の文体的特性ではなく，その表現を含むテクスト全体のジャンルに対応することに注意が必要である。たとえば，'Cause he's mine, that's why. I'll take his one eye, and then the rest of him, **piece by small piece**「だって彼は私のものだから。だから誰も彼には手を出さないのよ。私が片方しかない彼の目を頂戴して，それで残りは少しずつ，少しずつ頂くわ」は COCA で FICTION に分類されているが，映画の登場人物のセリフなので SPOKEN に分類することも可能であるはずだ。逆に，*If Grundy had a hope of winning he was going to have to take the jury* **step by gruesome step** *on that fatal walk through Morse's Pond that ended in a savage murder*「グランディー検事は，もし勝ちたいと思うなら，陪審員たちをあの死の散歩に連れて行き，身の凍るような一歩一歩を踏みしめてもらうしかなかった。モーセズ池を通って残虐な殺人へと行き着くあの死の散歩に」は COCA で SPOKEN に分類されているが，これはニュース番組のナレーションの一部であり，N by AN 構文が日常会話において用いられていることの証拠にはならない (cf. 平沢2019b)。5.4節で提示するデータには，このような悩ましいステータスを持つ例が少数ながら含まれていることを念頭に置いて，「大まかな傾向」程度のものとして見ていただきたい。

5.4 言語使用を可能にする拡張 | 215

　N by N 構文は（step by step と piece by piece に限らず）話し言葉で頻繁に用いられる．COCA に生起する N by N 構文の事例のうち上位 10 位までを対象に，ジャンルごとの生起頻度を調べると表 5 のようになる．表 5 によれば N by N 構文は話し言葉でも高頻度で用いられており，フィクションに偏っていない．

表 5　ジャンルごとの N by N 構文

	SP	FC	MG	NP	AC	ALL
side by side	387 (13.1%)	1164 (39.4%)	666 (22.6%)	384 (13.0%)	352 (11.9%)	2953 (100.0%)
step by step	195 (28.7%)	131 (19.3%)	134 (19.7%)	121 (17.8%)	99 (14.6%)	680 (100.0%)
day by day	220 (34.9%)	143 (22.7%)	110 (17.5%)	117 (18.6%)	40 (6.3%)	630 (100.0%)
bit by bit	68 (17.8%)	141 (37.0%)	80 (21.0%)	48 (12.6%)	44 (11.5%)	381 (100.0%)
piece by piece	92 (25.6%)	118 (32.9%)	66 (18.4%)	60 (16.7%)	23 (6.4%)	359 (100.0%)
case by case	71 (39.9%)	7 (3.9%)	21 (11.8%)	35 (19.7%)	44 (24.7%)	178 (100.0%)
year by year	37 (21.6%)	28 (16.4%)	43 (25.1%)	38 (22.2%)	25 (14.6%)	171 (100.0%)
line by line	44 (29.0%)	32 (21.1%)	25 (16.4%)	21 (13.8%)	30 (19.7%)	152 (100.0%)
minute by minute	56 (42.7%)	30 (22.9%)	24 (18.3%)	19 (14.5%)	2 (1.5%)	131 (100.0%)
hour by hour	48 (43.6%)	25 (22.7%)	17 (15.5%)	12 (10.9%)	8 (7.3%)	110 (100.0%)

　以上のデータは，N by AN 構文が N by N 構文にはないフィクション指向性，文学的技巧としてのステータスを持っていることを示している．

5.4.2.2　N by AN 構文の記述：意味と形のミスマッチ

　N by AN 構文は意味と形の結びつき方が特殊である．統語的には A は 2 つ目の N のみを修飾しているはずであるにもかかわらず，N by AN 構文の

真理条件的意味は AN by AN 構文の真理条件的意味と同じなのである[7, 8]。た
とえば step by slow step と言っても，slow step by slow step と言った場合と
同じように，関与する全ての step が slow だという意味になる。

なお，N by AN 構文は 5.4.1 で述べた検索式により得られる 5,895 例の中
に 111 例含まれていたのに対し，AN by AN 構文は 15 例しか含まれていな
かった。これは，形と意味の結びつき方の点でより不規則である表現の方
が，より規則的である表現よりも高頻度であるという興味深い結果である。
これについては 5.4.3.2 でさらに考察する。

5.4.2.3　N by AN 構文の記述：ストレスパターン

N by AN 構文は，通常文学作品に現れるが，インフォーマントによれば，
音読・朗読する場合には，A が 2 つ目の N に比べて強く発音される（A に
ストレスが置かれる）。

5.4.2.4　N by AN 構文の記述：形容詞スロット

ここでは N by AN 構文の A スロットに注目する。COCA でこの構文の A
スロットを埋める形容詞として 2 回以上生起する語は以下の通りである。

表 6　N by AN 構文に現れる形容詞

形容詞	件数	形容詞	件数
tiny	6	agonizing	2
slow	5	cautious	2
bloody	4	delicious	2
careful	4	measured	2
precious	4	sleepless	2
painful	3	small	2

---

[7] なお，AN by AN 構文は，by の前後の形が揃っているという点で，N by N 構文の一種として考えられるが，この N by N 構文自体，意味と形の結びつき方が特殊である。表に現れる形としては N は 2 つしか存在しないにもかかわらず，意味的にはもっと多くの N の連鎖が関与しているからである（Langacker 2010 が N after N 構文に関して同様の指摘をしている）。たとえば step by step や slow step by slow step と言った場合，そこに関与する step は 2 歩ではなく 3 歩以上である。

[8] Matsuyama (2004: 71)，松山 (2005: 174–175) と Jackendoff (2008: 21) は N after AN 構文に関して同様の指摘をしている。

この表から，N by AN 構文と結びつく形容詞は，基本的にプロセスの進行の遅さや展開の漸進性を指示しうるものであることが分かる。具体的な例を見てみよう。

(50) I went back, **step by slow step**, to see what had happened [...]．（COCA）
何が起こったのだろうと思い，一歩一歩ゆっくりと戻っていった［…］。

(51) Gradually, **bit by tiny bit**, the bacteria would destroy almost every machine on the planet. （COCA）
バクテリアが徐々に，本当に少しずつ，この惑星のほぼ全ての機械を破壊するだろう。

　(50)では，step by slow step の slow が，書き手が戻っていくプロセスの遅さを表している[9]。(51)では，bit by tiny bit の tiny が，バクテリアによる破壊のプロセスの遅さを強調して伝達している。tiny 自体は「小さい」という意味であって「遅い」という意味ではないように思われるかもしれないが，プロセスの進み方が小さいということは，結局のところ遅さを指示しているのと変わらなくなる。
　同じように，careful と cautious, measured も「注意深い」「慎重だ」という意味であって「遅い」という意味ではないように思われるかもしれないが，注意深く慎重になされた行為は必然的にゆっくりと進展するものであり，進行速度の遅さを意味の内に含むと考えてよい。以下の例を見よう。

(52) He started on down, **step by careful step**. （COCA）
彼は一歩一歩慎重に下り始めた。

(53) **Step by cautious step** Middleton got nearer. （COCA）
一歩一歩慎重に，ミドルトンは近づいていった。

(54) But no matter how the momentum seemed to increase as you approached discovery, you still had to get there **step by measured step**. （COCA）

---

[9]　5.4 節では，研究対象が文学的技巧としてのステータスを持つ表現であるため，通常「話し手」「聞き手」と呼ぶところを「書き手」「読み手」と呼ぶことにする。

しかし，発見に近付くにつれてどんなに勢いが増していくように思えても，それでも一歩一歩慎重に到達するしかなかった。

(52) と (53) では careful と cautious が移動の慎重さを表している。必然的に，この移動は遅い移動である。(54) では，momentum や approach という語から分かるように，発見に達するまでのプロセスが比喩的な移動として捉えられている。そしてその移動が慎重なものであることが measured で表されている。慎重に調査をしながら発見にたどり着くプロセスの進展速度は，慎重さを欠いた場合に比べて遅いものである。

表 6 を見ると，遅さを指示し得る形容詞の他に，主観的ないし評価的な意味を表す形容詞 (bloody, precious, painful, agonizing, delicious, sleepless) も N by AN 構文に参与する傾向があることが分かる。

(55) He fell back, **step by painful step**. (COCA)
彼は，痛ましく一歩また一歩と後ずさりした。

(56) [...] he opened the doors of the stove and fed the wood in, **piece by precious piece**. (COCA)
[…]彼は薪ストーブの扉を開け，木をくべた。貴重な木を，1つ，また1つと。

(57) And on every ridge, in every cave, in many trees, in carefully prepared positions in the most unlikely places, Japanese soldiers waited. Their expression mission, of course, was to delay the Americans as long as possible and then to die. Each of these had to be blasted or burned out, until **yard by bloody yard**, mile by tortuous mile, the 2nd Battalion of the 124th cleared the jungles to the west or converged on Silae and the headwaters of the Pulangi River to the east [...] (COCA)
日本兵は，ありとあらゆる山の尾根で，ありとあらゆる洞窟で，生い茂る木々の中，全く思いもよらぬ場所で用意周到に位置につき，待ち伏せした。もちろん彼らに与えられた特命任務は，アメリカ兵にできる限りの足止めを食らわせ，そして死ぬことであった。彼らにはこうした場所の一つひとつを爆破するか焼き尽くすしか手はなかった。やがて，日本軍第124連隊第二大隊が血まみれになりながら1ヤード

また 1 ヤードと歩を進め，曲がりくねった道を 1 マイルまた 1 マイルと進軍していき，西はジャングルを一掃し，東はシラエとプランギ川源流に集結し［…］

これらの形容詞のうちの多くは，進行速度の遅さを含意まではしないものの，進行速度の遅さと容易に連想関係を結ぶものであり，したがって slow や cautious などのタイプと無関係ではないということに注意が必要である。たとえば (55) に関して言えば，pain を感じている人間はゆっくり動くものと想定するのが自然である。(56) の wood は，貴重な木なのだから，丁寧にゆっくりと扱われているだろう。(57) の bloody は血にまみれて進軍するさまを描写するのに用いられており，苦痛を伴った遅い移動を想起させる[10]。このこと（主観的ないし評価的な意味を表す形容詞の中でも，プロセスの遅さと結びつきやすいものの方が N by AN 構文に参与しやすいということ）を確認するために，以下の例を見てみよう。

(58) He walked back, **step by [sad/?happy] step**.
 彼は一歩一歩，［悲しく／楽しく］戻っていった。
(59) She ate the chocolate, **piece by [expensive/?cheap] piece**.
 彼女は［高価な／安物の］チョコを一つひとつ食べていった。

(58) で sad の方が自然さの度合いがやや高いのは，人間は悲しいときには歩調が遅くなり，嬉しいときには歩調が早まるのが普通だからだと考えられる。(59) で expensive の方が自然さの度合いがやや高い理由もまた，高価なものの方が安価なものよりも時間をかけてじっくりと味わいゆっくり食べるものとして認識しやすいからだと説明できるだろう。こうしたことから，N by AN 構文の A には進行の遅さ，漸進性が関与するのが典型的であると言える。

漸進性も評価的意味も関与しないような形容詞が N by AN 構文に生起す

---

[10] 平沢 (2015b) ではこの例を漸進性が関与しない例として扱っているが，博士論文の査読者の 1 人である鈴木亨先生（山形大学）からのご指摘を受け，本書では扱いを変えている。なお，yard by bloody yard の直後にある mile by tortuous mile の tortuous「（道などが）曲がりくねった」も，件数が足りず表 6 には含まれていないが，進行速度の遅い移動を容易に想起させる。

ることは非常に少なく，表6には含まれていない。評価的意味がかかわっている形容詞の方がそうでない形容詞よりも N by AN 構文に生起しやすいことは，次の例文の容認性の差からも確認できる。

(60)　Savor **glass by [delicious/?full] glass!**[11]
　　　［美味しい／いっぱいの］グラスを1杯，また1杯と味わって下さい。

評価的意味が関与する delicious の方が，評価的意味が関与しない full よりも自然に響くのである。これに関して「full は delicious よりも速いスピードを想起させてしまうからだ」という説明は成り立たない。グラスいっぱいの飲み物はこぼさないようにゆっくり飲むのが普通だという考え方も可能だからである。

5.4.2.5　N by AN 構文の記述：転移修飾との相性
　N by AN 構文は，A が転移修飾語（transferred epithet）として機能することを許容するという面白い特徴を持つ。転移修飾とは，ある単語の意味的な修飾先が統語的な修飾先とずれる現象のことで，詩などの文学作品で見受けられる。そしてこの「ある単語」が転移修飾語と呼ばれる。転移修飾（語）の先駆的な研究である Hall (1973) は，この「ずれ」の放つ違和感を直接的に表現することから始まる[12]。次の引用は Hall (1973) の冒頭である。

(61)　I balanced a thoughtful lump of sugar on the teaspoon.
　　　　　　　　　（P. G. Wodehouse, *Joy in the Morning* [1946] Chapter 5）
　　　Hold on a minute—there must be something wrong here. Lumps of sugar aren't thoughtful, are they? What the narrator must mean is something like "I thoughtfully balanced a lump or sugar on the teaspoon," or perhaps "I was thoughtful, and I balanced a lump of sugar on the teaspoon."
　　　　　　　　　　　　　　　　　　　　　　　　　（Hall 1973: 92）
　　　物思いに耽った角砂糖をティースプーンから落とさないように，バラ

---

[11]　スターバックス・コーヒーのウェブページに実例がある。第1章の例 (10) を参照。
[12]　転移修飾については篠原 (2002; 2019: 136–141) や木原 (2009) なども参照。

ンスをとった。
　ちょっと待ってほしい—何かおかしなことが起こっていないだろうか。角砂糖は物思いに耽らないだろう。語り手が言いたいのは，きっと，「物思いに耽りながら，角砂糖をティースプーンから落とさないように，バランスをとった」か，もしくは「私は物思いに耽っており，角砂糖をティースプーンから落とさないように，バランスをとった」ということだろう。

　この "Hold on a minute" と言いたくなるような構造が，N by AN 構文の AN の部分では許容されるのである。たとえば次の例を見よう。

(62) a.　He smoked, **cigarette by sad cigarette**.
　　　　　彼は悲しげに煙草を 1 本また 1 本と吸った。
　　 b.　He threw them away, **cigarette by sad cigarette**.
　　　　　彼は悲しげに煙草を 1 本また 1 本と捨てた。

sad cigarette の sad は，その cigarette を吸っているまたは捨てている人間を描写した形容詞であり，cigarette 自体の様子を語るものではない。このように，意味的な修飾相手が統語的な修飾相手と食い違うことを N by AN 構文は容認するのである。
　転移修飾はいかなる言語的コンテクストでも容認されるわけではない。容認する構文としない構文があるのである。sad cigarette という転移修飾は，(63a) と (64) では容認されるが (63b) では容認されない。

(63) a.　He smoked **sad cigarettes**.
　　　　　彼は悲しげに煙草を吸った。
　　 b.　*He threw away **sad cigarettes**.
　　　　　意図した文意：彼は悲しげに煙草を捨てた。
(64)　　Admitting that he should not smoke any more unless he wanted to die of cancer, he threw away the last of his **sad cigarettes**.
　　　　　癌で死にたいと思っているのでもない限りもうこれ以上吸ってはだめだと認め，彼は最後の 1 本の煙草を悲しげに捨てた。

こうした差が生じる原因として，cigarette という名詞の予測可能性の有無が指摘できる。(63a) では smoke という動詞から，その目的語として cigarettes や tobacco などが現れることが予測される。(64) では，健康のために喫煙を控えるべきであると認識している人が throw away するであろうものとして，cigarettes や tobacco などが予測される。一方 (63b) には，smoke という動詞も，喫煙の決意などの文脈も存在しないため，threw away の目的語として cigarettes が現れることは全く予想できない。このように，cigarette という名詞が生起することが全く予測不可能な場合に sad cigarette という転移修飾が許容されないのは，読み手に情報処理の負荷がかかりすぎるからだろう。sad の意味上の修飾先は（素直に読めば）cigarette ではなさそうなので，読み手は「それなら意味上は何を修飾しているのだろう」と考えることを迫られる。そこでさらに，cigarette が出現を予想できない名詞である場合（(63b) のような場合）には，cigarette を新情報として脳内に取り込む必要まで生じる。これでは情報処理が大変すぎるのである。一方で，(63a) と (64) のように，cigarette の出現が予測可能である場合には，脳が負う大きな負担は，sad が意味上何を修飾しているのかを考える負担だけで済む。

　N by AN 構文はどうして転移修飾と相性が良いのか，転移修飾語句にとって N by AN 構文は上で指摘したような予測可能性を持つ言語的コンテクストであると言えるのか，という問題については 5.4.3.1 で考察する。

5.4.3　N by N 構文から N by AN 構文への拡張の仕組み

　ここでは，上で見た N by AN 構文の特徴を踏まえて，N by N 構文から N by AN 構文への拡張の性質について考察する。

5.4.3.1　予想の裏切りへ向かう拡張

　5.4.2.3 で指摘したように，N by AN 構文では A の方が 2 つ目の N よりも強く発音される。これは，A の方が 2 つ目の N よりも読み手の注目の度合いが高いためであると考えられる。A の方が 2 つ目の N よりも読み手の注目の度合いが高いと言えるのは，この構文の最初の 2 語（つまり N by）を見た読み手は，もう一度 N が出現することを予測できるからである[13]。

---

[13] 博士論文査読者の 1 人である鈴木亨先生（山形大学）から，複数語が一度に目に入っ

この予測は，読み手がN by N構文を知っていることによって生じる。つまり，N by N構文では可算名詞が裸で現れるという特殊な現象が起こることを知っているために，裸の可算名詞＋byというつながりを見た瞬間に，「次にもう一度同じNが裸で現れるはずだ」と身構えるのである。ところが，直後にNが来るかと思いきや，N by AN構文の場合，2つ目のNの前にAが挟まり，その予想は裏切られることになる。この「予想の裏切り」を引き起こすAが強く発音されるのは，何ら不思議なことではない。

　N by AN構文がN by N構文の予測（およびその裏切り）を利用していると考えられる根拠として，可算名詞の裸形＋byというつながりの文法的特殊性の他に，Nのスロットを埋めている名詞の類似性を指摘することができる。表7を見よう。

表7　N by AN 構文に現れる名詞を N by N 構文の場合と比較

	N by AN	N by N
step	29	680
piece	7	359
bit	5	381
brick	5	80
yard	3	12

COCAに生起するN by AN構文のNのスロットを埋める名詞のうち，上位5位はstep, piece, bit, brick, yardであり，これらはN by N構文で10件以上用いられている。特に，stepとpiece, bitについては300件以上用いられていることは注目に値する。これだけの頻度であれば，step [piece, bit] byというつながりを見た読み手は「次にstep [piece, bit]が来る」と身構えると考えてよいだろう。すると，step by slow stepやbit by tiny bitなどの表現は，slowおよびtinyの箇所で，その予想が裏切られることになる。

　5.4.2.5で，「N by AN構文はどうして転移修飾と相性が良いのか」という問いに答えるのを留保していたが，5.4.3.1で論じてきた内容からこの問いに答えることができる。「N byを見た読み手は2つ目のNの生起を予想

て処理される可能性もあるとの指摘をいただいた。その場合，N by AN構文に「予想」の裏切りという要素がかかわらなくなるが，N by N構文というはるかに頻度の高い表現から逸脱を引き起こしているという点でAがある種の期待・想定を裏切っていることになる。

できるから」がその答えである。5.4.2.5 で見た通り，一般に，形容詞から名詞への転移修飾は名詞の出現が予想可能である場合に容認されやすい。(63a) や (64) では cigarettes が予想可能であり，これにより sad cigarettes という転移修飾が容認されると考えられるのだった。これと同様に，(62) でも cigarette by というつながりから 2 つ目の cigarette の出現は予想可能であり，これが sad cigarette という転移修飾を可能にしていると考えられるのである。

このように，N by AN 構文は N by というはじめの 2 語によって読み手に N by N 構文を予想させる。そしてこの予想を A によって裏切る。N by N 構文から N by AN 構文への拡張は<u>予想の裏切りへ向かう拡張</u>と言うことができる。読み手は予想を裏切って現れた A を受け入れ解釈することに神経を集中させることになる。それでは，書き手が読み手の N by N 構文という予期を裏切って，負荷をかけさせてまでして目を向けさせたかった A は，N by N 構文では伝えられなかった新しい情報を伝えているのだろうか。次の 5.4.3.2 ではこの問題について考察する。

5.4.3.2　描写性を高める拡張

N by AN 構文の A の意味と N by N 構文の意味を比べるにあたって，まずは N by N 構文の意味に「遅さ」が含まれていることを思い出されたい (5.2.3)。そして，5.4.2.4 で見たように N by AN 構文の A は「遅さ」と結びつきやすい。この 2 つのことを考え合わせると，N by AN 構文は，典型的には，N by N 構文の意味の内部に既に存在していた「遅さ」の側面を表面化させたものであると考えられる[14]。

この発想は決して突飛なものではない。ある拡張の結果として生じた表現が拡張前の表現に内在していた意味を前景化したものであるという事例は，他にも多く存在するからである。N after N 構文から N after AN 構文への拡張を例に取ろう。(65) は N after N 構文の例文，(66) は N after AN 構文の

---

[14] ただし，5.4.2.4 で指摘した通り，N by AN 構文の A が漸進性の関与しない評価的意味を担う場合もある。こうした場合に N by N 構文から N by AN 構文に拡張していくのも偶然ではないと思われる。というのも，感情がこもった単語は，in-**fucking**-credible や abso-**bloody**-lutely の fucking, bloody のように，通常の言語構造を逸脱することが許される場合があるからである (Pinker 2007: 362)。

例文である。

(65) You travel along **day after day**, and you don't see a goddamned thing.
(Paul Auster, *Moon Palace*)
何日も旅を続けても，何ひとつ目に入ってこない。
(柴田元幸(訳)『ムーン・パレス』)

(66) Besides, how many Americans would really want to spend **day after endless day** just tending a garden, eating fruit, and playing with cute animals? (COCA)
それに，ひたすら庭の手入れをして，果物を食べて，かわいい動物と戯れるような暮らしを，毎日毎日，明けても暮れても続けたいだなんて，一体どれだけのアメリカ人が本気で思うだろうか。

N by AN 構文の A の意味と N by N 構文の意味を比べたのと同じようにして，N after AN 構文の A の意味と N after N 構文の意味を比べてみよう。N after N 構文は，5.2.3 で見たように，変化の欠如，およびそれに伴う単調さを表すのに用いられる。では，N after N 構文から拡張した表現である N after AN 構文の A スロットにはどのような意味を担う形容詞が来やすいのか。筆者は，N by AN 構文に行った抽出作業 (5.4.1) と同様の抽出作業を N after AN 構文に対しても行った。その結果，この構文は COCA 内に 166 回生起していることが分かった。このうち，N after AN 構文の A として 2 回以上生起した形容詞を表にまとめたものが，次の表 8 である。

表8　N after AN 構文に現れる形容詞

形容詞	件数	形容詞	件数
endless	7	forested	2
tidy	4	glorious	2
busy	3	gray	2
dusty	3	long	2
sleepless	3	relentless	2
deserted	2	steamy	2
dreary	2	weary	2

最も頻度の高い形容詞は endless である。ここで重要なのは，endless の意味は，Langacker (2010) が N after N 構文の意味として指摘した「出来事が長く単調に続いている」という意味の中に含まれているということである。また，表 8 中の形容詞で，単調さ（変化の欠如）や継続期間の長さといった概念と結びついているものは，endless 以外にも多くある。たとえば relentless なものは終わりなく続く（week after relentless week）。1 つのつまらないことを長時間に渡って続けると，weary に感じたり（hour after weary hour），その活動を dreary だと思ったりする（month after dreary month）。薬品の入った瓶が何列にも渡って tidy に整頓されて並べられていると，列ごとの違いは背景に退き，均質性が際立って見える（row after tidy row）。dusty になって積まれている銀板写真の箱や，草木が生い茂って forested になっている尾根は，本来銀板写真や尾根にあったはずの個別性が埋もれてしまった状態にあり，どこまで見渡しても同じものが並んだり続いたりしているように見えてしまう（carton after dusty carton, ridge after forested ridge）。このように N after AN 構文は N after N 構文に既に内在していた長期性や単調性を表面化させたものなのである[15]。

拡張前の構文の意味要素を顕在化させた結果として生じた構文のまた別の例として，Washio (1997) が言うところの「弱い結果構文」（weak resultative）のうちの一部を挙げることができる[16]。以下の例では，結果述語の

---

[15] 次の例では N after A$_1$, A$_2$ N という N after AN よりもさらに特殊な形が用いられている。

(i) I went past **field after flat, featureless field**, with virtually no change except when occasionally a flock of birds, hearing my engine, flew up out of the furrows.

(Kazuo Ishiguro, *Never Let Me Go*)

通りすぎるのは，何の特徴もない畑また畑です。ときどきエンジン音に驚いて畝から鳥の群れが飛び立ちますが，それ以外には変化というものがありません。

（土屋政雄（訳）『わたしを離さないで』）

この実例は flat と featureless の両方が単調性にかかわっている点で興味深い。なお，単調性と直接的に関係しているかは定かではないが，f から始まる語を並べて頭韻の効果を狙っているように思われる（萩澤大輝氏からの指摘による）。

[16] Washio (1997) が「弱い結果構文」と呼んでいるものの全てにおいて結果述語が予想可能であるわけではない。たとえば paint it black は，paint が「色がついた」という結果を含意するため，「弱い結果構文」の事例であると考えられるが，ついた色が black であることまでは paint によって指定されるものではないので，black が予測可能であるとは言えない。

意味が動詞の意味から完全に予測可能である。

(67) The river **froze solid**.
川がかちこちに凍った。

(68) **I cut the dress shorter** [...]　　　　　　　　　　　（COCA）
私はドレスを短く切った [...]

(69) Once the shock of losing her husband wore off, Aunt Della deemed it just typical. "That man never would ask for any help, and now it **killed him dead**."　　　　　　　　　　　　　　　　　　　　　　（COCA）
夫を失った悲しみが薄れると，デラ叔母さんはいかにも彼らしいと言った。「あの人ったら，『助けて』の一言も言わなかった。そのせいで今やもう天国よ」

　ものが freeze したら必ず solid になる。何かを cut したらその物体は必ず shorter になり，誰かを kill したらその誰かは必然的に dead になる。したがって，これらの結果構文は，もっと単純な自動詞構文（something freezes）や他動詞構文（cut something, kill someone）に内在していた意味（solid, shorter, dead）を顕在化させたものと言える。
　N by N 構文が，その意味に含まれる漸進性の要素を顕在化させるようにして N by AN 構文に拡張したという仮説は，上述の通り N after AN 構文や一部の弱い結果構文など類例が見つかることから，突飛なものではない。
　それでは，一体なぜ，書き手は N by N 構文の中に既に含まれていた意味をわざわざあらためて顕在化させようとするのか。真理条件的な意味自体を変化させることが目的ではないだろう。step by slow step と言っても真理条件的には結局 step by step と変わらないからである。筆者の考えでは，書き手は N by AN 構文を選択して slow や measured などの形容詞を明示的に用いることで，N by N 構文では奥に引っ込んでいる漸進性を表舞台に引きずり出し，より明確に，より鮮明に描き出しているのである。しかも，N by AN 構文における漸進性は単に明示的に表現されるというだけではない。5.4.3.1 で見た通り，N by AN 構文では，予想の裏切りが起こる A の位置にスポットライトが当たり，読み手は A を強いインパクトを伴った形で受け入れるのである。これにより A の表す漸進性はより鮮明に伝達される。た

だ A を明示的にするだけであれば，AN by AN 構文という選択肢もあり得るが，これでは 5.4.3.1 で見たような予想の裏切りが生じない。A にさほど注意を引かれず，表現効果は N by AN 構文に劣る。5.4.2.2 で触れたように AN by AN 構文が（N by N 構文の一種と見なせるという点で規則的であるにもかかわらず）N by AN 構文に比べて使用頻度が低いのは，この表現効果の弱さゆえではないかと思われる。

　まとめると，N by N 構文から N by AN 構文への拡張は<u>描写性を高める拡張</u>であると言うことができる。

5.4.3.3　この拡張が主にフィクションで起こっているのは偶然か

　5.4.3.1 と 5.4.3.2 で見たように，N by N 構文から N by AN 構文への拡張は，予想の裏切りへ向かう拡張であり，描写性を高める拡張である。読み手は，予想に反して現れる A に対して否応なく注意を向けることになり，それによって A が読み手の心に与えるインパクトはより強いものとなるのである。

　この拡張が，5.4.2.1 で見たように主にフィクションというジャンルで起こっていることは，偶然ではないだろう。Riffaterre（1971）[17] は，「文学に於ける言語による伝達の弁別的性格」として，作者に「表現性を高めるための言語的，あるいは言語外の手段（抑揚，身振り）が許されず，それらを強調の諸方式（誇張法，比喩，異例の語順など）によって代えねばなら」ないこと，「純粋な伝達と，表現性，情意性，美しさの共示（コノテーション）との複雑な絡み合いも考慮に容れなくてはならない」ことを指摘している。また，彼によれば，「予測の可能性は結果的に表面的な読み方につながり得るのに対し，逆に予測の不可能性は嫌でも注意力の喚起を促す」。これを利用して書き手が読み手の読み方をコントロールする。こうしたコントロールが「表現性に富む文　章（エクリチュール）を通常の文章（解読が行われさえすればよく，解読の様式には無関心なもの）から区別する」のである。たとえば step by step とも書けるところを step by slow step と書く書き手は，そうすることによって新しい情報が伝達できるわけではないので，読み手の解読だけに関心を持っているのではない。この書き手は，step by を見て step by step を予想した読み手が，その予

17　この段落のカギ括弧内の引用は，福井他による翻訳からの引用である。

想を裏切って現れた slow に注意を向け，強いインパクトを伴った形で slow を受け入れるまでの一連の解読の様式にも，関心を持っているのである。N by AN 構文の特徴は，Riffaterre が文学的な文章に対して与える特徴付けと合致しており，5.4.2.1 で見たジャンルの偏りは偶然ではなく，然るべき偏りであると言うべきだろう。

5.4.3.4　N by AN 構文はなぜ英語らしい表現と感じられるのか

　N by AN 構文は，これまで見てきた通り，文学作品に合うような特殊性を持っているが，しかし *I my doctor love her terrible bedside manner in spite of* のようにあまりに突飛に見える表現であれば英語らしく感じられず（1.4.2.4 参照），排除されてしまうはずである。文学・小説などのジャンルで一定のステータスを持っているということは，N by AN 構文にはある程度の英語らしさがあるということである。5.4.3.4 では，何が N by AN 構文に一定の英語らしさを与えているのかを考察する。

　まず，「文末焦点の原理」と「文末重心の原理」がかかわっていると考えられる。英語話者は，重要な情報を担う言語表現を節の終わりの方に置く傾向があり，これは「文末焦点の原理」と呼ばれている（Quirk et al. 1985: 1357）。また，「重い」（すなわち構造的に複雑な）言語表現も，たいてい節の最後の方に現れる。こちらは「文末重心の原理」の名で知られている（Quirk et al. 1985: 1362）。次の例では，一文の中で両方の原理が働いているのが見て取れる。

(70)　She stroked James's head; she <u>transferred to him what she felt for her husband</u>, and, as she watched him **chalk yellow the white dress shirt of a gentleman in the Army and Navy Stores catalogue**, thought what a delight it would be to her should he turn out a great artist [...]
　　　　　　　　　　　　　　　　　　（Virginia Woolf, *To the Lighthouse*）
彼女はジェイムズの頭をなでながら，夫に向けるべき愛情をむしろジェイムズに注ごうとした。陸海軍百貨店のカタログの紳士礼装用白ワイシャツを黄色に塗っているところを見ていると，ひょっとしてこの子が芸術家にでもなってくれたらどんなに嬉しいだろうと思う[…]
　　　　　　　　　　　　　　　　　　　　　　　（御輿哲也（訳）『灯台へ』）

下線を引いた部分で直接目的語 (what she felt for her husband) が節の末尾に置かれているのは，to him よりも意味的に重要であり (つまり新情報性が高く)，構造的にも複雑だからである。また，太字の部分では，目的語名詞句 (the white dress shirt of a gentleman in the Army and Navy Stores catalogue) は yellow よりも「重い」ので，(70) の語順の方が，chalk the white dress shirt of a gentleman in the Army and Navy Stores catalogue yellow よりも好まれる。

N by AN 構文は，意味的に重要である A が後の方に来ている点で文末焦点の原理に沿っており [18]，また by の後の AN が by の前の N よりも「重い」ため文末重心の原理も満たしていると言える。このように英語に体系的に見られる原理に則っていることで，N by AN 構文はある程度の英語らしさを確保できているのだろう。

N by AN 構文がある程度英語らしい構文であると感じられるまた別の理由として，[内容語 X ＋ 機能語 Y ＋ 修飾語 Z ＋ 内容語 X] という形式を取っている点で，他の英語構文と類似していること—それらの構文に生態的地位 (ecological niche) を与えられていること—が挙げられるだろう [19]。その「他の英語構文」として，again and Adv. again 構文，X and only X 構文，同族目的語構文の 3 つを取り上げる。

❑ again and Adv. again 構文

again and Adv. again 構文は [内容語 X ＋ 機能語 Y ＋ 修飾語 Z ＋ 内容語 X] という形式的なスキーマに完全に合致している。X のスロットに again が入り，Y のスロットに and が入り，Z のスロットに Adv. (Adverb「副詞」) が入ると考えればよい。Z のスロットを埋める Adv. の具現化としては，then, once, yet がありえる。

(71) a. "Again! Mommy, again!" Tiffany whirls them around **again and then again**. (COCA)

---

[18] ただし，厳密に言えば，N by AN 構文の場合には「文」末焦点という言い方はふさわしくない。「文」の end-point ではなく「句」の end-point だからである。

[19] この [内容語 X ＋ 機能語 Y ＋ 修飾語 Z ＋ 内容語 X] は，あくまでも以下で見ていく実例から共通性を抽出したものであり，内容語，機能語，修飾語なら何でも参与できるという性質のものではないことに注意されたい。

「もう1回！ ママ，もう1回！」ティファニーは，子供たちをもう1回，そしてさらにもう1回，ぐるりと回す。

b. I looked at Thuy's face and her pale lips were tugged down into a faint frown and I lifted the brush and stroked her hair **again and once again** [...] (COCA)
私はトイの顔を見た。血の気のない唇は下に引っ張られ，少ししかめ面のようになっていた。私はブラシを持ち上げ，もう一度，そしてさらにもう一度，彼女の髪を撫で[…]

c. Yet he wanted to see her smile **again and yet again**. (COCA)
しかし彼は彼女の笑顔をもう一度，そしてさらにもう一度，見たかった。

この[内容語 X + 機能語 Y + 修飾語 Z + 内容語 X]というスキーマは，N by AN 構文も共有しているものである。このため，again and Adv. again 構文は N by AN 構文と形式的に似ていると感じられ，N by AN 構文に生態的地位を与えている可能性がある[20]。

なお，筆者はここで「形式的に似ている」と強調しているが，N by AN 構文が again and Adv. again 構文と意味的にも類似していると感じられる可能性を否定するつもりはない。どちらも意味に「繰り返し」が関与しているからである。

❏ X and only X 構文

筆者が X and only X 構文と呼ぶのは次の (72a)–(72e) の太字部分のような表現である。X 以外の選択肢がないことを強調して伝達する構文である。

(72) a. Now I'm going to say it **once and only once**, Mr. Gobel. (COCA)
いいですか，一度，たった一度だけ，言いますよ，ゴーベルさん。

b. IS IT OKAY FOR A MAN TO SMELL LIKE COCONUT?
If someone has spilled a pina colada on him, yes. **Then and only then**.

---

[20] ここでの筆者の分析は，NPN 構文（NOUN PREPOSITION NOUN 構文）と ADV1 and ADV1 構文（e.g. again and again）に類似性があるとする Levin and Lindquist (2013: 8) の分析にヒントを得ている。

(*How to Be a Man: A Handbook of Advice, Inspiration, and Occasional Drinking*)

男からココナッツの香りがしてもいいものでしょうか？誰かがピニャコラーダをこぼしてきたのだったら，大丈夫です。その場合以外はダメですよ。

c. First, why did Darwin use theistic language **here and only here**, when he was at least agnostic in personal persuasion, and certainly believed [...] that worldly phenomena must receive naturalistic explanations?
(COCA)

まず，ダーウィンはなぜここで，そしてここでだけ，有神論者のような言葉遣いをしたのだろうか。少なくとも彼個人の信仰という点では不可知論者であり，しかも世の中の現象には自然主義的な説明が与えられなければならないと［…］考えていたことは間違いないのに。

d. Things were assumed to be in the same category **if and only if** they had certain properties in common. (Lakoff 1987: 6)

複数のものが特定の性質を共有している場合には，そしてそういう場合にのみ，それらは同じカテゴリーに属すると考えられていた。

e. [...] he will discard it **when, and only when**, he wills to do so [...]
(Kazuo Ishiguro, *The Remains of the Day*)

［…］優れた執事は，纏っているプロ意識を脱ごうという明確な意思を持つとき，そしてそのときのみ，それを脱ぐのである［…］

この構文の意味と，N by AN 構文の意味の間には，共通点はないだろう。しかし，形式面では，［内容語 X ＋機能語 Y ＋修飾語 Z ＋内容語 X］というスキーマを共有している点で類似していると言える。X and only X 構文は，スキーマの Y スロットが and で埋まり，Z スロットが only で埋まったもので，X スロットには，上の例文（72）にあるように，once, then, here, if, when などが入ると考えることができるからである。N by AN 構文が英語らしい表現であると感じられるのは，一部には，このように形式的に類似した表現が英語の中に複数あるからだと考えられる。X and only X 構文と N by AN 構文の類似性は，意味的なものでないからといって，無視されるべきではな

い。1.3.4 の hamburger の議論から分かるように，動機付けは全て意味的なものでなければならないと考えるべき理由はない (cf. Taylor 2017: 5)。

❏ 同族目的語構文

(73) に例示した同族目的語構文は，[内容語 X + 機能語 Y + 修飾語 Z + 内容語 X] をやや緩めた，[内容語 X + 機能語 Y + 修飾語 Z + 内容語 X'] (X' は X と似た形を持つ) というパターンに従っている。

(73) a. They **fought a clean fight**. （Quirk et al. 1985: 750）
   彼らは正々堂々とした戦いを繰り広げた。
 b. She rolls her eyes and **smiles an ironic smile**.
   （Emily Giffin, *Something Borrowed*）
   彼女は「まったく」と言わんばかりに目を上にやり，皮肉のこもった笑みを浮かべる。
 c. She **lived a good life**. （Quirk et al. 1985: 750）
   彼女は良い人生を生きた。
 d. He **died a miserable death**. （ibid.）
   彼は惨めな死を遂げた。

fight a clean fight や smile an ironic smile のように動詞の原形であれば[内容語 X + 機能語 Y + 修飾語 Z + 内容語 X]に従っていることになるが，実際には (73a, b) のように動詞が屈折することが多く，また，(73c, d) にあるようにそもそも動詞の原形であっても名詞部分と形が異なる live a good life, die a miserable death などの事例もある。したがって，同族目的語構文が従っている形式的なパターンは [内容語 X + 機能語 Y + 修飾語 Z + 内容語 X] ではなく，[内容語 X + 機能語 Y + 修飾語 Z + 内容語 X'] である。

ここで，5.4.2.1 から 5.4.2.5 で見た N by AN 構文の特徴のほぼ全てが，同族目的語構文にも観察されることを確認したい。(i) まず，N by AN 構文は 5.4.2.1 で見たように文学的技巧としてのステータスを持つが，同族目的語に関しても同じことが言える (Quirk et al. 1985: 750)。(ii) 次に，同族目的語構文には意味と形のミスマッチという特徴がある。統語的には形容詞部分が修飾するのは後続の名詞部分であるが，この形容詞が意味的に描写して

いるのは動詞と名詞の両方が同時に喚起するプロセス全体である。これは 5.4.2.2 で見た N by AN 構文の特性と類似する。N by AN 構文の A は統語的には 2 つ目の N のみを修飾するが，意味的には，1 つ目の N と 2 つ目の N が共謀して喚起する，もっと長い N 連続について描写しているのである。(iii) さらに，同族目的語の擬似目的語名詞は，ほとんど新情報を担っておらず，そのため先行する形容詞の方が意味的に重要である（大室 1990）。このため形容詞の方が擬似目的語名詞よりも強く発音される。これは，5.4.2.3（および 5.4.3.1）で見た N by AN 構文のストレスパターン（A の方が，予想可能である 2 つ目の N よりも強く発音されるという特徴）と合致する。(iv) 4 点目に形容詞の類似性も指摘できる。同族目的語構文には，good や terrible など評価的・主観的な意味を持つ形容詞の方が，そうでない形容詞よりも参与しやすい（Langendoen 1967）。これは，5.4.2.4 で見た N by AN 構文の A の分布と部分的に重なると言えるだろう。(v) 最後に，同族目的語構文は［形容詞＋擬似目的語］の部分で転移修飾を容易に許容する（Kihara 2004）。以下の (74a) の honest は，統語的には life だけを修飾しているが，意味的には主語の人間の性質についても語っている。これは (74b) が自己矛盾を孕んでいるように響くことからも確認できる。

(74) a.　She lived **an honest life**.　　　　　　　（Kihara 2004: 112）
　　　　彼女は誠実に生きていた。
　　b. ?? She lived **an honest life**, but she was not honest.
　　　　意図した文意：彼女は誠実に生きていたが，彼女は誠実ではなかった。

これは，5.4.2.5 で見た N by AN 構文の特徴と一致している。
　なお，同族目的語構文は［内容語 X ＋機能語 Y ＋修飾語 Z ＋内容語 X̲］というパターンに厳密に則っていないため，ここで持ち出すのは不適切な構文であると思われるかもしれない。しかし，この構文の動詞の形と擬似目的語の形は音形上似たものとして知覚される可能性が高い。たとえば，die と death は全く同一の形式とは言えないが，どちらも [d] から始まる単音節語である。fight と fought も，[f] で始まって [t] で終わる単音節語であり，音形が似た語であると感じられる。

また，同族目的語構文と N by AN 構文に類似性を見出す筆者の考え方に対する別の反論として，次のようなものも考えられる。「同族目的語構文はときとして動詞部分と擬似目的語部分が音形上全く似ていない smile a huge grin のような表れ方をする場合が(低頻度ながら)ある。こうなってくるともはや N by AN 構文との類似性は認定できない。したがって同族目的語構文と N by AN 構文に類似性を見出すのは誤りだ」という反論である。しかし実は，同族目的語構文で見られるこのような逸脱的な拡張に相当するものが，N by AN 構文にも見られる。Google などの大型検索エンジンを利用すれば，bit by small piece のような実例を見つけることができる。したがって，smile a huge grin のような表現の存在は，同族目的語構文と N by AN 構文の類似性を否定する証拠としては薄弱である。それどころか，この 2 つの構文は逸脱の仕方まで似ていると言えるのである。

以上見てきたように，N by AN 構文と形式的に類似した again and Adv. again 構文，X and only X 構文，同族目的語構文といった構文が英語には存在しており，これらが共謀して N by AN 構文を英語らしい構文と感じさせている—N by AN 構文に生態的地位を与えている—と考えられる[21]。

5.5　第 5 章まとめ

第 5 章の前半では，by の差分用法，単位用法，N by N 構文，乗除用法，寸法用法という 5 つの慣習化された用法を観察した。これらの用法は，歴史的には密接な関連があると考えられ，用法から用法への拡張が起こり始めた当初は，「拡張前の用法の知識がなければ拡張の結果として生じた用法を正しく使えない」ということが成り立っていたものと思われる。しかし，本章で見た，現代英語における各用法の振る舞いは，現代英語の話者が現代英語の by を正しく使用するためには，拡張の結果として生じた用法そのものに関する知識を持っていることが必要であるということを示唆している。

本章の後半では，N by N 構文から N by AN 構文への創造的な拡張について考察した。口語で定着していない新奇表現を分析することにより，「拡張前の表現を知っているから，拡張した結果として生じた表現が適切に使用で

---

[21] 本書では扱わなかったが，live and let live「自分は自分，人は人」も[内容語 X ＋ 機能語 Y ＋ 修飾語 Z ＋ 内容語 X]と似たパターンであると言えるだろう(let は普通の意味では修飾語ではないことが相違点である)。

きる」という状態がどのような状態であるかを記述することができた。記憶と経験を重視する使用基盤モデルが，このような動的なメカニズムを説明するのに不向きではあるということは決してない。構文の拡張には拡張前の複合表現の知識（ここではN by Nの知識）が必要であり，さらに，拡張の結果として生じた表現が英語らしいと感じるためにはその表現と似ていると感じられる具体的な複合表現の数々（ここではagain and Adv. again 構文や同族目的語構文など）が，脳内に記憶されていることが必要であるわけだが，こうした知識の存在を使用基盤モデルは積極的に認めているからである。

第 6 章
結　語

　本書が立てた問いは，現代英語母語話者の by の使用を可能にしているのはどのような知識なのか（言い換えると，あなたが英語母語話者だったとして，あなたが他の英語母語話者たちと同じように by を使用できるようになるためには，by に関してどのような知識を持っていなければならないのか）というものであった。この問いに対し筆者は，by の実例の分析を通じて，「by をどのように使うと（たとえばどのような単語と一緒に使うと）どのような内容が伝達できるのかを知っているからだ」という答えを導き出した。これが本書の大きな流れである。

　しかし本書が何らかの学術的意義を持ちうる範囲は，英語という特定の言語の by という特定の単語に限られるわけではないと思われる。最終章にあたるこの第 6 章では，本書が by を越えて持つ（と筆者が願っている）意義を 3 つ指摘したい。

　第一の意義は，一般化を拒む「きれい」でない大量の言語事実をありのまま記述することを通じて，言語モデルの妥当性を比較検討したことである。言語は，細かく見れば見るほど，深く考えれば考えるほど，一般化を拒む困った事実に溢れているのが実情である。そうした事実を例外とするようなモデル——「きれい」なものしか正面切って扱えないモデル——は言語モデルとして欠陥を抱えていると言わざるをえない。本書の記述を踏まえれば，使用基盤モデルはそのような欠陥を抱えておらず，意味の水源地モデルよりも妥当な言語モデルであると判断できる[1]。この判断は，「きれい」でない言語事

1　本書は，実例などを〈観察事実〉として使用基盤モデルの妥当性に関する〈推論〉を行っ

実を大量に見たからこそ下せるのであって，少数の抽象的な一般化によって説明できる都合のよい少数の事実を見ているだけでは，使用基盤モデルと意味の水源地モデルのどちらがより優れているか判断できない（どちらのモデルでも説明が可能になってしまう）。たとえば，by now を見ずに予測可能性の高い by five や by tomorrow などの例ばかりを見ていたら（もしくは，by now の観察と記述を雑にしていたら），時間義の by の使用が全て by [TIME] という 1 つの抽象的なスキーマを参照することによって——これが水源地となって——産出されているようにも見えてしまうだろう。

　第二の意義は，分析している知識が適切な言語産出（他の母語話者と同じような言語産出）を行うために必要な知識であるかどうかを明示的に問い続けたことである。管見の限り，このような問いの立て方をしている研究は決して多いとは言えない。たとえば，メタファー研究は意味論や認知言語学においてもはや一大分野となっているが，3.3 節で示したように「時空間メタファーが指摘できるけれども，空間用法＋時空間メタファーの足し算では時間用法の細かい振る舞いまでは予測できず，時間用法について個別具体的な知識を覚えなくてはいけない」という場合があることは，従来のメタファー研究において明示的に述べられることが少なかった。言語研究にとって言語産出のメカニズムの解明は重要な目標の 1 つであることを考えると，分析者が研究の過程で「この知識は適切な産出を可能にする知識であるか」という問いを明示的に立てないのが普通であるという状況は，好ましい状況ではないと思われる[2]。

たのであって，使用基盤モデルを前提としたり利用したりしたのではないことに注意されたい。言語モデルはいつまでも〈推論〉の結果物なのであって前提とされたり利用されたりするべきものではない，というのが筆者の意見である。

[2] ただし筆者は，適切な言語産出を可能にするわけではない知識を研究するのはやめるべきだとは全く思っていない。筆者が問題だと考えているのは，「この知識は適切な産出を可能にする知識であるか」を明示的に問わないこと，そうしたことについて無自覚であること，である。「この知識は，持っていたところで適切な言語産出を可能にするわけではない知識だ」と自覚したうえで，その知識について分析することには意味がある。たとえば，時間的〈過ぎ去り〉の by を使って喋るためには，時間的〈過ぎ去り〉の by についての個別具体的な知識を利用しなければいけないが，しかしそのときに空間的〈過ぎ去り〉の by の用法をうっすらと想起していてもよいわけだし，喋っていないときには時間的〈過ぎ去り〉の by の個別具体的知識と空間的〈過ぎ去り〉の by の個別具体的知識が時空間メタファーによって繋ぎ止められているという可能性もある。したがって，時空間メタファーの知識

第三の意義は，認知言語学が「動機付け」以外のことにも関心と説明能力を持ちうることを示したことである。認知言語学は使用基盤モデルを前提とした言語理論であり，使用基盤モデルの重要な想定の1つは「人間が様々な表現を関連付けながら覚えていく」ということであるから，認知言語学の研究には「関連付ける」側面と「覚える」側面の両方がほとんど表裏一体の形で盛り込まれているはずである (平沢 2016, 2017a, b)。ところが実際には，認知言語学の研究として提出されている研究の中に「覚える」側面について一言も言及しないものが非常に多く，「覚える」側面に焦点を絞った研究にいたってはほぼ皆無に等しい。「関連付ける」側面に―認知言語学の専門用語を使うならば「動機付け」に―関心が偏っているということである。挙句の果てには，英語学習参考書の類では，認知言語学の考え方を使えば「暗記」は不要だ，とするものまで出版され始めている。何をもって「暗記」とするかにもよるが，もしも「関連付けによる理解さえあれば覚える作業が不要になる」ということであれば，それは認知言語学に対する誤解である。認知言語学の発想や用語法を採用しながら，「覚える」側面に強い関心を持ち，英語を適切に使えるようになるためにどのようなことを「覚え」ていなければならないかを解き明かすことを目指して進めてきた本研究が，一度大きく傾いてしまった認知言語学の天秤のバランスを多少なりとも戻す力を持ちはしないかと，願わずにはいられない。

は，たとえそれが適切な言語産出を可能にする知識ではない場合であっても研究するに値する立派な言語知識でありえるのである。

参考文献

コーパス

Davies, Mark. (2008-) *The Corpus of Contemporary American English (COCA): 560 million words, 1990-present.* Available online at https://corpus.byu.edu/coca/.

Davies, Mark. (2010-) *The Corpus of Historical American English (COHA): 400 million words, 1810–2009.* Available online at https://corpus.byu.edu/coha/.

Davies, Mark. (2007-) *TIME Magazine Corpus (TIME): 100 million words, 1920s–2000s.* Available online at https://corpus.byu.edu/time/.

Davies, Mark. (2004-) *BYU-BNC (BNC).* (Based on the British National Corpus from Oxford University Press). Available online at https://corpus.byu.edu/bnc/.

辞書

AHDE4 = The American Heritage Dictionary of the English Language. 2001.
CALD3 = Cambridge Advanced Learner's Dictionary. 2008.
COB6 = COBUILD Advanced Learner's Dictionary. 2008
HEED = Harrap's Essential English Dictionary. 1995.
LDOCE5 = Longman Dictionary of Contemporary English. 2008.
MED = Middle English Dictionary Online (accessed on November 11, 2011).
MEDAL = Macmillan English Dictionary for Advanced Learners. 2002.
OALD8 = Oxford Advanced Learner's Dictionary. 2010
OED = Oxford English Dictionary Online (accessed on November 11, 2011).
Web3 = Webster's Third New International Dictionary of the English Language Unabridged. 2000.

学術論文・書籍など

Barlow, Michael (2000) Usage, blends, and grammar. In: Barlow, Michael and Suzanne Kemmer (eds.), *Usage-based models of grammar*, 315–345. Stanford: CSLI.

Beitel, Dinara A., Raymond W. Gibbs, and Paul Sanders (2001) The embodied approach to the polysemy of the spatial preposition *on*. In: Cuyckens and Zawada (eds.), 241–260.

Benom, Carey (2007) An empirical study of English *through*: Lexical semantics, polysemy, and the correctness fallacy. Doctoral dissertation, University of Oregon.

Benom, Carey (2014) English *through* and the gradience of force dynamics. *International Journal of Cognitive Linguistics* 5 (1): 29–51.

Benom, Carey (2015) The correctness fallacy and lexical semantics. 『九州大学言語学論集』35: 137–172.

Boberg, Per (2009) Word by word, phrase by phrase, sentence by sentence: A corpus-based study of the N1 *by* N1 construction. MA thesis, Växjö University.

Brisard, Frank, Gert van Rillaer, and Dominiek Sandra (2001) Processing polysemous, homonymous, and vague adjectives. In: Cuyckens and Zawada (eds.), 261–284.

Brugman, Claudia (1981) The story of *over*. MA thesis, Dept. of Linguistics, UC Berkeley. Published, 1988, as *The story of* over: *Polysemy, semantics and the structure of the lexicon*. New York: Garland Press.

Buchstaller, Isabelle and Elizabeth C. Traugott (2006) *The lady was al demonyak*: Historical aspects of Adverb *all*. *English Language and Linguistics* 10 (2): 345–370.

Bybee, Joan (2006) From usage to grammar: The mind's response to repetition. *Language* 82: 711–733.

Bybee, Joan (2010) *Language, usage and cognition*. Cambridge: Cambridge University Press.

Bybee, Joan and David Eddington (2006) A usage-based approach to Spanish verbs of 'becoming'. *Language* 82: 323–355.

Casenhiser, Devin and Adele E. Goldberg (2005) Fast mapping between a phrasal form and meaning. *Developmental Science* 8 (6): 500–508.

Corston-Oliver, Monica (2000) A cognitive account of the English meronymic *by* phrase. *Proceedings of the twenty-sixth annual meeting of the Berkeley Linguistics Society: General session and parasession on aspect*, 65–76.

Corston-Oliver, Monica (2001) Central meanings of polysemous prepositions: Challenging the assumptions. Paper given at International Cognitive Linguistics Conference, Santa Barbara, CA.

Croft, William (1998) Linguistic evidence and mental representations. *Cognitive Linguistics* 9 (2): 151–173

Cruse, D. Alan. (2000) Aspects of the microstructure of word meanings. In: Ravin and Leacock (eds.), 30–51.

Cuyckens, Hubert (1999) Historical evidence in prepositional semantics: The case of English *by*. In: Tops, Guy A. J., Betty Devriendt, and Steven Geukens (eds.), *Thinking English grammar: To honour Xavier Dekeyser, Professor Emeritus* (Orbis Supplementa 12), 15–32. Leuven: Peeters.

Cuyckens, Hubert, and Britta Zawada (eds.) (2001) *Polysemy in cognitive linguistics*. Amsterdam: Benjamins.

Dewell, Robert (1994) *Over* again: Image-schema transformations in semantic analysis. *Cognitive Linguistics* 5 (4): 351–380.

Diessel, Holger (2013) Construction grammar and first language acquisition. In: Graeme, Trousdale and Thomas Hoffmann (eds.), *The Oxford handbook of construction *grammar*, 347–364. Oxford: Oxford University Press.

Diessel, Holger, and Michael Tomasello（2000）The development of relative clauses in spontaneous child speech. *Cognitive Linguistics* 11（1）: 131–151.

Diessel, Holger, and Michael Tomasello（2001）The acquisition of finite complement clauses in English: A corpus-based analysis. *Cognitive Linguistics* 12（2）: 97–141.

Dirven, René（1993）Dividing up physical and mental space into conceptual categories by means of English prepositions. In: Zelinsky-Wibbelt, Cornelia（ed）, *The semantics of prepositions: From mental processing to natural language processing*（Natural Language Processing 3）, 73–97. Berlin: Mouton de Gruyter.

Dixon, R. M. W.（2005）*A semantic approach to English grammar*. Oxford: Oxford University Press.

Drott, M. Carl（1969）Random sampling: A tool for library research. *College and Research Libraries* 30（2）: 119–125.

Fauconnier, Gilles, and Mark Turner（2002）*The way we think: Conceptual blending and the mind's hidden complexities*. New York: Basic Books.

Geeraerts, Dirk（1993）Vagueness's puzzles, polysemy's vagaries. *Cognitive Linguistics* 4: 223–272.

Gibbs, Raymond W., and Teenie Matlock（2001）Psycholinguistic perspectives on polysemy. In: Cuyckens and Zawada（eds）, 213–239.

Goldberg, Adele E.（1995）*Constructions: A construction grammar approach to argument structure*. Chicago: University of Chicago Press.

Goldberg, Adele E.（2019）*Explain me this: Creativity, competition, and the partial productivity of constructions*. Princeton: Princeton University Press.

Haiman, John（1980）Dictionaries and encyclopedias. *Lingua* 50: 329–357.

Hall, Robert A. Jr.（1973）The transferred epithet in P. G. Wodehouse. *Linguistic Inquiry* 4: 92–94.

Hanazaki, Miki（2005）Toward a model of principled polysemy. *English Linguistics* 22: 412–442.

Hanazaki, Miki, and Kozo Kato（2004）The semantic network of *by* revisited. *Studies in Humanities: Culture and Communication* 38: 23–38. Shinshu University.

Heine, Bernd, and Tania Kuteva（2002）. *World lexicon of grammaticalization*. Cambridge: Cambridge University Press.

樋口昌幸（2003）『現代英語冠詞事典』東京：大修館書店.

樋口昌幸（2009）『英語の冠詞―その使い方の原理を探る―』東京：開拓社.

Hirasawa, Shinya（2012）*A description of the meanings and uses of the English preposition by*, MA thesis, The University of Tokyo.

Hirasawa, Shinya（2013a）The meaning of *by now*. *JELS* 30: 278–284.

平沢慎也（2013b）「英語前置詞 by の意味ネットワークにおける〈差分〉用法について」『日本認知言語学論文集』13: 96–107.

平沢慎也（2013c）「物理的介在物を補部に取る用法の英語前置詞 by—可算性選択の原理—」『東京大学言語学論集』34: 25–41.
平沢慎也（2013d）「獲得を表す come by の用法」『英語語法文法研究』20: 236–242.
平沢慎也（2014a）「the doctor from the football game「一緒にサッカーをした医者」のような表現に現れる from について」*JELS* 31: 30–36.
平沢慎也（2014b）「「クジラ構文」はなぜ英語話者にとって自然に響くのか」『れにくさ』第 5 号（柴田元幸教授退官記念号）第 3 分冊 , 199–216.
平沢慎也（2014c）「英語前置詞 by の時間義」『言語研究』146: 51–82.（http://www.ls-japan.org/modules/documents/LSJpapers/journals/146_hirasawa.pdf）
平沢慎也（2014d）「will be P 構文」『日本言語学会第 148 回大会予稿集』
Hirasawa, Shinya (2014e) "Meaning and linguistic context: The case of *by now*." 第 7 回日本英語学会国際春季フォーラム.
平沢慎也（2015a）「Metaphors we *don't* live by—現代英語母語話者は by の時空間メタファーを使って生きているか—」『東京大学言語学論集』36: 39–56.
平沢慎也（2015b）「N by AN 構文」『英語語法文法研究』22: 101–117.
平沢慎也（2016）「仕組みを理解することと，丸ごと覚えること—sit up and take notice から学ぶ—」『東京大学言語学論集』37: 71–90.
平沢慎也（2017a）「[NP by which] 構文を使いこなすために必要なもの—理解と記憶のメンタル・コーパス—」『東京大学言語学論集』38: 25–49.
平沢慎也（2017b）「解題—「メンタル・コーパス」が示唆するもの　II.『メンタル・コーパス』から考える英語の学び方と教え方」西村義樹・平沢慎也・長谷川明香・大堀壽夫（編訳）『メンタル・コーパス—母語話者の頭の中には何があるのか—』486–494. 東京：くろしお出版.
平沢慎也（2018）「by now の意味・用法の記述」『英語語法文法研究』25: 88–104.
平沢慎也（2019a）「英語の接続詞 when—「本質」さえ分かっていれば使いこなせるのか—」『認知言語学を紡ぐ』161–182. 東京：くろしお出版.
平沢慎也（2019b）「慣用表現 "if X is any indication [guide]" について」西村義樹・鈴木亨・住吉誠（編）『慣用表現・変則的表現から見える英語の姿』90–107. 東京：開拓社.
Hoey, Michael（2005）*Lexical priming: A new theory of words and language*. London: Routledge.
本多啓（2011a）「時空間メタファーと視点—生態心理学の自己知覚論をふまえて—」『人工知能学会第 2 種研究会ことば工学研究会資料 SIG-LSE-B003: ことば工学研究会（第 37 回）』77–86.
本多啓（2011b）「時空間メタファーの経験的基盤をめぐって」『神戸外大論叢』62 (2): 33–56.
Huddleston, Rodney, and Geoffrey K. Pullum（2002）*The Cambridge grammar of the English language*. Cambridge: Cambridge University Press.
Jackendoff, Ray（2008）Construction after construction and its theoretical challenges. *Language* 84: 8–28.

影山太郎（編）(2011)『日英対照　名詞の意味と構文』東京：大修館書店.
Kahneman, Daniel (2011) *Thinking, fast and slow*. London: Penguin Books.
Kemmerer, David (2005) The spatial and temporal meanings of English prepositions can be independently impaired. *Neuropsychologia* 43: 797–806.
Kidd, Evan, and Thea Cameron-Faulkner (2008) The acquisition of the multiple senses of *with*. *Linguistics* 46 (1): 33–61.
Kihara, Emiko (2004) A constructional approach to transitive transferred epithet constructions.『日本認知言語学会論文集(*JCLA*)』5: 110–118.
木原恵美子 (2009)「転移修飾表現の修飾構造とその動機付け」『認知言語学論考』9: 177–209.
Kishner, Jeffrey, and Raymond W. Gibbs (1996) How "just" gets its meanings: Polysemy and context in psychological semantics. *Language and Speech*, 39: 19–36.
König, Ekkehard, and Elizabeth C. Traugott (1988) Pragmatic strengthening and semantic change: The conventionalizing of conversational implicature. In: Hüllen, Werner and Rainer Schulze (eds.), *Understanding the lexicon: Meaning, sense and world knowledge in lexical semantics*, 110–124. Tubingen: Niemeyer.
小西友七 (1976)『英語の前置詞』東京：大修館書店.
Kreitzer, Anatol (1997) Multiple levels of schematization: A study in the conceptualization of space. *Cognitive Linguistics* 8 (4): 291–325.
國廣哲彌(1978)「日英両語比較研究の現状」『現代の英語教育 8：日英語の比較』1–38. 東京：研究社.
Lakoff, George (1987) *Women, fire, and dangerous things: What categories reveal about the mind*. Chicago: Chicago University Press.
Lakoff, George, and Mark Johnson (1980) *Metaphors we live by*. Chicago: University of Chicago Press.
Lakoff, George and Mark Johnson (1999) *Philosophy in the flesh: The embodied mind and its challenge to Western thought*. New York: Basic Books.
Langacker, Ronald W. (1987) *Foundations of cognitive grammar, vol.1: Theoretical prerequisites*. Stanford: Stanford University Press.
Langacker, Ronald W. (1990) *Concept, image and symbol*. Berlin: Mouton de Gruyter.
Langacker, Ronald W. (2001) The English present tense. *English Language and Linguistics* 5 (2): 251–272.
Langacker, Ronald W. (2010) Day after day after day. In: Parrill, Fey, Vera Tobin, and Mark Turner (eds.), *Meaning, form, and body*, 149–164. Stanford: CSLI.
Langendoen, D. Terence (1967) The nature of syntactic redundancy. In: Tou, J.T. (ed.), *Computer and Information Sciences II*, 303–314. New York: Academic Press.
Lee, EunHee (2015) Discourse properties of *now*. *Journal of Linguistics* 53: 613–640.
Leech, Geoffrey (1969) *Towards a semantic description of English*. London: Longman.
Leech, Geoffrey (2004) *Meaning and the English verb*, 3rd edition. London: Pearson

Longman.
Leech, Geoffrey, and Jan Svartvik (2002) *A communicative grammar of English*. London: Longman.
Levin, Beth (1993) *English verb classes and alternations: A preliminary investigation*. Chicago: University of Chicago Press.
Levin, Magnus, and Hans Lindquist (2013) Like I said again and again and over and over: On the ADV1 and ADV1 construction with adverbs of direction in English. *International Journal of Corpus Linguistics* 28: 7–34.
Lindkvist, Karl-Gunnar (1976) *A comprehensive study of conceptions of locality in which English prepositions occur*. Stockholm: Almqvist and Wiksell.
Lindner, Susan (1981) A lexico-semantic analysis of English verb particle constructions with *out* and *up*. Doctoral dissertation, University of California: San Diego.
Lindstromberg, Seth (2010) *English prepositions explained*, revised edition. Amsterdam: John Benjamins.
松永澄夫 (2005)『音の経験・言葉の力　第Ⅰ部：言葉の力』東京：東信堂.
Matsuyama, Tetsuya (2004) The N after N construction: A constructional idiom. *English linguistics* 21: 55–84.
松山哲也 (2005)「NPN 構文の共時的・通時的考察」秋元実治・保坂道雄 (編)『文法化—新たな展開—』169–191. 東京：英潮社.
Méndez-Naya, Belén (2006) Adjunct, modifier, discourse marker: On the various functions of right in the history of English. *Folia Linguistica Historica* 27: 141–195.
Miller, George A., and Walter G. Charles (1991) Contextual correlates of semantic similarity. *Language and Cognitive Processes* 6: 1–28.
西村義樹・長谷川明香 (2017)「解題—「メンタル・コーパス」が示唆するもの　III. 認知言語学におけるメンタル・コーパス革命」西村義樹・平沢慎也・長谷川明香・大堀壽夫 (編訳)『メンタル・コーパス—母語話者の頭の中には何があるのか—』494–501. 東京：くろしお出版.
野中大輔 (2014)「項構造構文における前置詞—身体部位所有者上昇構文を例として—」『東京大学言語学論集』35: 217–232.
野中大輔 (2019)「打撃・接触を表す身体部位所有者上昇構文における前置詞の選択—hit を中心に—」『認知言語学を紡ぐ』183–201. 東京：くろしお出版.
野矢茂樹 (2010)『哲学・航海日誌 II』東京：中央公論新社.
野矢茂樹 (2012)『心と他者』東京：中央公論新社.
織田稔 (2002)『英語冠詞の世界—英語の「もの」の見方と示し方—』東京：研究社.
織田稔 (2007)『英語表現構造の基礎—冠詞と名詞・動詞と文表現・文型と文構造—』東京：風間書房.
O'Grady, William (2005) *How children learn language*. Cambridge: Cambridge University Press.
大室剛志 (1990)「同族'目的語'構文の特異性 (1)」『英語教育』39 (9): 74–77.

Otani, Naoki (2013) *A cognitive analysis of the grammaticalized functions of English prepositions: From spatial senses to grammatical and discourse functions*. Tokyo: Kaitakusha.

Palancar, Enrique L. (1997) A private history of the preposition *by* in English: From instrumental to passive agent. *Cuadernos de Filología Inglesa* 6: 123–145.

Pinker, Steven (2007) *The stuff of thought*. New York: Viking. 幾島幸子・桜内篤子 (訳)『思考する言語 (中) ―「ことばの意味」から人間性に迫る―』東京：日本放送出版協会. 2009 年.

Queller, Kurt (2001) A usage-based approach to modeling and teaching the phrasal lexicon. In: Pütz, Martin, Suzanne Niemeier and René Dirven (eds.), *Applied cognitive linguistics* 2: 55–83. Berlin: Mouton de Gruyter.

Quirk, Randolph, Sidney Greenbaum, Geoffrey Leech and Jan Svartvik (1985) *A comprehensive grammar of the English language*. London: Longman.

Ravin, Yael, and Claudia Leacock (2000) Polysemy: An overview. Ravin, Yael and Claudia Leacock (eds.), 1–30.

Ravin, Yael, and Claudia Leacock (eds.) (2000) *Polysemy: Theoretical and computational approaches*. Oxford: Oxford University Press.

Rice, Sally, Dominiek Sandra, and Mia Vanrespaille (1999) Prepositional semantics and the fragile link between space and time. In: Masako Hiraga, Chris Sinha and Sherman Wilcox (eds.), *Cultural, psychological and typological issues in cognitive linguistics*, 108–127. Amsterdam: John Benjamins.

Riffaterre, Michael (1971) *Essais de stylistique structurale*. 福井芳男・宮原信・川本皓嗣・今井成美 (訳)『文体論序説』東京：朝日出版社. 1978 年.

Ruhl, Charles (1989) *On monosemy: A study in linguistic semantics*. Albany, NY: State University of New York Press.

斎藤純男・田口善久・西村義樹 (編) (2015)『明解言語学辞典』東京：三省堂.

酒井智宏 (2013)「認知言語学と哲学―言語は誰の何に対する認識の反映か―」『言語研究』144: 55–81.

酒井智宏 (2017)「言語哲学」畠山雄二 (編)『最新理論言語学用語事典』296–335. 東京：朝倉書店.

Sandra, Dominiek, and Sally Rice (1995) Network analyses of prepositional meaning: Mirroring whose mind―the linguist's or the language user's? *Cognitive Linguistics* 6 (1): 89–130.

Schmid, Hans-Jörg (2010) Does frequency in text instantiate entrenchment in the cognitive system? In: Glynn, Dylan and Kerstin Fischer (eds.), *Quantitative methods in cognitive semantics: Corpus-driven approaches*, 101–133. Berlin: Mouton de Gruyter.

Schulze, Rainer (1990) The meaning of English *by*: A cognitive-semantic approach. *Proceedings of the fourteenth international congress of linguistics*, 1253–1257.

Schulze, Rainer (1991) Getting round to (a) round: towards the description and analysis of a "spatial" predicate. In: Rauh, Gisa (ed.), *Approaches to prepositions*, 253–274. Tübingen: Narr.

Searle, John (1980) The background of meaning. In: Searle, John, Ferenc Kiefer and Manfred Bierwisch (eds.), *Speech act theory and pragmatics*, 221–232. Dordrecht: Reidel.

Searle, John (1983) *Intentionality*. Cambridge: Cambridge University Press.

瀬戸賢一(編)(2007)『英語多義ネットワーク辞典』東京：小学館.

嶋田裕司(2010)「前置詞 by の意味―near の意味と対比して―」『群馬県立女子大学紀要』31: 37–44.

嶋田裕司(2013)「前置詞 by の意味―ひとつの意味を求めて―」『群馬県立女子大学紀要』34: 27–38.

篠原俊吾(2002)「「かなしさ」「さびしさ」はどこにあるのか」西村義樹(編)『認知言語学Ⅰ：事象構造』261–284. 東京：東京大学出版会.

篠原俊吾(2019)『選択の言語学―ことばのオートフォーカス―』東京：開拓社.

Stefanowitsch, Anatol, and Stefan Gries (2003) Collostructions: Investigating the interaction of words and constructions. *International Journal of Corpus Linguistics* 8 (2): 209–243.

田中茂範(2013)『表現英文法』東京：コスモピア.

Taylor, John R. (2002) *Cognitive grammar*. Oxford: Oxford University Press.

Taylor, John R. (2003a) *Linguistic categorization*, 3rd edition. Oxford: Oxford University Press.

Taylor, John R. (2003b) Polysemy's paradoxes. *Language Sciences* 25: 637–655.

Taylor, John R. (2004) The ecology of constructions. In: Radden, Günter and Klaus-Uwe Panther (eds.), *Studies in linguistic motivation*, 49–73. Berlin: Mouton de Gruyter.

Taylor, John R. (2006) Motivation. 『日本認知言語学会論文集(*JCLA*)』6: 486–504.

Taylor, John R. (2012a) *The mental corpus: How language is represented in the mind*. Oxford: Oxford University Press. 西村義樹・平沢慎也・長谷川明香・大堀壽夫(編訳)『メンタル・コーパス―母語話者の頭の中には何があるのか―』東京：くろしお出版. 2017 年.

Taylor, John R. (2012b) Contextual salience, domains, and active zones. In: Hans-Jörg Schmid (ed.), *Cognitive pragmatics* (Handbooks in Pragmatics 4), 151–174. Berlin: Mouton de Gruyter.

Taylor, John R. (2015) *Much in all as*: The anatomy of a strange expression. Unpublished manuscript.

Taylor, John R. (2017) Phonology and cognitive linguistics. *Journal of Cognitive Linguistics* 2: 1–24.

Taylor, John R., and Kam-yiu Pang (2008) Seeing as though. *English Language and Linguistics* 12: 1–37.

寺澤盾(1996)「意味の変化」池上嘉彦(編)『英語の意味』113–134. 東京：大修館書店.

Tomasello, Michael (1987) Learning to use prepositions: A case study. *Journal of Child Language* 14: 79–98.

Tomasello, Michael (2000) First steps toward a usage-based theory of language acquisition. *Cognitive Linguistics* 11 (1): 61–82.

Tomasello, Michael (2007) Cognitive linguistics and first language acquisition. In: Geeraerts, Dirk and Hubert Cuyckens (eds.), *The Oxford handbook of cognitive linguistics*, 1092–1112. Oxford: Oxford University Press.

Traugott, Elizabeth C. (1988) Pragmatic strengthening and grammaticalization. *Proceedings of the fourteenth annual meeting of the Berkeley Linguistic Society*, 406–416.

Tuggy, David (1993) Ambiguity, polysemy, and vagueness. *Cognitive Linguistics* 4: 273–290.

Tuggy, David (1996) The thing is is that people talk that way. The question is is why? In: Casad, Eugene H. (ed.) *Cognitive linguistics in the redwoods: The expansion of a new paradigm in linguistics*, 713–752. Berlin: Mouton de Gruyter.

Tutton, Mark (2013) Describing adjacency along the lateral axis: The complementary roles of speech and gesture. In: Paradis, Carita, Jean Hudson and Ulf Magnusson (eds.) *The construal of spatial meaning: Windows into conceptual space*, 98–117. Oxford: Oxford University Press.

Tyler, Andrea, and Vyvyan Evans (2003) *The semantics of English prepositions: Spatial scenes, embodied meaning and cognition*. Cambridge: Cambridge University Press. 国広哲弥（監訳）・木村哲也（訳）『英語前置詞の意味論』東京：研究社. 2005 年.

Vandeloise, Claude (1994) Methodology and analyses of the preposition *in*. *Cognitive Linguistics* 5 (2): 157–184.

Washio, Ryuichi (1997) Resultatives, compositionality, and language variation. *Journal of East Asian linguistics* 6: 1–49.

綿貫陽・マークピーターセン（2011）『表現のための実践ロイヤル英文法』東京：旺文社.

Wierzbicka, Anna (1988) *The semantics of grammar*. Amsterdam: John Benjamins.

山田進（1981）「機能語の意味の比較」國廣哲彌（編）『日英語比較講座 第 3 巻 意味と語彙』53–99. 東京：大修館書店.

用語索引

あ

I 言語 44
曖昧性 6
暗記は不要か 239

い

E 言語 44
位置コントロール用法 151–158, 163–165, 179–181
位置の2段階指定 155
意図的な経路選択 166–168
意味グループ 43–44, 52, 101, 106–110
意味と形のミスマッチ 215–216, 233–234
意味の水源地モデル i, 37–40, 47, 97, 237–238
意味排除論 40

え

英語らしさ［特定の言語らしさ］ 53–55, 213, 229–235
N after N 構文 196, 216, 224–226
N after AN 構文 216, 224–226
N by N 構文 193–198, 202–205
N by AN 構文 54, 183, 210–235
N by N by N 構文 210–211
N_1 by N_2 by N_3 構文 210–212

お

音節 29, 197, 234

か

拡張
　逸脱的な拡張 224, 235
　言語使用を可能にする拡張 210–235
　習得上の拡張 19–21
　通時的な拡張, 変化 6, 13–14, 19–21
　描写性を高める拡張 224–228
　予想の裏切りへ向かう拡張 222–224
可算性［可算名詞・不可算名詞］ 150, 154–155, 162–163, 164, 169–171, 174–175, 178, 179–182, 223
カテゴリー化 40–41, 45, 46
完結的移動・非完結的移動 168–169
完結的動詞句・非完結的動詞句 66
慣習化 13, 29, 55, 138, 190, 191, 197–198
関心と研究手法の連動 19–21
完全細目化［最大細目化］モデル 31–36
「関連付ける」側面と「覚える」側面 239

き

決まった手順に基づく多義性モデル 12, 21, 34
逆算 104
近接性 11, 99–112, 113, 114, 117–124, 126, 129, 145, 147

け

契約 188–189, 201
経路用法 165–172, 175–176, 179–182,

209–210
結果構文 226–227
現在時制 74
こ
合成性 47–50
古英語 144, 178
コーパス言語学 44
個体発生 20
誇張 189–191
語用論的強化 10, 12
コロケーション 7, 21, 36, 44, 91, 111, 137, 146, 175, 195
コロストラクション分析 47
さ
差分クラスター 183, 198, 210
差分用法 55, 184–188, 199–202, 208–210
し
恣意性 29
時間単位 125, 189, 193, 213
時間副詞類 79
実験 15, 23–28, 44, 46, 52, 102, 204
ジャンル 183, 212, 213–215, 228–229
熟語 48, 50, 165, 187, 199
手段 11, 30, 149–182, 189, 201, 207, 209–210
使用基盤（モデル）40–57, 59, 71, 97–98, 126, 236, 237–239
乗除用法［乗算・除算］29–31, 198, 206–207, 208
状態性動詞句 61, 65–70
使用範囲 135–137, 147
事例 16, 42, 43, 46, 52, 59, 70, 72, 135,

　　　137, 145, 146, 147, 156, 165, 175, 177, 179, 195, 198, 205, 211, 213, 215, 226, 233
新奇表現 51–54, 213, 235
身体部位 151–158
身体部位所有者上昇構文 155–158
心的走査 64, 65
す
スキーマ 16, 50, 59, 71, 72, 91, 156, 171, 175, 177, 179, 194, 195, 198, 205, 230, 231, 232, 238
　イメージスキーマ 16, 24–28
　スーパースキーマ 42
　スキーマ抽出 41–43, 46, 52
過ぎ去り
　空間 99–100, 112–127, 238
　時間 124–127, 203–204, 238
ストレス［強勢］29, 216, 234
スペイン語の become 動詞 43–44, 52, 112
寸法
　寸法用法 198–199, 208
　中国語の寸法表現 208
　日本語の寸法表現 208
せ
生態的地位 28, 30, 34, 53–54, 230–235
そ
創造性 50–55
た
対比文脈 166–168
多義ネットワーク 3, 7, 20, 21, 23, 31, 34, 37, 39

多義の定義 6
多使用論 37, 55, 57
立ち寄り 99–100, 110, 127–147
単位用法 30, 55, 188–193, 199–202, 206–207
単義性 6, 26–27, 38, 129, 131
ち
中英語 144, 209
中国語の寸法表現→寸法
中心義 7–12, 16, 19, 20, 32, 33, 150, 182
て
定冠詞 151, 154, 199, 202
転移修飾 220–222, 223–224, 234
と
同音異義性 6, 7, 17, 18
動機付け 28–31, 34, 95, 110, 145, 146, 213, 233, 239
動作主 11–12, 181–182
  副次的動作主 176–177
同族目的語構文 233–235
トラジェクター[TR]の定義 9
に
日本語の寸法表現→寸法
認可 52
認知言語学 9, 23, 40, 44, 52, 66, 156, 210, 238, 239
の
乗り物用法 169, 172–176, 178–179, 179–181
は
背景情報[the Background] 38
廃用法 202

橋渡しコンテクスト 144
裸(名詞) 150, 198, 223
ひ
P[particle] 138
百科事典的知識 32–34, 154
評価的意味 218–220, 224, 234
頻度 7, 10, 11, 12, 30, 34, 43, 44–47, 52, 69, 78, 82, 90, 91, 105–112, 118, 125, 136, 141, 164, 165, 175, 182, 191, 194–195, 198, 213–215, 216, 223, 226, 228
  頻度の偏り 46–47, 50, 90, 96, 108, 110, 111, 147, 186, 195
ふ
物理的介在物 150–182
不明瞭性 6, 129, 131
文学的技巧 215, 217, 228
文末重心の原理 229–230
文末焦点の原理 229–230
文脈原理 40
分類用法 206
へ
別義基準 9, 34
ほ
放射状カテゴリー 12–13
本質とは何か 56–57
み
ミッシングリンク 209
め
メタファー i, 12, 18, 22, 203, 209, 210, 238
  時空間メタファー 15, 99, 114–127,

238
マッピング 13, 16, 115, 124–126, 209
メッセンジャー用法 176–179, 179–181
メトニミー i, 12, 170, 210

ゆ
融合 53–54

よ
容認性（判断） xi, 44, 152, 164
予測（不）可能性 3, 8, 9, 10, 27, 29–31, 34, 43, 44, 49, 50, 55, 59, 70–71, 90–91, 95–96, 96–97, 108, 129, 132, 137, 138, 139, 147, 158, 164–165,

181, 183, 187, 202, 207, 238

ら
ランダムサンプリング 82
ランドマーク[LM]の定義 9

り
理論によって誘発された盲目 127

る
累積用法 81, 84–88
ルールとリスト 40–44

れ
連結用法 158–165, 171–172, 179–181
連続体 87–88, 93

英語表現索引

A
above 9, 35–37
across 99, 156
act と action 4
adopt 84–85
again and Adv. again 230–231
along 138, 145
aunt 6

B
back 138, 143
bank 6
be used to 72, 84, 94
below 9
by a mile 187–188

by far 187

C
cling 161

D
dangle 161, 162, 165
depend 27
down 138–143

E
explain me 53
eye 6

F
factor 185–186
few と little 198
from 161–162

G
go(「行く」と「消える」) 29

H
hamburger 28–29

hang 161, 162, 165

head(in the head と on the head) 157

home 138, 144–145

hover 32, 33, 35

How old are you? 50

I
I love you 45, 50

in 99, 138–143, 157

K
knife 39–40

L
live and let live 235

look ... in the eye(s) 156–157

M
margin 185–186

much in all as 54, 213

O
on 16, 23–28, 157

open 38–39

orders of magnitude 187

out 99, 138–143

over 8–11, 12–13, 16, 31–37, 99, 138, 145, 156–157

    all over 48–49, 70–71

P
put ＋言いたいこと＋副詞句 4

R
ratio 185–186

right 142–146

roll on 203

S
seeing as though 54

seen from 35–36

still 60–61, 64, 73, 94

surprised 89, 94

suspend 161

T
there 143–144

through 99, 177–178

to 161, 168–169

toward 168–169

turn a profit 3–4

two-by-four 199

U
under 9

up 99, 138–143

W
wander 122–123

with(手段) 30–31, 207

X
X and only X 231–233

人名索引

Barlow, M. 53
Beitel, D., R. W. Gibbs, and P. Sanders 23–28
Benom, C. 29, 99
Boberg, P. 194–195
Brisard, F., G. van Rillaer, and D. Sandra 23
Brugman, C. 8, 12, 16–21, 99
Bybee, J. 34, 41, 45, 47
Bybee, J. and D. Eddington 43, 52, 106, 112
Casenhiser, D. and A. E. Goldberg 46
Corston-Oliver, M. 11, 161, 182
Croft, W. 23
Cruse, D. A. 39
Cuyckens, H. 11, 210
Cuyckens, H. and B. Zawada 6
Dewell, R. 8, 99, 157
Diessel, H. 50
Diessel, H. and M. Tomasello 50
Dirven, R. 104, 117
Dixon, R. M. W. 125, 213
Drott, M. C. 82
Fauconnier, G. and M. Turner 53
Geeraerts, D. 7
Gibbs, R. W. and T. Matlock 23
Goldberg, A. E. 29, 54
Haiman, J. 32

Hall, R. A. Jr. 220–221
Hanazaki, M. 11, 117, 203, 209
Hanazaki, M. and K. Kato 203, 209
Heine, B. and T. Kuteva 16
樋口昌幸 164
Hirasawa, S. 42, 70, 157, 161
平沢慎也 28, 29, 40, 42, 59, 65, 70, 91, 111, 112, 115, 138, 149, 161, 183, 196, 198, 201, 206, 219, 239
Hoey, M. 38
本多啓 117
Huddleston, R. and G. K. Pullum 74, 184, 201
Jackendoff, R. 195, 196, 216
影山太郎 156
Kahneman, D. 127
Kemmerer, D. 15
Kidd, E. and T. Cameron-Faulkner 50
Kihara, E. 234
木原恵美子 220
Kishner, J. and R. W. Gibbs 38
König, E. and E .C. Traugott 10
小西友七 59
Kreitzer, A. 8
國廣哲彌 155
Lakoff, G. 8, 12, 18–21, 28, 29, 31–36, 37–38
Lakoff, G. and M. Johnson 15, 116, 126

Langacker, R. W. 42, 66, 74, 196, 216, 226
Langendoen, D. T. 234
Lee, E. 74
Leech, G. 26–27, 140
Leech, G. and J. Svartvik 75–83
Levin, B. 156
Levin, M. and H. Lindquist 231
Lindkvist, K. 99, 101, 103
Lindner, S. 99
Lindstromberg, S. 100, 104, 117, 129, 203
松永澄夫 56–57
Matsuyama, T. 216
松山哲也 196, 216
Méndez-Naya, B. 143–144
Miller, G.A. and W.G. Charles 56
西村義樹・長谷川明香 40
野中大輔 156–158
野矢茂樹 37, 51
織田稔 202
O'Grady, W. 31
大室剛志 234
Otani, N. 140
Palancar, E. L. 11, 178
Pinker, S. 15, 224
Queller, K. 48
Quirk, R., S. Greenbaum, G. Leech and J. Svartvik 74–81, 82, 83, 154, 229, 233
Ravin, Y. and C. Leacock 7
Rice, S., D. Sandra and M. Vanrespaille 114
Riffaterre, M. 228–229
Ruhl, C. 27

斎藤純男・田口善久・西村義樹 4, 46, 47
Sandra, D. and S. Rice 23
Schmid, H. 44
Schulze, R. 23, 204–205
Searle, J. 38
瀬戸賢一 7
嶋田裕司 27, 99, 101, 103, 114, 117, 118
篠原俊吾 220
Stefanowitsch, A. and S. Gries 47
田中茂範 100
Taylor, J. R. iii, 6, 7, 11, 13, 22, 28, 29, 38, 39, 41, 44, 48, 49, 50, 53, 54, 56, 99, 124, 196, 197, 202, 213, 233
Taylor, J. R. and K. Pang 54
寺澤盾 16
Tomasello, M. 16, 50
Traugott, E. C. 10
Tuggy, D. 6, 30
Tutton, M. 102–103
Tyler, A. and V. Evans 8–11, 12, 19–37, 37–38, 99
Vandeloise, C. 99
Washio, R. 226
Wierzbicka, A. 156, 157
綿貫陽&マーク・ピーターセン 69
山田進 59, 60

［著者紹介］
平沢慎也（ひらさわ　しんや）

1986年，神奈川県生まれ。2016年東京大学にて博士（文学）の学位を取得。現在，慶應義塾大学専任講師，東京大学非常勤講師。専門は，英語学，認知言語学。
主要業績：「「クジラ構文」はなぜ英語話者にとって自然に響くのか」（『れにくさ』第5号（柴田元幸教授退官記念号）第3巻，2014年），「仕組みを理解することと，丸ごと覚えること―sit up and take noticeから学ぶ―」（『東京大学言語学論集』第37号，2016年），"Why is the *wdydwyd* construction used in the way it is used?"（*English Linguistics* 33 (2), 2017年），『メンタル・コーパス―母語話者の頭の中には何があるのか―』（共編，分担翻訳，くろしお出版，2017年），「for all I knowの意味と使用，動機付け」（『東京大学言語学論集』第40号，2018年），『グラフィック・メディスン・マニフェスト―マンガで医療が変わる―』（分担翻訳，北大路書房，2019年）。

前置詞byの意味を知っているとは何を知っていることなのか
　　―多義論から多使用論へ―
―――――――――――――――――――――――――――――――――
　初版第1刷 ―――2019年 7月20日
　　第3刷 ―――2021年12月20日

著　者―――――平沢慎也

発行人―――――岡野秀夫
発行所―――――株式会社 くろしお出版
　　　　　　〒102-0084　東京都千代田区二番町4-3
　　　　　　［電話］03-6261-2867　［WEB］www.9640.jp

印刷・製本　藤原印刷株式会社　　装丁　仁井谷伴子

©Shinya Hirasawa, 2019
Printed in Japan

ISBN978-4-87424-804-1 C3082

乱丁・落丁はお取りかえいたします。本書の無断転載・複製を禁じます。